Todos los libros de Linkgua Ediciones cuentan con modelos de Inteligencia Artificial entrenados por hispanistas. Pregúntale al chat de tu libro lo que desees acerca de la obra o su autor/a.

Para **ebooks:** Accede a nuestro modelo de IA a través de este enlace.

Para **libros impresos:** Escanea el código QR de la portada con tu dispositivo móvil.

Obtén análisis detallados de nuestros libros, resúmenes, respuestas a tus preguntas y accede a nuestras ediciones críticas generativas para una experiencia de lectura más enriquecedora.
La transparencia y el respeto hacia la autoría de las fuentes utilizadas son distintivos básicos de nuestro proyecto. Por ello, las respuestas ofrecen, mediante un sistema de citas, las fuentes con las que han sido elaboradas.

Autores varios

Código de comercio de Cuba

Barcelona 2024
Linkgua-ediciones.com

Créditos

Título original: Código de comercio de Cuba.

e-mail: info@linkgua.com

Diseño de cubierta: Michel Mallard.

ISBN rústica ilustrada: 978-84-9816-973-7.
ISBN tapa dura: 978-84-1126-499-0.
ISBN ebook: 978-84-9007-408-4.

Sumario

Brevísima presentación

El *Código de comercio de Cuba* se remonta al código mercantil aplicado en la isla durante el gobierno español, en 1885.

El texto de la presente edición ha sido tomado de la *Gaceta oficial de la República de Cuba* en el año 2015. Aunque no siempre tengan fuerza legal, incluimos las enmiendas que aparecen en dicha versión de la *Gaceta* por parecernos de enorme utilidad identificar las modificaciones de la leyes de comercio desde 1959.

Resulta difícil compendiar en un solo volumen las leyes que regulan la actividad económica estatal y privada en Cuba pues en su mayoría se trata de Decretos de los ministerios cubanos y la Asamblea nacional del poder popular que fueron emitidos sin conexión aparente con el cuerpo de leyes del comercio vigente en la isla.[1] Sin embargo, creemos que el conjunto de leyes que citamos en el Apéndice de esta edición contiene las lineas generales de la política mercantil del actual gobierno cubano.

1 Y he aquí un ejemplo de los múltiples vacíos legales del Código de comercio, cuya resolución jurídica es desconocida: «Ley 1261. Ley de procedimiento civil y administrativo, del 4 de enero de 1974 derogó expresamente la Ley de 24 de junio de 1911 reguladora de la suspensión de pagos. La Ley de procedimiento civil y administrativo derogadora de la Ley de enjuiciamiento civil, no contempla en sus preceptos procedimiento para regular la institución de la quiebra».

Veáse apéndice de esta edición en que exponemos por orden cronológico las leyes y artículos, posteriores a 1959, que suponen enmiendas al Código. (N. del E.)

Libro primero. De los comerciantes y del comercio en general[2]

2 El presente documento ha sido tomado de la *Gaceta oficial de Cuba* en el año 2015.

Título primero. De los comerciantes y de los actos de comercio

Artículo 1. Son comerciantes, para los efectos de este Código:
1. Los que, teniendo capacidad legal para ejercer el comercio, se dedican a él habitualmente.
2. Las Compañías mercantiles o industriales que se constituyeren con arreglo a este Código.

SEGÚN LO DISPUESTO EN LA LEY 1236 DE 29 DE SEPTIEMBRE DE 1971 (ORGÁNICA DEL MINISTERIO DEL COMERCIO INTERIOR), ESTE MINISTERIO ES EL ÓRGANO RECTOR DE LAS ACTIVIDADES CORRESPONDIENTES A LA NORMACIÓN, REGULACIÓN, DISTRIBUCIÓN Y CIRCULACIÓN EN EL TERRITORIO NACIONAL DE LOS BIENES DE USO Y CONSUMO QUE SE DESTINEN A LA POBLACIÓN, ASÍ COMO DE LA PRESTACIÓN A ÉSTA DE LOS SERVICIOS.

LA LEY 1142 DE 21 DE ENERO DE 1964 DISPONE QUE EL MINISTERIO DEL COMERCIO EXTERIOR ES EL ÚNICO ORGANISMO DEL ESTADO FACULTADO PARA EJECUTAR LA POLÍTICA DE COMERCIO EXTERIOR DE LA NACIÓN Y A ESE FIN DICTA Y ADOPTA CUANTAS MEDIDAS SEAN NECESARIAS O CONVENIENTES AL INTERCAMBIO CON EL EXTRANJERO.

EL ARTÍCULO 1 DE LA ORDEN MILITAR N.° 400 DE 28 DE SEPTIEMBRE DE 1900, ORDENA LA INSCRIPCIÓN EN EL REGISTRO MERCANTIL DE TODOS LOS INDUSTRIALES Y COMERCIANTES.

EL ARTÍCULO 5 DEL DECRETO 65 DE 21 DE ENERO DE 1909, DISPONE QUE «EL CARÁCTER DE COMERCIANTE, INDUSTRIAL O DUEÑO DE ESTABLECIMIENTO O DE BUQUE, SOLO PODRÁ ACREDITAR-

SE MEDIANTE LA CERTIFICACIÓN DEL REGISTRO MERCANTIL».

EL DECRETO-LEY 163 DE 21 DE AGOSTO DE 1935 CON SUS MODIFICACIONES DECLARA ILÍCITOS EL COMERCIO, Y LA INDUSTRIA QUE SE EJERZAN EN FORMA CLANDESTINA Y DEFINE LOS COMERCIANTES ILEGALES.

EL DECRETO DE LA EXTINGUIDA SECRETARÍA DE COMERCIO 2319 DE 20 DE OCTUBRE DE 1938 CONTIENE EL REGLAMENTO PARA LA EJECUCIÓN DEL DECRETO LEY 163 DE 21 DE AGOSTO DE 1935.

EL DECRETO-LEY 842 DE 20 DE ABRIL DE 1936 CREA EN LA CAPITAL DE LA REPÚBLICA UN REGISTRO CENTRAL DE COMPAÑÍAS, DIVIDIDO EN SECCIONES, Y DICTA NORMAS PARA LA INSCRIPCIÓN DE LAS COMPAÑÍAS COMERCIALES ESTABLECIDAS EN LA CIUDAD Y LA PROVINCIA DE LA HABANA.

EL DECRETO-LEY 1369 DE 16 DE MAYO DE 1944 MODIFICA EL ARTÍCULO 4 Y OTROS DEL REGLAMENTO DEL REGISTRO MERCANTIL.

Artículo 2. Los actos de comercio, sean o no comerciantes los que los ejecuten, y estén o no especificados en este Código, se regirán por las disposiciones contenidas en él; en su defecto, por los usos del comercio observados generalmente en cada plaza, y, a falta de ambas reglas, por las del derecho común.

Serán reputados actos de comercio los comprendidos en este Código y cualesquiera otros de naturaleza análoga.

Artículo 3. Existirá la presunción legal del ejercicio habitual del comercio, desde que la persona que se proponga ejercerlo anunciare por circulares, periódicos, carteles, rótulos expuestos al público o de otro modo cualquiera, un establecimiento que tenga por objeto alguna operación mercantil.

Artículo 4. Tendrán capacidad legal para el ejercicio habitual del comercio las personas que reúnan las condiciones siguientes:

1. Haber cumplido la edad de veintiún años.

2. No estar sujetas a la potestad del padre o de la madre ni a la autoridad marital.

3. Tener la libre disposición de sus bienes.

LA MAYORÍA DE EDAD COMIENZA A LOS 18 AÑOS, SEGÚN SE ESTABLECE EN LA DISPOSICIÓN FINAL PRIMERA DEL CÓDIGO DE FAMILIA QUE EXPRESAMENTE MODIFICÓ EL ARTÍCULO 320 DEL CÓDIGO CIVIL. ESTE ÚLTIMO PRECEPTO DISPONÍA QUE LA MAYORÍA DE EDAD SE ALCANZABA A PARTIR DE LOS 21 AÑOS.

EL PÁRRAFO TERCERO DEL ARTÍCULO 43 DE LA LEY FUNDAMENTAL DECLARA QUE «LA MUJER CASADA DISFRUTA DE LA PLENITUD DE LA CAPACIDAD CIVIL SIN QUE NECESITE DE LICENCIA O AUTORIZACIÓN MARITAL PARA REGIR SUS BIENES, EJERCER LIBREMENTE EL COMERCIO, LA INDUSTRIA, PROFESIÓN, OFICIO O ARTE, Y DISPONER DEL PRODUCTO DE SU TRABAJO».

EL ARTÍCULO 24 DEL CÓDIGO DE FAMILIA ESTABLECE QUE EL MATRIMONIO SE CONSTITUYE SOBRE LA BASE DE IGUALDAD DE DERECHOS Y DEBERES DE AMBOS CÓNYUGES; DISPONIENDO EL ARTÍCULO 28 DE ESE PROPIO CUERPO LEGAL QUE AMBOS CÓNYUGES TIENEN DERECHO A EJERCER SUS PROFESIONES U OFICIOS. FINALMENTE, EL ARTÍCULO 83 DEL CITADO CÓDIGO DE FAMILIA

PRECEPTÚA QUE LA PATRIA POTESTAD PUEDE SER EJERCIDA INDISTINTAMENTE POR CUALQUIERA DE LOS PADRES.

Artículo 5. Los menores de veintiún años y los incapacitados podrán continuar, por medio de sus guardadores, el comercio que hubieren ejercido sus padres o sus causantes. Si los guardadores carecieren de capacidad legal para comerciar, o tuvieren alguna incompatibilidad, estarán obligados a nombrar uno o más factores que reúnan las condiciones legales, quienes les suplirán en el ejercicio del comercio.

CON RESPECTO A LA MAYORÍA DE EDAD, VÉASE LA NOTA AL ARTÍCULO ANTERIOR.

Artículo 6. (Derogado.) La mujer casada, mayor de veintiún años, podrá ejercer el comercio con autorización de su marido, consignada en escritura pública que se inscribirá en el Registro Mercantil.

ESTE ARTÍCULO FUE EXPRESAMENTE DEROGADO POR LA LEY 9 DE 20 DE DICIEMBRE DE 1950, QUE A SU VEZ FUE DEROGADA POR EL CÓDIGO DE FAMILIA. SOBRE LA IGUALDAD PLENA DE DERECHOS DE LA MUJER, VER NOTA AL ARTÍCULO 4.

Artículo 7. (Derogado.) Se presumirá igualmente autorizada para comerciar la mujer casada que, con conocimiento de su marido, ejerciere el comercio.

ESTE ARTÍCULO FUE DEROGADO POR LA LEY 9 DE 20 DE DICIEMBRE DE 1950 QUE A SU VEZ FUE DEROGADA POR EL CÓDIGO DE FAMILIA.

Artículo 8. (Derogado.) El marido podrá revocar libremente la licencia concedida, tácita o expresamente, a su mujer para comerciar, consignando la revocación en escritura pública, de que también habrá de tomarse razón en el Registro Mercantil, publicándose además en el periódico oficial del pueblo, si lo hubiere, o en otro caso en el de la provincia, y anunciándolo a sus corresponsales por medio de circulares.

Esta revocación no podrá en ningún caso perjudicar derechos adquiridos antes de su publicación en el periódico oficial.

ESTE ARTÍCULO FUE DEROGADO POR LA LEY 9 DE 20 DE DICIEMBRE DE 1950, QUE A SU VEZ FUE DEROGADA POR EL CÓDIGO DE FAMILIA.

Artículo 9. (Derogado.) La mujer que, al contraer matrimonio, se hallare ejerciendo el comercio, necesitará licencia de su marido para continuarlo.

Esta licencia se presumirá concedida interín el marido no publique, en la forma prescrita en el Artículo anterior, la cesación de su mujer en el ejercicio del comercio.

ESTE ARTÍCULO FUE DEROGADO POR LA LEY 9 DE 20 DE DICIEMBRE DE 1950 QUE A SU VEZ FUE DEROGADA POR EL CÓDIGO DE FAMILIA.

Artículo 10. Si la mujer ejerciere el comercio en los casos señalados en los Artículos 6, 7 y 9 de este Código, quedarán solidariamente obligados a las resultas de su gestión mercantil todos sus bienes dotales y parafernales, y todos los bienes y derechos que ambos cónyuges tengan en la comunidad o sociedad conyugal, pudiendo la mujer enajenar e hipotecar los propios y privativos suyos, así como los comunes.

Los bienes propios del marido podrán ser también enajenados e hipotecados por la mujer, si se hubiere extendido o se extendiere a ellos la autorización concedida por aquél.

LOS PRECEPTOS DEL CÓDIGO CIVIL REFERENTES A LOS BIENES Y DERECHOS QUE POR CONCEPTO DE DOTE APORTABA LA MUJER AL MATRIMONIO, LOS QUE REGULABAN LA ADMINISTRACIÓN, USUFRUCTO Y RESTITUCIÓN DE LA DOTE Y LOS QUE

REGULABAN LO CONCERNIENTE A LOS BIENES PARAFERNALES QUE LA MUJER APORTABA AL MATRIMONIO, SIN INCLUIRLOS EN LA DOTE, FUERON DEROGADOS POR LA DISPOSICIÓN FINAL SEGUNDA, ACÁPITE TRES, DEL CÓDIGO DE FAMILIA.

LAS HIPOTECAS SOBRE LOS BIENES INMUEBLES URBANOS Y RURALES FUERON CANCELADAS Y SU CONSTITUCIÓN FUTURA HA SIDO PROHIBIDA. VER ARTÍCULO 34 DE LA LEY DE REFORMA AGRARIA DE 17 DE MAYO DE 1959, PÁRRAFOS 3. Y 4. DEL ARTÍCULO 29; ARTÍCULOS 30 A 35 DE LA LEY DE REFORMA URBANA DE 14 DE OCTUBRE DE 1960; Y ARTÍCULO 7 DE LA SEGUNDA LEY DE REFORMA AGRARIA DE 3 DE OCTUBRE DE 1963.

Artículo 11. Podrá igualmente ejercer el comercio la mujer casada, mayor de veintiún años, que se halle en alguno de los casos siguientes:

1. Vivir separada de su cónyuge por sentencia firme de divorcio.

2. Estar su marido sujeto a curaduría.

3. Estar el marido ausente, ignorándose su paradero, sin que se espere su regreso.

4. Estar su marido sufriendo la pena de interdicción civil.

VÉASE LA NOTA AL ARTÍCULO 4.

LO DISPUESTO EN EL INCISO 2 SOBRE LA CURADURÍA DEBE ENTENDERSE REFERIDO A LA TUTELA (ARTÍCULO 200 CÓDIGO CIVIL) QUE FUE DEROGADO POR LA DISPOSICIÓN FINAL SEGUNDA, ACÁPITE 1 DEL CÓDIGO DE FAMILIA.

Artículo 12. En los casos a que se refiere el **Artículo** anterior solamente quedarán obligados a las resultas del comercio los bienes propios de la mujer y los de la comunidad o sociedad conyugal que se hubiesen adquirido por esas mismas resultas, pudiendo la mujer enajenar e hipotecar los unos y los otros.

Declarada legalmente la ausencia del marido, tendrá, además, la mujer las facultades que, para este caso, le concede la legislación común.

EN RELACIÓN CON LOS BIENES DE LA SOCIEDAD CONYUGAL Y LOS BIENES PROPIOS DE LA MUJER, VER NOTA AL ARTÍCULO 10.

EN RELACIÓN CON LAS MEDIDAS PROVISIONALES EN CASO DE AUSENCIA, VER ARTÍCULOS 181 DEL CÓDIGO CIVIL Y 44 DEL CÓDIGO DE FAMILIA.

EN RELACIÓN CON LA HIPOTECA, VER NOTA AL ARTÍCULO 10.

Artículo 13. No podrán ejercer el comercio ni tener cargo ni intervención directa administrativa o económica en Compañías mercantiles o industriales:

1. Los sentenciados a pena de interdicción civil, mientras no hayan cumplido sus condenas o sido amnistiados o indultados.

2. Los declarados en quiebra, mientras no hayan obtenido rehabilitación, o estén autorizados, en virtud de un convenio aceptado en junta general de acreedores y aprobado por la autoridad judicial, para continuar al frente de su establecimiento; entendiéndose en tal caso limitada la habilitación a lo expresado en el convenio.

3. Los que, por leyes o disposiciones especiales, no puedan comerciar.

Artículo 14. No podrán ejercer la profesión mercantil por si ni por otro, ni obtener cargo ni intervención directa administrativa o económica en Sociedades mercantiles o industriales, dentro de los límites de los distritos, provincias o pueblos en que desempeñen sus funciones:

1. Los Magistrados, Jueces y funcionarios del Ministerio Fiscal en servicio activo. Esta disposición no será aplicable a los Alcaldes, Jueces y Fiscales municipales, ni a los que accidentalmente desempeñen funciones judiciales o fiscales.

2. Los jefes gubernativos económicos o militares de distritos, provincias o plazas.

3. Los empleados en la recaudación y administración de fondos del Estado, nombrados por el Gobierno. Exceptuándose los que administren y recauden por asiento y sus representantes.

4. Los Agentes de cambio y Corredores de comercio, de cualquiera clase que sean.

5. Los que, por leyes o disposiciones especiales, no puedan comerciar en determinado territorio.

LA PROCLAMA PRESIDENCIAL DE 5 DE ENERO DE 1959 DECLARÓ DISUELTO EL CONGRESO DE LA REPÚBLICA, CUYAS FUNCIONES ASUMIÓ EL CONSEJO DE MINISTROS. ASIMISMO DECLARÓ CESANTES A LOS GOBERNADORES, ALCALDES Y CONCEJALES, LA LEY 1250 DE 23 DE JUNIO DE 1973, LEY DE ORGANIZACIÓN DEL SISTEMA JUDICIAL, SUSTITUYÓ LOS ÓRGANOS UNIPERSONALES POR TRIBUNALES COLEGIADOS.

Artículo 15. Los extranjeros y las Compañías constituidas en el extranjero podrán ejercer el comercio en Cuba, con sujeción a las leyes de su país, en lo que se refiera a su capacidad para contratar; y a las disposiciones de este Código, en todo cuanto concierna a la creación de sus establecimientos dentro del territorio cubano a sus operaciones mercantiles y a la jurisdicción de los Tribunales de la Nación.

Lo prescrito en este **Artículo** se entenderá sin perjuicio de lo que, en casos particulares, pueda establecerse por los Tratados y Convenios con las demás potencias.

Título II. Del Registro Mercantil

Artículo 16. Se abrirá en todas las capitales de provincia un Registro Mercantil compuesto de dos libros independientes en los que se inscribirán:

1. Los comerciantes particulares.
2. Las sociedades.

En las provincias litorales y en las interiores donde se considere conveniente por haber un servicio de navegación, el Registro comprenderá un tercer libro destinado a inscripción de los buques.

LA LEY 1180 DE 1 DE JUNIO DE 1965 OTORGÓ FACULTADES AL MINISTRO DE JUSTICIA PARA REESTRUCTURAR LOS REGISTROS DE LA PROPIEDAD, QUE SE HIZO EXTENSIVO A LOS REGISTROS MERCANTILES Y DE SOCIEDADES ANÓNIMAS. POR LAS RESOLUCIONES 141 DE 22 DE OCTUBRE DE 1969 Y 27 DE 10 DE FEBRERO DE 1970 DEL VICEMINISTRO DE JUSTICIA FUERON TRASPASADOS LOS REGISTROS MERCANTILES Y DE SOCIEDADES ANÓNIMAS DE LAS PROVINCIAS DE LA HABANA, MATANZAS Y CAMAGÜEY AL ARCHIVO NACIONAL DE LA ACADEMIA DE CIENCIAS.

EL REGISTRO MERCANTIL SUBSISTE CON CARÁCTER PURAMENTE DOCUMENTAL.

LA RESOLUCIÓN DEL MINISTERIO DE TRANSPORTES G-70-14 DE 15 DE AGOSTO DE 1970 CENTRALIZA EN UN REGISTRO ÚNICO LA SECCIÓN DE BUQUES QUE PASÓ A LLAMARSE REGISTRO CENTRAL DE BUQUES QUE RADICABA EN LA DIRECCIÓN DE REGULACIONES Y NORMAS TÉCNICAS DEL TRANSPORTE MARÍTIMO DEL MINISTERIO DE TRANSPORTE.

LA LEY 1229 DE 21 DE AGOSTO DE 1970, QUE CREÓ EL MINISTERIO DE MARINA MERCANTE Y DE PUERTOS, ADSCRIBIÓ EL REGISTRO DE BUQUES A ESE ORGANISMO.

Artículo 17. La inscripción en el Registro Mercantil será potestativa para los comerciantes particulares y, obligatoria para las sociedades que se constituyan con arreglo a este Código o a las Leyes especiales, y para los buques.

Artículo 18. El comerciante no matriculado no podrá pedir la inscripción de ningún documento en el Registro Mercantil ni aprovecharse de sus efectos legales.

Artículo 19. El Registrador llevará los libros necesarios para la inscripción, sellados, foliados y con nota expresiva, en el primer folio, de los que cada libro contenga, firmada por el juez municipal. Donde hubiere varios Jueces municipales, podrá firmar la nota cualquiera de ellos.

VER NOTA AL ARTÍCULO 14.

Artículo 20. El Registrador anotará, por orden cronológico, en la matricula e índice general, todos los comerciantes y compañías que se matriculen, dando, a cada hoja, el número correlativo que le corresponda.

Artículo 21. En la hoja de inscripción de cada comerciante o Sociedad se anotarán:

1. Su nombre, razón social o título.

2. La clase de comercio u operaciones a que se dedique.

3. La fecha en que deba comenzar o haya comenzado sus operaciones.

4. El domicilio, con especificación de las sucursales, que hubiere establecido, sin perjuicio de inscribir las sucursales en el Registro de la provincia en que estén domiciliadas.

5. Las escrituras de constitución de Sociedad mercantil, cualesquiera que sean su objeto o denominación, así como

las de modificación, rescisión o disolución de las mismas Sociedades.

6. Los poderes generales y la revocación de los mismos, si la hubiere, dados a los gerentes, factores, dependientes y cualesquiera otros mandatarios.

7. La autorización del marido para que su mujer ejerza el comercio y la habilitación legal o judicial de la mujer para administrar sus bienes por ausencia o incapacidad del marido.

8. La revocación de la licencia dada a la mujer para comerciar.

9. Las escrituras dotales, las capitulaciones matrimoniales y los títulos que acrediten la propiedad de los parafernales de las mujeres de los comerciantes.

10. Las emisiones de acciones, cédulas y obligaciones de ferrocarriles y de toda clase de Sociedades, sean de obras públicas, Compañías de créditos u otras, expresando la serie y número de los títulos de cada emisión, su interés, rédito, amortización y prima, cuando tuvieran una u otra, la cantidad total de la emisión y los bienes, obras, derechos o hipotecas, cuando los hubiere, que se afecten a su pago.

También se inscribirán, con arreglo a los preceptos expresados en el párrafo anterior, las emisiones que hicieren los particulares.

11. Las emisiones de billetes de Banco, expresando su fecha, clase, series, cantidades e importe de cada emisión.

12. Los títulos de propiedad industrial, patentes de invención y marcas de fábrica, en la forma y modo que establezcan las leyes.

Las Sociedades extranjeras que quieran establecerse o crear sucursales en Cuba, presentarán y anotarán en el Registro, además de sus estatutos y de los documentos que se fijan para las cubanas, el certificado expedido por el cónsul cubano de estar constituidas y autorizadas con arreglo a las leyes del país respectivo.

EN RELACIÓN A LO DISPUESTO EN LOS INCISOS 7 Y 8, VER LA NOTA AL **Artículo** 4; CON RESPECTO A LOS INCISOS 9 Y 10, VER LA NOTA AL **Artículo** 10.

EN RELACIÓN A LO DISPUESTO EN LOS INCISOS 10 Y 11 TÉNGASE PRESENTE QUE LAS COMPAÑÍAS DE TRANSPORTE POR FERROCARRIL FUERON NACIONALIZADAS.

LA NATURALEZA DEL RÉGIMEN ECONÓMICO SOCIALISTA IMPIDE LA CONCESIÓN DE OBRAS PÚBLICAS A PARTICULARES.

EL OTORGAMIENTO DE CRÉDITOS Y LA EMISIÓN DE BILLETES ES FUNCIÓN EXCLUSIVA DEL BANCO NACIONAL DE CUBA, SEGÚN LO DISPUESTO EN LA LEY ORGÁNICA DEL BANCO NACIONAL DE CUBA, LEY 1298 DE 4 DE OCTUBRE DE 1975.

Artículo 22. En el Registro de buques se anotarán:

1. El nombre del buque, clase de aparejo, sistema o fuerza de las máquinas, si fuere de vapor, expresando si son caballos nominales o indicados; punto de construcción del casco y maquinas, año de la misma, material del casco indicando si es de madera, hierro, acero o mixto; dimensiones principales de eslora, manga y puntal; tonelaje total y neto; señal distintiva que tiene en el Código internacional de señales; por último, los nombres y domicilios de los dueños y partícipes de su propiedad.

2. Los cambios de la propiedad de los buques, en su denominación o en cualquiera de las demás condiciones enumeradas en el párrafo anterior.

3. La imposición, modificación y cancelación de los gravámenes de cualquier género que pesen sobre los buques.

VER NOTA AL ARTÍCULO 16.

Artículo 23. La inscripción se verificará, por regla general, en virtud de copias notariales de los documentos que presente el interesado.

La inscripción de los billetes, obligaciones o documentos nominativos y al portador que no lleven consigo hipotecas de bienes inmuebles se hará en vista del certificado del acta en que conste el acuerdo de quien o quienes hicieren la emisión y las condiciones, requisitos y garantías de la misma.

Cuando estas garantías consistan en hipoteca de inmuebles, se presentará, para la anotación en el Registro Mercantil, la escritura correspondiente, después de su inscripción en el de la Propiedad.

VÉANSE LAS NOTAS A LOS ARTÍCULOS 21 Y 10.

Artículo 24. Las escrituras de Sociedad no registradas surtirán efecto entre los socios que las otorguen; pero no perjudicarán a tercera persona quien, sin embargo podrá utilizarlas en lo favorable.

Artículo 25. Se inscribirán, también, en el Registro todos los acuerdos o actos que produzcan aumento o disminución del capital de las Compañías mercantiles, cualquiera que sea su denominación y los que modifiquen o alteren las condiciones de los documentos inscritos. La omisión de este requisito producirá los efectos expresados en el Artículo anterior.

Artículo 26. Los documentos inscritos solo producirán efecto legal en perjuicio del tercero desde la fecha de su inscripción, sin que puedan invadirlos otros, anteriores o posteriores no registrados.

Artículo 27. Las escrituras dotales y las referentes a bienes parafernales de la mujer del comerciante no inscritos en el

Registro Mercantil no tendrán derecho de prelación sobre los demás créditos.

Exceptúanse los bienes inmuebles y derechos reales inscritos a favor de la mujer en el Registro de la Propiedad con anterioridad al nacimiento de los créditos concurrentes.

EN RELACIÓN CON LOS BIENES DOTALES Y PARAFERNALES, VER NOTA AL ARTÍCULO 10.

Artículo 28. Si el comerciante omitiere hacer en el Registro la inscripción de los bienes dotales o parafernales de su mujer, podrá ésta pedirla por sí o podrán hacerlo por ella sus padres, hermanos o tíos carnales, así como los que ejerzan o hayan ejercido los cargos de tutores o curadores de la interesada, o constituyan o hayan constituido la dote.

EN RELACIÓN CON LOS BIENES DOTALES Y PARAFERNALES VER NOTA AL ARTÍCULO 10.

Artículo 29. Los poderes no registrados producirán acción entre el mandante y el mandatario, pero no podrán utilizarse en perjuicio de tercero, quien, sin embargo, podrá fundarse en ellos en cuanto le fueren favorables.

Artículo 30. El Registro Mercantil será público. El Registrador facilitara a los que las pidan las noticias referentes a lo que aparezca en la hoja de inscripción de cada comerciante, Sociedad o buque. Asimismo, expedirá testimonio literal de todo o parte de la mencionada hoja a quien la pida en solicitud firmada.

Artículo 31. El Registrador mercantil tendrá bajo su custodia, donde hubiere Bolsa, ejemplares de la cotización diaria de los efectos que se negocien y de los cambios que se contraten en ella.

Estos ejemplares servirán de matriz para todos los casos de averiguación y comprobación de cambios y cotizaciones en fechas determinadas.

Artículo 32. Los Registradores Mercantiles serán nombrados libremente, por vez primera y en propiedad, por el presidente de la República; y, una vez nombrados, no podrán ser separados, suspensos, ni trasladados, sino por las mismas causas y en la misma forma que los Registradores de la Propiedad.

VER LEY 243 DE 10 DE ABRIL DE 1959, EN RELACIÓN A LAS NUEVAS CAUSALES PARA LA SEPARACIÓN DE REGISTRADORES DE LA PROPIEDAD.

Título III. De los libros y de la contabilidad del comercio

Artículo 33. Los comerciantes llevarán necesariamente:

1. Un libro de Inventarios y Balances.
2. Un libro Diario.
3. Un libro Mayor.
4. Un Copiador o Copiadores de cartas y telegramas.
5. Los demás libros que ordenen las leyes especiales.

Las Sociedades y Compañías llevarán también un libro o libros de actas en las que constarán todos los acuerdos que se refieran a la marcha y operaciones sociales tomados por las juntas generales y los Consejos de Administración.

Artículo 34. Podrán llevar, además, los libros que estimen convenientes, según el sistema de contabilidad que adopten.

Estos libros no estarán sujetos a lo dispuesto en el Artículo 36; pero podrán legalizar los que consideren oportunos.

Artículo 35. Los comerciantes podrán llevar los libros por sí mismos o por personas a quienes autoricen para ello.

Si el comerciante no llevare los libros por si mismo, se presumirá concedida la autorización al que los lleve, salvo prueba en contrario.

Artículo 36. Presentarán los comerciantes los libros a que se refiere el **Artículo** 33, encuadernados, forrados y foliados, al juez Municipal del distrito en donde tuvieren su establecimiento mercantil, para que ponga, en el primer folio de cada uno, nota firmada de los que tuviere el libro.

Se estampará, además, en todas las hojas de cada libro el sello del Juzgado Municipal que lo autorice.

VER NOTA 1 ARTÍCULO 140.

Artículo 37. El libro de Inventarios y Balances empezará por el inventario que deberá formar el comerciante al tiempo de dar principio a sus operaciones y contendrá:

1. La relación exacta del dinero, valores, créditos, efectos al cobro, bienes muebles e inmuebles, mercaderías y efectos de todas clases, apreciados en su valor real y que constituyan su activo.

2. La relación exacta de las deudas y toda clase de obligaciones pendientes, si las tuviere, y que formen su pasivo.

3. Fijará, en su caso, la diferencia exacta entre el activo y el pasivo, que será el capital con que principia sus operaciones.

El comerciante formará además, anualmente, y extenderá en el mismo libro, el balance general de sus negocios, con los pormenores expresados en este Artículo y de acuerdo con los asientos del Diario, sin reserva ni omisión alguna, bajo su firma y responsabilidad.

Artículo 38. En el libro Diario se asentará, por primera partida, el resultado del inventario de que trata el Artículo anterior, dividido en una o varias cuentas consecutivas, según el sistema de contabilidad que se adopte.

Seguirán después, día por día, todas sus operaciones expresando, cada asiento, el cargo y descargo de las respectivas cuentas.

Cuando las operaciones sean numerosas, cualquiera que sea su importancia, o cuando hayan tenido lugar fuera del domicilio, podrán anotarse en un solo asiento las que se refieran a cada cuenta y que se hayan verificado en cada día, pero guardando, en la expresión de ellas, cuando se detallen, el orden mismo en que se hayan verificado.

Se anotarán, asimismo, en la fecha en que las retire de caja, las cantidades que el comerciante destine a sus gastos domésticos y se llevarán a una cuenta especial que, al intento se abrirá en el libro Mayor.

Artículo 39. Las cuentas, con cada objeto o persona en particular, se abrirán, además, por Debe y Haber en el libro

Mayor; y, a cada una de estas cuentas, se trasladarán, por orden riguroso de fechas, los asientos del Diario referentes a ella.

Artículo 40. En el libro de Actas que llevará cada sociedad se consignarán a la letra, los acuerdos que se tomen en sus juntas o en las de sus administradores, expresando la fecha de cada una, los asistentes a ellas, los votos emitidos y demás que conduzca al exacto conocimiento de lo acordado, autorizándose con la firma de los gerentes, directores o administradores que estén encargados de la gestión de la sociedad, o que determinen los estatutos o bases por que ésta se rija.

Artículo 41. Al libro Copiador se trasladarán, bien sea a mano o valiéndose de un medio mecánico cualquiera, íntegra y sucesivamente, por orden de fechas, inclusas la antefirma y firma, todas las cartas que el comerciante escriba sobre su tráfico y los despachos telegráficos que expida.

Artículo 42. Conservarán los comerciantes cuidadosamente, en legajos y ordenadas, las cartas y despachos telegráficos que recibieren relativos a sus negociaciones.

Artículo 43. Los comerciantes, además de cumplir y llenar las condiciones y formalidades prescritas en este título, deberán llevar sus libros con claridad, por orden de fechas, sin blancos, interpolaciones, raspaduras ni tachaduras, y sin presentar señales de haber sido alterados, sustituyendo o arrancando los folios, o de cualquier otra manera.

Artículo 44. Los comerciantes salvarán a continuación, inmediatamente que los adviertan, los errores u omisiones en que incurrieren al escribir en los libros, explicando con claridad en que consistían y extendiendo el concepto tal como debiera haberse estampado.

Si hubiere transcurrido algún tiempo desde que el yerro se cometió o desde que se incurrió en la omisión, harán el oportuno asiento de rectificación, añadiendo al margen del asiento equivocado una nota que indique la corrección.

Artículo 45. No se podrá hacer pesquisa de oficio por juez o Tribunal ni autoridad alguna para inquirir si los comerciantes llevan sus libros con arreglo a las disposiciones de este Código, ni hacer investigación o examen general de la contabilidad en las oficinas o escritorios de los comerciantes.

VER NOTA AL ARTÍCULO 14.

Artículo 46. Tampoco podrá decretarse, a instancia de parte, la comunicación, entrega o reconocimiento general de los libros, correspondencia y demás documentos de los comerciantes, excepto en los casos de liquidación, sucesión universal o quiebra.

Artículo 47. Fuera de los casos prefijados en el Artículo anterior, solo podrá decretarse la exhibición de los libros y documentos de los comerciantes, a instancia de parte o de oficio, cuando la persona a quien pertenezcan tenga interés o responsabilidad en el asunto en que proceda la exhibición.

El reconocimiento se hará en el escritorio del comerciante, a su presencia o a la de persona que comisionen y se contraerá, exclusivamente a los puntos que tengan relación con la cuestión que se ventile, siendo éstos los únicos que podrán comprobarse.

Artículo 48. Para graduar la fuerza probatoria de los libros de los comerciantes, se observarán las reglas siguientes:

1. Los libros de los comerciantes probarán contra ellos, sin admitirles prueba en contrario; pero el adversario no podrá aceptar los asientos que le sean favorables y desechar los que le perjudiquen, sino que, habiendo aceptado este medio de prueba, quedará sujeto al resultado que arrojen en su conjunto, tomando en igual consideración todos los asientos relativos a la cuestión litigiosa.

2. Si en los asientos de los libros llevados por los comerciantes no hubiere conformidad, y los del uno se hubieren llevado con todas las formalidades expresadas en este título, y los del otro adolecieren de cualquier defecto o careciere de los requisitos exigidos por este Código, los asientos de los libros en regla harán fe contra los de los defectuosos, a no demostrarse lo contrario por medio de otras pruebas admisibles en derecho.

3. Si uno de los comerciantes no presentare sus libros o manifestare no tenerlos, harán fe contra él los de su adversario, llevados con todas las formalidades legales, a no demostrar que la carencia de dichos libros procede de fuerza mayor, y salvo siempre la prueba contra los asientos exhibidos por otros medios admisibles en juicio.

4. Si los libros de los comerciantes tuvieren todos los requisitos legales y fueren contradictorios, el juez o Tribunal juzgará por las demás probanzas, calificándolas, según las reglas generales del Derecho.

VER NOTA AL ARTÍCULO 14.

Artículo 49. Los comerciantes y sus herederos o sucesores conservarán los libros, telegramas y correspondencia de su giro en general, por todo el tiempo que éste dure y hasta cinco años después de la liquidación de todos sus negocios y dependencias mercantiles.

Los documentos que conciernan especialmente a actos o negociaciones determinadas, podrán ser inutilizados o destruidos, pasado el tiempo de prescripción de las acciones que de ellos se deriven, a menos de que haya pendiente alguna cuestión que se refiera a ellos directa o indirectamente, en cuyo caso deberán conservarse hasta la terminación de la misma.

Título IV. Disposiciones generales sobre los contratos de comercio

Artículo 50. Los contratos mercantiles, en todo lo relativo a sus requisitos, modificaciones, excepciones, interpretación y extinción y a la capacidad de los contratantes se regirán, en todo lo que no se halle expresamente establecido en este Código o en leyes especiales, por las reglas generales del derecho común.

Artículo 51. Serán válidos y producirán obligación y acción en juicio los contratos mercantiles, cualesquiera que sean la forma y el idioma en que se celebren, la clase a que correspondan y la cantidad que tengan por objeto, con tal que conste su existencia por alguno de los medios que el derecho civil tenga establecidos. Sin embargo, la declaración de testigos no será por sí sola bastante para probar la existencia de un contrato cuya cuantía exceda de 300 pesos, a no concurrir con alguna otra prueba.

La correspondencia telegráfica solo producirá obligación entre los contratantes que hayan admitido este medio previamente y en contrato escrito, y siempre que los telegramas reúnan las condiciones o signos convencionales que previamente hayan establecido los contratantes, si así lo hubiesen pactado.

Artículo 52. Se exceptuarán de lo dispuesto en el Artículo que precede:

1. Los contratos que, con arreglo a este Código o a leyes especiales, deban reducirse a escritura o requieran formas o solemnidades necesarias para su eficacia.

2. Los contratos celebrados en país extranjero en que la Ley exija escrituras, formas o solemnidades determinadas para su validez, aunque no las exija la Ley cubana.

En uno y otro caso, los contratos que no tienen las circunstancias respectivamente requeridas, no producirán obligación ni acción en juicio.

Artículo 53. Las convenciones ilícitas no producen obligación ni acción aunque recaigan sobre operaciones de comercio.

Artículo 54. Los contratos que se celebren por correspondencia quedarán perfeccionados desde que se conteste aceptando la propuesta o las condiciones con que ésta fuere modificada.

Artículo 55. Los contratos en que intervenga Agente o Corredor, quedarán perfeccionados cuando los contratantes hubieren aceptado su propuesta.

Artículo 56. En el contrato mercantil en que se fijare pena de indemnización contra el que no lo cumpliere, la parte perjudicada podrá exigir el cumplimiento del contrato por los medios de derecho o la pena prescrita; pero utilizando una de estas dos acciones, quedará extinguida la otra a no mediar pacto en contrario.

Artículo 57 Los contratos de comercio se ejecutarán y cumplirán de buena fe, según los términos en que fueren hechos y redactados, sin tergiversar con interpretaciones arbitrarias el sentido recto, propio y usual de las palabras dichas o escritas, ni restringir los efectos que naturalmente se deriven del modo con que los contratantes hubieren explicado su voluntad y contraído sus obligaciones.

Artículo 58. Si apareciere divergencia entre los ejemplares de un contrato que presenten los contratantes, y en su celebración hubiere intervenido Agente o Corredor, se estará a lo que resulte de los libros de estos, siempre que se encuentren arreglados a derecho.

Artículo 59. Si se originaren dudas que no puedan resolverse con arreglo a lo establecido en el Artículo 2 de este Código, se decidirá la cuestión a favor del deudor.

Artículo 60. En todos los cómputos de días meses y años, se entenderán; el día de veinticuatro horas, los meses según están designados en el calendario gregoriano y el año de trescientos sesenta y cinco días.

Exceptúanse las letras de cambio, los pagarés y los préstamos respecto a los cuales se estará a lo que especialmente para ellos establece este Código.

Artículo 61. No se reconocerán términos de gracia, cortesía u otros que, bajo cualquiera denominación difieran el cumplimiento de las obligaciones mercantiles sino los que las partes hubieren prefijado en el contrato o se apoyaren en una disposición terminante de derecho

Artículo 62. Las obligaciones que no tuvieren término prefijado por las partes o por las disposiciones de este Código serán exigibles a los diez días después de contraídas, si solo produjeren acción ordinaria y al día inmediato, si llevaren aparejada ejecución.

Artículo 63. Los efectos de la morosidad en el cumplimiento de las obligaciones mercantiles comenzarán:

1. En los contratos que tuvieren día señalado para su cumplimiento, por voluntad de las partes o por la Ley, al día siguiente de su vencimiento.

2. En los que no lo tengan, desde el día en que el acreedor interpelare judicialmente al deudor, o le intimare la protesta de daños y perjuicios hecha contra él ante juez, Notario u otro oficial público, autorizado para admitirla.

Título V. De los lugares y casas de contratación mercantil

Sección primera. De las Bolsas de comercio

LA DISPOSICIÓN FINAL QUINTA DE LA LEY 498 DE 19 DE AGOSTO DE 1959 (LEY EL MERCADO DE VALORES) DISPUSO QUE LOS TÍTULOS V Y VI Y DEMÁS DISPOSICIONES CONTENIDAS EN EL CÓDIGO DE COMERCIO SOBRE BOLSAS Y AGENTES MEDIADORES NO SERÁN APLICABLES A LOS VALORES A QUE SE REFIERE ESA LEY.

VER, ADEMÁS, LA LEY 1047 DE 6 DE AGOSTO DE 1962, QUE CREÓ LAS COMISIONES DE ARBITRAJES; Y LOS ARTÍCULOS 1 Y 3 DE LA LEY 1091 DE PRIMERO DE FEBRERO DE 1963, QUE CREÓ LA CÁMARA DE COMERCIO DE LA REPÚBLICA DE CUBA; LA LEY 1184, DE 15 DE SEPTIEMBRE DE 1965, QUE ESTABLECE LAS FUNCIONES DE LA CORTE DE ARBITRAJE DE COMERCIO EXTERIOR, REGLAS DE ARBITRAJE DE 24 DE FEBRERO DE 1967; LA PROCLAMA PRESIDENCIAL DE 3 DE FEBRERO DE 1975, POR LA CUAL NUESTRO PAÍS ACORDÓ ADHERIRSE A LA CONVENCIÓN SOBRE RECONOCIMIENTO Y EJECUCIÓN DE LAS SENTENCIAS ARBITRALES EXTRANJERAS, ADOPTADA EL 10 DE JUNIO DE 1958. (G. O. DE 4 DE FEBRERO DE 1975.)

Artículo 64. Los establecimientos públicos legalmente autorizados en que de ordinario se reúnen los comerciantes y los Agentes intermedios colegiados, para concertar o cumplir las operaciones mercantiles expresadas en esta Sección, se denominarán Bolsas de Comercio.

LA BOLSA DE COMERCIO EXISTENTE EN LA NACIÓN FUE DISUELTA EN VIRTUD DE LOS CAMBIOS EFECTUADOS EN LAS RELACIONES SOCIO-ECONÓMICAS EN EL PAÍS.

LA LEY 498 DE 19 DE AGOSTO DE 1959 DENOMINADA «LEY DEL MERCADO DE VALORES» CREÓ CON DOMICILIO EN LA HABANA UN ORGANISMO AUTÓNOMO DE CARÁCTER TÉCNICO Y PERMANENTE CON PERSONALIDAD JURÍDICA (COMISIÓN NACIONAL DE BOLSAS Y VALORES).

Artículo 65. Podrá el Gobierno establecer o autorizar la creación de Bolsas de Comercio, donde lo juzgue conveniente.

También las Sociedades, constituidas con arreglo a este Código, podrán establecerlas, siempre que la facultad de hacerlo sea uno de sus fines sociales.

Esto no obstante, para que tenga carácter oficial la cotización de las operaciones realizadas y publicadas en esta clase de Bolsas, será indispensable que haya autorizado el Gobierno dichas operaciones antes de comenzar a ser objeto de la contratación pública que la cotización acredite.

El Gobierno podrá conceder dicha autorización previos los informes que estime necesarios sobre su conveniencia pública.

Artículo 66. Tanto las Bolsas existentes como las de nueva creación se regirán por las prescripciones de este Código.

Artículo 67. Serán materia de contrato en Bolsa:

1. Los valores y efectos públicos.

2. Los valores industriales y mercantiles emitidos por particulares o por Sociedades o Empresas legalmente Constituidas.

3. Las letras de cambio, libranzas, pagarés y cualesquiera otros valores mercantiles

4. La venta de metales preciosos, amonedados o en pasta.

5. Las mercaderías de todas clases y resguardos de depósitos.

6. Los seguros de efectos comerciales contra riesgos terrestres o marítimos.

7. Los fletes y transportes, conocimientos y cartas de porte.

8. Cualesquiera otras operaciones análogas a las expresadas en los números anteriores, con tal de que sean lícitas conforme a las leyes.

Los valores y efectos a que se refieren los números 1 y 2, de este Artículo solo se incluirán en las cotizaciones oficiales cuando su negociación se halle autorizada, conforme al Artículo 65, en las Bolsas de creación privada, o estén declarados negociables para las Bolsas de creación oficial.

EN RELACIÓN CON LOS VALORES PÚBLICOS NACIONALES, VER LEYES 1145 DE 30 DE ENERO DE 1964 Y 1162 DE 18 DE SEPTIEMBRE DE 1964. ADEMÁS, EL ARTÍCULO 1. DE LA LEY 1196 DE 15 DE JULIO DE 1966, DISPONE QUE: «EL BANCO NACIONAL DE CUBA TENDRÁ EL CONTROL EXCLUSIVO SOBRE LA IMPORTACIÓN, EXPORTACIÓN, INDUSTRIALIZACIÓN Y COMERCIALIZACIÓN DEL ORO Y SERÁ EL ÚNICO ADQUIRENTE DE ESE METAL CON LAS EXCEPCIONES QUE EN ESTA LEY SE ESTABLECEN».

VÉASE, TAMBIÉN, LA LEY 1298 DE 4 DE OCTUBRE DE 1975, ARTÍCULOS 18 Y 21.

Artículo 68. Para incluirlos en las cotizaciones oficiales de que habla el Artículo anterior, se comprenderán, bajo la denominación de efectos públicos:

1. Los que por medio de una emisión representen créditos contra el Estado, las Provincias o los Municipios y legalmente estén reconocidos como negociables en Bolsa.

2. Los emitidos por las naciones extranjeras, si su negociación ha sido autorizada debidamente por el Gobierno, previo dictamen de la Junta sindical del Colegio de Agentes de Cambio.

VÉASE LA NOTA AL Título V.

Artículo 69. También podrán incluirse en las cotizaciones oficiales, como materia de contrato en Bolsa, los documentos de crédito al portador emitidos por Establecimientos, Compañías o Empresas nacionales con arreglo a las leyes y a sus estatutos, siempre que el acuerdo de su emisión, con todos los demás requisitos enumerados en el Artículo 21, aparezca convenientemente inscrito en el Registro Mercantil, lo mismo que en los de la propiedad cuando, por su naturaleza, deban serlo, y con tal de que estos extremos previamente se hayan hecho constar ante la Junta sindical del Colegio de Agentes de cambio.

Artículo 70. Para incluir en las cotizaciones oficiales, como materia de contrato en Bolsa, los documentos de crédito al portador, de Empresas extranjeras constituidos con arreglo a las leyes del Estado en que dichas Empresas radiquen, se necesitará la autorización previa de la Junta sindical del Colegio de Agentes de cambio, una vez acreditado que la emisión está hecha con arreglo a la Ley y a los estatutos de la Compañía de la que los valores procedan, y que se han llenado todos los requisitos que en las mismas disposiciones se prescriban, y como no medien razones de interés público que lo estorben.

Artículo 71. La inclusión en las cotizaciones oficiales, de los efectos o valores al portador emitidos por particulares, no podrá hacerse sin autorización de la Junta sindical del Colegio de Agentes de cambio, que la concederá siempre que sean hipotecarios o estén suficientemente garantizados a su juicio y bajo su responsabilidad

Artículo 72. No podrán incluirse en las cotizaciones oficiales:

1. Los efectos o valores procedentes de Compañías o sociedades no inscritas en el Registro Mercantil.

2. Los efectos o valores procedentes de Compañías que, aunque estén inscritas en el Registro Mercantil, no hubieren hecho las emisiones con arreglo a este Código o a leyes especiales.

Artículo 73. Los Reglamentos fijaran los días y horas en que habrán de efectuarse las reuniones de las Bolsas creadas por el Gobierno o por los particulares, una vez que estas adquieran carácter oficial, y todo lo concerniente a su régimen y policía interior, que estará en cada una de ellas a cargo de la Junta sindical del Colegio de Agentes. El Gobierno fijará el Arancel de los derechos de los Agentes.

Sección segunda. De las Operaciones de bolsa

Artículo 74. Todos, sean o no comerciantes, podrán contratar sin intervención de Agente de cambio colegiado las operaciones sobre efectos públicos o sobre valores industriales o mercantiles; pero tales contratos no tendrán otro valor que el que naciere de su forma y les otorgare la Ley común.

VER ARTÍCULO 64 DE ESTE PROPIO CÓDIGO.

Artículo 75. Las operaciones que se hicieren en Bolsa se cumplirán con las condiciones y en el modo y forma que hubiesen convenido los contratantes, pudiendo ser al contado o a plazo, en firme o a voluntad, con prima o sin ella, expresando al anunciarlas las condiciones que en cada una se hubiesen estipulado.

De todas estas operaciones nacerán acciones y obligaciones exigibles ante los Tribunales.

Artículo 76. Las operaciones al contado hechas en Bolsa se deberán consumar el mismo día de su celebración, o, a lo más, en el tiempo que medie hasta la reunión siguiente de Bolsa.

El cedente estará obligado a entregar, sin otra dilación, los efectos o valores vendidos, y el tomador a recibirlos, satisfaciendo su precio en el acto

Las operaciones a plazo y las condicionales se consumarán, de la misma manera, en la época de la liquidación convenida.

Artículo 77. Si las transacciones se hicieren por mediación de Agente de cambio colegiado, callando este el nombre del comitente, o entre Agentes con la misma condición, y el Agente colegiado, vendedor o comprador, demorase el cumplimiento de lo convenido, el perjudicado por la demora podrá optar en la Bolsa inmediata entre el abandono del contrato, denunciándolo a la Junta sindical, o el cumplimiento del mismo.

En este último caso, se consumará con la intervención de uno de los individuos de la Junta sindical, comprando o vendiendo los efectos públicos convenidos por cuenta y riesgo del Agente moroso, sin perjuicio de la repetición de éste contra el comitente.

La Junta sindical ordenará la realización de la parte de fianza del Agente moroso necesaria para satisfacer inmediatamente estas diferencias.

Las negociaciones sobre valores industriales y mercantiles, metales o mercaderías, el que demore o rehúse el cumplimiento de un contrato será compelido a cumplirlo por las acciones que nazcan según las prescripciones de este Código.

Artículo 78. Convenida cada operación cotizable, el Agente de cambio que hubiere intervenido en ella la extenderá en una nota firmada, entregándola, acto continuo, al anunciador quién después de leerla al público en alta voz, la pasará a la Junta sindical.

Artículo 79. Las operaciones que se hicieren por Agente colegiado sobre valores o efectos públicos se anunciarán de viva voz, en el acto mismo en que queden convenidas sin perjuicio de pasar la correspondiente nota a la Junta sindical.

De los demás contratos se dará noticia en el Boletín de Cotización, expresando el precio máximo y mínimo en las compras de mercaderías, transportes y fletamentos, el tipo del descuento y el de los cambios en los giros y préstamos.

Artículo 80. La Junta sindical se reunirá, transcurridas las horas de Bolsa y, en vista de las negociaciones de efectos públicos que resulten de las notas entregadas por los Agentes colegiados, y, con la noticia de las ventas y demás operaciones intervenidas por los mismos, extenderá el acta de la cotización, remitiendo una copia certificada al Registro Mercantil.

Sección tercera. De los demás lugares públicos de contratación. De las ferias, mercados y tiendas

Artículo 81. Tanto el Gobierno como las Sociedades mercantiles que estuvieren dentro de las condiciones que señala el Artículo 65 de este Código, podrán establecer lonjas o casas de contratación.

VÉASE LA NOTA DEL Título I, LIBRO I.

Artículo 82. La Autoridad competente anunciará el sitio y la época en que habrán de celebrarse las ferias y las condiciones de policía que deberán observarse en ellas.

Artículo 83. Los contratos de compraventa celebrados en feria podrán ser al contado o a plazos; los primeros habrán de cumplirse en el mismo día de su celebración o, a lo más, en las veinticuatro horas siguientes.

Pasadas éstas sin que ninguno de los contratantes haya reclamado su cumplimiento, se considerarán nulos y los gajes, señal o arras que mediaren quedarán a favor del que los hubiere recibido.

Artículo 84. Las cuestiones que se susciten en las ferias sobre contratos celebrados en ellas, se decidirán en juicio verbal por el juez municipal del pueblo en que se verifique la feria con arreglo a las prescripciones de este Código, siempre que el valor de la cosa litigiosa no exceda de quinientos pesos.

Si hubiere más de un juez municipal, será competente el que eligiere el demandante.

VER NOTA AL ARTÍCULO 14.

LO DISPUESTO EN ESTE ARTÍCULO NUNCA TUVO APLICACIÓN, PUES EN CUBA NO EXISTÍA LA COSTUMBRE DE CELEBRAR FERIAS EXCEPTO LAS FERIAS GANADERAS CON CARÁCTER DE EXPOSICIÓN.

Artículo 85. La compra de mercaderías en almacenes o tiendas abiertas al público causará prescripción de derecho a favor del comprador respecto de las mercaderías adquiridas quedando a salvo, en su caso, los derechos del propietario de los objetos vendidos para ejercitar las acciones civiles o criminales que puedan corresponderle contra el que los vendiere indebidamente.

Para los efectos de esta prescripción se reputarán almacenes o tiendas abiertas al público:

1. Los que establezcan los comerciantes inscritos.

2. Los que establezcan los comerciantes no inscritos, siempre que los almacenes o tiendas permanezcan abiertos al público por espacio de ocho días consecutivos, o se hayan anunciado por medio de rótulos, muestras, o títulos en el local mismo, o por avisos repartidos al público o insertos en los diarios de la localidad.

VÉASE LA NOTA DEL Título PRIMERO, LIBRO PRIMERO.

Artículo 86. La moneda en que se verifique el pago de las mercaderías compradas al contado en las tiendas o establecimientos públicos, no será reivindicable.

Artículo 87. Las compras y ventas verificadas en establecimiento se presumirán siempre hechas al contado salvo la prueba en contrario.

Título VI. De los agentes mediadores el comercio y de sus obligaciones respectivas

LOS PRECEPTOS DE ESTE TÍTULO QUE REGULAN LAS OBLIGACIONES DE LOS AGENTES MEDIADORES DEL COMERCIO NO TIENEN APLICACIÓN DEBIDO A QUE LA MAYOR PARTE DE LAS ACTIVIDADES COMERCIALES E INDUSTRIALES EN LA SOCIEDAD SOCIALISTA NO SE REALIZAN CON CARÁCTER PRIVADO. ACTUALMENTE, NO EXISTEN LOS AGENTES MEDIADORES DEL COMERCIO

POR DECRETO DE 14 DE DICIEMBRE DE 1898 YA HABÍAN SIDO SUPRIMIDOS LOS AGENTES DE CAMBIO Y BOLSA, SIENDO SUSTITUIDOS EN LA MISMA DISPOSICIÓN POR LOS CORREDORES DE COMERCIO.

Sección primera. Disposiciones comunes a los agentes mediadores del comercio

Artículo 88. Estarán sujetos a las leyes mercantiles como Agentes mediadores del comercio:

Los Agentes de cambio y Bolsa.

Los Corredores de comercio.

Los Corredores Intérpretes de buques.

Artículo 89. Podrán prestar los servicios de Agentes de Bolsa y Corredores, cualquiera que sea su clase, los cubanos y los extranjeros, pero solo tendrán fe pública los Agentes y los Corredores colegiados.

Los modos de probar la existencia y circunstancia de los actos o contratos en que intervengan Agentes que no sean colegiados, serán los establecidos por el derecho mercantil o común para justificar las obligaciones.

Artículo 90. En cada plaza de comercio se podrá establecer un Colegio de Agentes de Bolsa, otro de Corredores de Comercio y, en las plazas marítimas, uno de Corredores intérpretes de Buques.

Artículo 91. Los Colegios de que trata el Artículo anterior se compondrán de los individuos que hayan obtenido el título correspondiente por reunir las condiciones exigidas en este Código

Artículo 92. Al frente de cada Colegio habrá una Junta sindical elegida por los colegiados.

Artículo 93. Los Agentes colegiados tendrán el carácter de Notarios en cuanto se refiera a la contratación de efectos públicos, valores industriales y mercantiles, mercaderías y demás actos de comercio comprendidos en su oficio en la plaza respectiva.

Llevarán un libro registro con arreglo a lo que determina el Artículo 36, asentando en él, por su orden, separada y diariamente, todas las operaciones en que hubiesen intervenido, pudiendo, además, llevar otros libros con las mismas solemnidades.

Los libros y pólizas de los Agentes colegiados harán fe en juicio.

Artículo 94. Para ingresar en cualquiera de los Colegios de Agentes a que se refiere el Artículo 90, será necesario:

1. Ser cubano o extranjero naturalizado.
2. Tener capacidad para comerciar con arreglo a este Código.
3. No estar sufriendo pena correccional o aflictiva.
4. Acreditar buena conducta moral y conocida probidad por medio de una información judicial de tres comerciantes inscritos.

5. Constituir la fianza exigida por las disposiciones vigentes.

6. Obtener del Ministerio de Comercio el título correspondiente, oída la Junta sindical del Colegio respectivo.

Artículo 95. Será obligación de los Agentes colegiados:

1. Asegurarse de la identidad y capacidad legal para contratar de las personas en cuyos negocios intervengan, y, en su caso, de la legitimidad de las firmas de los contratantes.

Cuando éstos no tuvieren la libre administración de sus bienes, no podrán los Agentes prestar su concurso sin que preceda la debida autorización con arreglo a las leyes.

2. Proponer los negocios con exactitud, precisión y claridad, absteniéndose de hacer supuestos que induzcan error a los contratantes.

3. Guardar secreto en todo lo que concierna a las negociaciones que hicieren y no revelar los nombres de las personas que se las encarguen, a menos que exija lo contrario la Ley o la naturaleza de las operaciones, o que los interesados consientan en que sus nombres sean conocidos.

4. Expedir, a costa de los interesados que la pidieren, certificación de los asientos respectivos de sus contratos.

Artículo 96. No podrán los Agentes colegiados:

1. Comerciar por cuenta propia.

2. Constituirse en aseguradores de riesgos mercantiles.

3. Negociar valores o mercaderías por cuenta de individuos o Sociedades que hayan suspendido sus pagos o que hayan sido declarados en quiebra o en concurso, o no haber obtenido rehabilitación.

4. Adquirir para si los efectos de cuya negociación estuvieren encargados, salvo en el caso de que el Agente tenga que responder de faltas del comprador al vendedor.

5. Dar certificaciones que no se refieran directamente a hechos que consten en los asientos de sus libros.

6. Desempeñar los cargos de cajeros, tenedores de libros o dependientes de cualquier comerciante o establecimiento mercantil.

Artículo 97. Los que contravinieren a las disposiciones del Artículo anterior serán privados de su oficio por el Gobierno, previa audiencia de la Junta sindical y del interesado, el cual podrá reclamar contra esta resolución por la vía contencioso administrativa

Serán además responsable civilmente del daño que se siguiere por faltar a las obligaciones de su cargo.

Artículo 98. La fianza de los Agentes de Bolsa, de los corredores de Comercio y de los Corredores Intérpretes de buques estará especialmente afecta a las resultas de las operaciones de su oficio, teniendo los perjudicados una acción real preferente contra la misma, sin perjuicio de las demás que procedan en derecho.

Esta fianza no podrá alzarse, aunque el Agente cese en el desempeño de su cargo, hasta transcurrido el plazo que se señala en el Artículo 946, sin que dentro de él se haya formalizado reclamación.

Solo estará sujeta la fianza a responsabilidades ajenas al cargo cuando, las de éste, se hallen cubiertas íntegramente.

Si la fianza se desmembrare por las responsabilidades a que está afecta, o se disminuyere, por cualquiera causa su valor efectivo, deberá reponerse por el Agente en el término de veinte días.

Artículo 99. En los casos de inhabilitación, incapacidad o suspensión de oficio de los Agentes de Bolsa, Corredores de Comercio y Corredores Intérpretes de buques los libros que, con arreglo a este Código deben llevar se depositarán en el Registro Mercantil.

Sección segunda. De los Agentes Colegiados de Cambio

Artículo 100. Corresponderá a los Agentes de Cambio y Bolsa:

1. Intervenir, privativamente, en las negociaciones y transferencias de toda especie de efectos o valores públicos cotizables, definidos en el Artículo 80.
2. Intervenir, en concurrencia con los Corredores de Comercio, en todas las demás operaciones y contratos de Bolsa, sujetándose a las responsabilidades propias de éstas operaciones.

Artículo 101. Los Agentes de Bolsa que intervengan en contratos de compraventa o en otras operaciones al contado o a plazo, responderán al comprador de la entrega de los efectos o valores sobre que versen dichas operaciones y, al vendedor, del pago del precio o indemnización convenida.

Artículo 102. Anotarán los Agentes de Bolsa en sus libros por orden correlativo de numeración y de fechas, todas las operaciones en que intervenga.

Artículo 103. Los Agentes de Bolsa se entregarán recíprocamente, nota suscrita de cada una de las operaciones concertadas en el mismo día en que las hayan convenido. Otra nota, igualmente firmada, entregaran a sus comitentes y éstos, a los Agentes, expresando su conformidad con los términos y condiciones de la negociación.

Las notas o pólizas que los Agentes entreguen a sus comitentes, y las que se expidan mutuamente, harán prueba contra el Agente que las suscriba en todos los casos de reclamación a que dieren lugar.

Para determinar la cantidad líquida a reclamar, expedirá la Junta sindical certificación en que se haga constar la diferencia en efectivo que resulte contra el comitente, en vista de las notas de la operación.

La conformidad de los comitentes, una vez reconocida en juicio su firma, llevará aparejada ejecución, siempre que se presente la certificación de la Junta sindical de que habla el párrafo anterior.

Artículo 104. Los Agentes de Bolsa, además de las obligaciones comunes a todos los Agentes mediadores enumeradas en los Artículos 95, 96, 97 y 98, serán responsable, civilmente, por los títulos o valores industriales o mercantiles que vendieren después de hecha pública por la Junta sindical la denuncia de dichos valores como de procedencia legítima.

Artículo 105. El presidente, o quien hiciere sus veces, y dos individuos, a lo menos, de la Junta sindical, asistirán constantemente a las reuniones de la Bolsa para acordar lo que proceda en los casos que puedan ocurrir.

La Junta sindical fijará el tipo de las liquidaciones mensuales al cerrarse la Bolsa del último día del mes tomando por base el término medio de la cotización del mismo día.

La misma Junta será la encargada de recibir las liquidaciones parciales y practicar la general del mes.

Sección tercera. De los Corredores Colegiados de Comercio

Artículo 106. Además de las obligaciones comunes a todos los Agentes mediadores del comercio que enumera el Artículo 95, los Corredores Colegiados de Comercio estarán obligados:

1. A responder, legalmente, de la autenticidad de la firma del último cedente en las negociaciones de letras de cambio u otros valores endosables.

2. A asistir y dar fe en los contratos de compraventa de la entrega de los efectos y de su pago, si los interesados lo exigieren.

3. A recoger del cedente y entregar al tomador las letras o efectos endosables que se hubieren negociado con su intervención.

4. A recoger del tomador y entregar al cedente el importe de las letras o valores endosables negociados.

Artículo 107. Los Corredores colegiados anotarán en sus libros, y en asientos separados, todas las operaciones en que hubieren intervenido, expresando los nombres y el domicilio de los contratantes, la materia y las condiciones de los contratos.

En las ventas expresarán la calidad, cantidad y precio de la cosa vendida, lugar y fecha de la entrega y la forma en que haya de pagarse el precio.

En las negociaciones de letras anotarán las fechas, puntos de expedición y de pago, términos y vencimientos, nombres del librador, endosante y pagador, los del cedente y tomador y el cambio convenido.

En los seguros con referencia a la póliza se expresarán, además del número y fecha de la misma, los nombres del asegurador y del asegurado, objeto del seguro, su valor según los contratantes, la prima convenida y, en su caso, el lugar de carga y descarga y precisa y exacta designación del buque o del medio en que haya de efectuarse el transporte.

Artículo 108. Dentro del día en que se verifique el contrato, entregarán los Corredores colegiados a cada uno de los contratantes una minuta firmada, comprensiva de cuanto éstos hubieren convenido.

Artículo 109. En los casos en que por conveniencia de las partes se extienda un contrato escrito, el Corredor certificará al pie de los duplicados y conservará el original.

Artículo 110. Los Corredores colegiados podrán, en concurrencia con los Corredores intérpretes de buques, desempeñar las funciones propias de estos últimos, sometiéndose a las prescripciones de la Sección siguiente de este título.

Artículo 111. El Colegio de Corredores, donde no lo hubiere de Agentes, extenderá cada día de negociación una nota de los cambios corrientes y de los precios de las mercaderías a cuyo efecto, dos individuos de la Junta sindical asistirán a las reuniones de la Bolsa, debiendo remitir una copia autorizada de dicha nota al Registro Mercantil.

Sección cuarta. De los Corredores Colegiados intérpretes de buques

Artículo 112. Para ejercer el cargo de Corredor intérprete de buques, además de reunir las circunstancias que exigen a los Agentes mediadores en el Artículo 94, será necesario acreditar, bien por examen o bien por certificado de establecimiento público, el conocimiento de dos lenguas vivas extranjeras.

Artículo 113. Las obligaciones de los Corredores intérpretes de buques, serán:

1. Intervenir en los contratos de fletamento de seguros marítimos y préstamos a la gruesa, siendo requeridos.

2. Asistir a los Capitanes y sobrecargos de buques extranjeros y servirles de intérpretes en las declaraciones, protestas y demás diligencias que les ocurran en los Tribunales y oficinas públicas.

3. Traducir los documentos que los expresados Capitanes y sobrecargos extranjeros hubieren de presentar en las mismas oficinas, siempre que ocurriere duda sobre su inteligencia, certificando estar hechas las traducciones bien y fielmente.

4. Representar a los mismos en juicio cuando no comparezcan ellos, el naviero o el consignatario del buque.

Artículo 114. Será asimismo obligación de los Corredores intérpretes de buques llevar:

1. Un libro Copiador de las traducciones que hicieren, insertándolas literalmente.

2. Un registro del nombre de los Capitanes a quienes prestaren la asistencia propia de su oficio, expresando el pabellón, nombre, clase y porte del buque y los puertos de su procedencia y destino.

3. Un libro Diario de los contratos de fletamento en que hubieren intervenido expresando en cada asiento el nombre del buque, su pabellón, matrícula y porte; los del capitán y del fletador; precio y destino del flete; moneda en que haya de pagarse; anticipos sobre el mismo, si los hubiere; los efectos en que consista el cargamento; condiciones pactadas entre el fletador y capitán sobre estadías y el plazo prefijado para comenzar y concluir la carga.

Artículo 115. El Corredor intérprete de buques conservará un ejemplar del contrato o contratos que hayan mediado entre el capitán y el fletador.

Libro segundo. De los contratos especiales del comercio

Título primero. De las compañías mercantiles

Sección primera. De la Constitución de las Compañías y de sus clases

Artículo 116. El contrato de compañía por el cual dos o más personas se obligan a poner en fondo común bienes, industria o alguna de estas cosas para obtener lucro, será mercantil, cualquiera que fuese su clase, siempre que se haya constituido con arreglo a las disposiciones de este Código.

Una vez constituida la Compañía mercantil, tendrá personalidad jurídica en todos sus actos y contratos.

Artículo 117. El contrato de compañía mercantil celebrado con los requisitos esenciales del derecho, será válido y obligatorio entre los que lo celebren, cualesquiera que sean la forma, condiciones y combinaciones lícitas y honestas con que lo constituyan siempre que no estén expresamente prohibidas en este Código.

Será libre la creación de Bancos territoriales, agrícolas y de emisión y descuento, de Sociedades de crédito de préstamos hipotecarios, concesionarias de obras públicas, fabriles de almacenes generales de depósito, de minas, de formación de capitales y rentas vitalicias, de seguros y demás asociaciones que tuvieren por objeto cualquiera empresa industrial o de comercio.

EL BANCO NACIONAL DE CUBA TIENE EL DOBLE CARÁCTER DE BANCO CENTRAL Y ÚNICO ORGANISMO FINANCIERO DEL PAÍS. DESEMPEÑA SUS ACTIVIDADES TANTO EN EL ORDEN INTERNO COMO EN EL INTERNACIONAL. VÉASE LA LEY 1298 DE 4 DE OCTUBRE DE 1975.

LA CONSTITUCIÓN DE GRAVÁMENES HIPOTECARIOS QUEDÓ EXPRESAMENTE PROHIBIDA POR LO DISPUESTO EN LOS ARTÍCULOS 34 DE LA LEY DE REFORMA AGRARIA; PÁRRAFO 3. Y 4. DE LOS ARTÍCULOS 29, 30 Y 35 DE LA LEY DE REFORMA URBANA; Y 7 DE LA SEGUNDA LEY DE REFORMA AGRARIA.

LA NATURALEZA DEL RÉGIMEN ECONÓMICO SOCIALISTA PROHÍBE LA CONCESIÓN DE OBRAS PÚBLICAS, LAS QUE SON REALIZADAS DIRECTAMENTE POR ORGANISMOS ESTATALES.

LAS AUTORIZACIONES A TODO CUBANO O EXTRANJERO PARA EXPLOTAR LIBREMENTE LOS MINERALES DEL SUBSUELO QUEDARON TÁCITAMENTE DEROGADAS POR EL ARTÍCULO 88 DE LA LEY FUNDAMENTAL Y POR LA LEY 1006 DE 6 DE FEBRERO DE 1962 QUE DEROGÓ TODA LA LEGISLACIÓN ANTERIOR REFERENTE A LAS EXPLOTACIONES DE MINERALES.

LA LEY 983 DE 7 DE NOVIEMBRE DE 1961 CREÓ EL INSTITUTO CUBANO DE RECURSOS MINERALES Y REGULÓ LAS COMPENSACIONES A LOS PROPIETARIOS DE LOS TERRENOS DONDE SE REALICEN EXPLOTACIONES MINERAS.

LA LEY 1209 DE 7 DE JUNIO DE 1975 CREÓ EL MINISTERIO DE LA MINERÍA Y LA METALURGIA, HOY MINISTERIO DE LA MINERÍA Y GEOLOGÍA A VIRTUD DE LA MODIFICACIÓN INTRODUCIDA POR LA LEY 1285 DE 26 DE DICIEMBRE DE 1974. A ESTE MINISTERIO SE ADSCRIBIÓ LA EXCLUSIVIDAD DE LA DIRECCIÓN Y CONTROL DE TODAS LAS ACTIVIDADES RELATIVAS A LA EXPLOTACIÓN, EXTRACCIÓN Y PROCESAMIENTO DE LOS RECURSOS MINERALES DEL PAÍS.

LOS SEGUROS SOBRE LA VIDA Y PARA AUXILIO A LA VEJEZ PASARON AL MINISTERIO DEL TRABAJO SEGÚN LO DISPUESTO EN LA LEY 1100 DE 27 DE MARZO DE 1963, LEY DE SEGURIDAD SOCIAL. LA LEY 1192 DE 11 DE JULIO DE 1966 DISPUSO LA LIQUIDACIÓN DE LOS CONTRATOS VIGENTES DE SEGURO SOBRE LA VIDA CONCERTADOS POR ASEGURADORES PRIVADOS CON LAS COMPAÑÍAS DE SEGUROS NACIONALIZADAS O CONFISCADAS. LA LEY 1193 DE 11 DE JULIO DE 1966 DISPUSO QUE LAS PENSIONES O RENTAS VITALICIAS O TEMPORALES DERIVADAS DE CONTRATOS DE SEGUROS SOBRE LA VIDA FUERAN ABONADAS POR LA DIRECCIÓN DE SEGURIDAD SOCIAL DEL MINISTERIO DEL TRABAJO.

EL SEGURO MERCANTIL HA QUEDADO A CARGO DE LAS EMPRESAS ESTATALES INTERNACIONALES DE SEGUROS (ESICUBA) Y NACIONAL DE SEGUROS (ENSEG) VINCULADA AL BANCO NACIONAL DE CUBA. VÉANSE LAS LEYES 128 DE 4 DE OCTUBRE DE 1975 Y 1188 DE 25 DE ABRIL DE 1966 Y LAS RESOLUCIONES N.º 416 Y 1401 DE 9 DE ABRIL Y 31 DE DICIEMBRE DE 1963 RESPECTIVAMENTE DEL EXTINGUIDO MINISTERIO DE HACIENDA.

LEY 891 DE 13 DE OCTUBRE DE 1960. LEY DE NACIONALIZACIÓN DE LA BANCA, MEDIANTE LA CUAL LA FUNCIÓN BANCARIA EN LO SUCESIVO ES PRIVATIVA DEL ESTADO CUBANO.

RESOLUCIÓN 3948 DEL BANCO NACIONAL DE CUBA DE 8 DE OCTUBRE DE 1963. (G. O. N.º 16 DEL DÍA 10.) VALORES EMITIDOS POR ENTIDADES HIPOTECARIAS, LIQUIDACIÓN. NORMAS.

RESOLUCIÓN 4186 DEL BANCO NACIONAL DE CUBA DE 29 DE NOVIEMBRE DE 1963. (G. O. N.º 233 DE DICIEMBRE 2.) DISPUSO LA LIQUIDACIÓN DEFINITIVA DE LA INSTITUCIÓN AUTÓNOMA ESTATAL DENOMINADA FOMENTO DE HIPOTECAS ASEGURADAS (F. H. A.)

RESOLUCIÓN 93 DEL BANCO NACIONAL DE CUBA DE 10 DE MARZO DE 1966 (G. O. N.º 3 DE 29 DE ABRIL), DECLARÓ DISUELTOS Y LIQUIDADOS A TODOS LOS EFECTOS LEGALES PERTINENTES, TODOS LOS BANCOS DE CAPITALIZACIÓN QUE OPERABAN EN CUBA EN 23 DE FEBRERO DE 1961.

Artículo 118. Serán igualmente válidos, y eficaces los contratos entre las Compañías mercantiles y cualesquiera personas capaces de obligarse siempre que fueren lícitos y honestos y aparecieren cumplidos los requisitos que expresa el Artículo siguiente.

Artículo 119. Toda Compañía de comercio, antes de dar principio a sus operaciones, deberá hacer constar su constitución, pactos y condiciones, en escritura pública que se presentará para su inscripción en el Registro Mercantil, conforme a lo dispuesto en el Artículo 17.

A las mismas formalidades quedarán sujetas con arreglo a lo dispuesto en el Artículo 25, las escrituras adicionales, que de cualquiera manera modifiquen o alteren el contrato primitivo de la Compañía.

Los socios no podrán hacer pactos reservados, sino que todos deberán constar en la escritura social.

Artículo 120. Los encargados de la gestión social que contravinieren a lo dispuesto en el Artículo anterior, serán, solidariamente, responsables para con las personas extrañas a la Compañía con quienes hubieren contratado en nombre de la misma.

Artículo 121. Las Compañías mercantiles se regirán por las cláusulas y condiciones de sus contratos y, en cuanto en ellas no esté determinado y prescrito, por las disposiciones de este Código.

Artículo 122. Por regla general, las Compañías mercantiles se constituirán adoptando alguna de las siguientes formas:

1. La regular colectiva en que todos los socios, en nombre colectivo y bajo una razón social, se comprometen a participar, en la proporción que establezcan, de los mismos derechos y obligaciones.

2. La comanditaria en que uno o varios sujetos aportan capital determinado al fondo común, para estar a las resultas de las operaciones sociales dirigidas exclusivamente por otros con nombre colectivo.

3. La anónima en que formando el fondo común los asociados por parte o porciones ciertas, figuradas por acciones o de otra manera indubitada, encargan su manejo a mandatarios o administradores amovibles que representen a la Compañía bajo una denominación apropiada al objeto o empresa a que se destine sus fondos.

Artículo 123. Por la índole de sus operaciones, podrán ser las Compañías mercantiles:

Sociedades de crédito;

Bancos de emisión y descuento;

Compañías de crédito territorial;

Compañías de minas;

Bancos agrícolas;

Concesionarias de ferrocarriles, tranvías, y obras públicas;

De almacenes generales de depósito;

Y de otras especies, siempre que sus pactos sean lícitos y su fin, la industria o el comercio.

VÉASE LA NOTA AL ARTÍCULO 117 EN RELACIÓN A LA ÍNDOLE DE LAS OPERACIONES DE LAS COMPAÑÍAS MERCANTILES.

Artículo 124. Las Compañías mutuas de seguros contra incendios, de combinaciones tontinas sobre la vida para auxilios a la vejez y de cualquiera otra clase y las cooperativas de producción, de crédito o de consumo, solo se considerarán mercantiles y quedarán sujetas a las disposiciones de este Código, cuando se dedicaren a actos de comercio extraños a la mutualidad o se convirtieren en Sociedades a prima fija.

LOS SEGUROS SOBRE LA VIDA Y PARA AUXILIO A LA VEJEZ PASARON AL MINISTERIO DEL TRABAJO SEGÚN LO DISPUESTO EN LA LEY 1100 DE 27 DE MARZO DE 1963, LEY DE SEGURIDAD SOCIAL. LA LEY 1192 DE 11 DE JULIO DE 1966 DISPUSO LA LIQUIDACIÓN DE LOS CONTRATOS VIGENTES DE SEGURO SOBRE LA VIDA CONCERTADOS POR ASEGURADORES PRIVADOS CON LAS COMPAÑÍAS DE SEGUROS NACIONALIZADAS O CONFISCADAS. LA LEY 1193 DE 11 DE JULIO DE 1966 DISPUSO QUE LAS PENSIONES O RENTAS VITALICIAS O TEMPORALES DERIVADAS DE CONTRATOS DE SEGUROS SOBRE LA VIDA FUERAN ABONADAS POR LA DIRECCIÓN DE SEGURIDAD SOCIAL DEL MINISTERIO DEL TRABAJO.

VER, ADEMÁS, EL ARTÍCULO 28 DE LA LEY 1298 DE 4 DE OCTUBRE DE 1975 REGULANDO LAS FUNCIONES DEL BANCO NACIONAL.

Sección segunda. De las Compañías colectivas

Artículo 125. La escritura social de la Compañía colectiva deberá expresar:

1. El nombre, apellido y domicilio de los socios.
2. La razón social.
3. El nombre y apellido de los socios a quienes se encomiende la gestión de la Compañía y el uso de la firma social.
4. El capital que cada socio aporte en dinero efectivo, créditos o efectos con expresión del valor que se dé a estos o de las bases sobre que haya de hacerse el avalúo.
5. La duración de la compañía.
6. Las cantidades que, en su caso, se asignen a cada socio gestor anualmente para sus gastos particulares.

Se podrán también consignar en la escritura todos los demás pactos lícitos y condiciones especiales que los socios quieran establecer.

Artículo 126. La compañía colectiva habrá de girar bajo el nombre de todos sus socios, de alguno de ellos o de uno solo, debiéndose añadir, en estos dos últimos casos, al nombre o nombres que se expresen, las palabras «y compañía».

Este nombre colectivo constituirá la razón o firma social en la que no podrá incluirse nunca el nombre de persona que no pertenezca de presente a la Compañía.

Los que, no perteneciendo a la Compañía, incluyan su nombre en la razón social quedarán sujetos a responsabilidad solidaria, sin perjuicio de la penal, si a ella hubiere lugar.

Artículo 127. Todos los socios que formen la Compañía colectiva, sean o no gestores de la misma, estarán obligados, personal y solidariamente, con todos sus bienes, a las resultas de las operaciones que se hagan a nombre y por cuenta de la Compañía, bajo la firma de esta o por persona autorizada para usarla.

Artículo 128. Los socios no autorizados debidamente para usar de la firma social, no obligarán con sus actos y contratos a la Compañía, aunque los ejecuten a nombre de ésta y bajo su firma,

La responsabilidad de tales actos, en el orden civil o penal recaerá, exclusivamente, sobre sus autores.

Artículo 129. Si la administración de las Compañías colectivas no se hubiere limitado por un acto especial a alguno de los socios, todos tendrán la facultad de concurrir a la dirección y manejo de los negocios comunes; y los socios presentes se pondrán de acuerdo para todo contrato u obligación que interese a la Sociedad.

Artículo 130. Contra la voluntad de uno de los socios administradores que, expresamente, la manifieste, no deberá contraerse ninguna obligación nueva; pero si, no obstante, llegare a contraerse, no se anulará por esta razón y surtirá sus efectos sin perjuicio de que, el socio o socios que lo contrajeren, respondan a la masa social del quebranto que ocasionaren.

Artículo 131. Habiendo socios especialmente encargados de la administración, los demás no podrán contrariar ni entorpecer las gestiones de aquellos, ni impedir sus efectos.

Artículo 132. Cuando la facultad privativa de administrar y de usar de la firma de la Compañía haya sido conferida en condición expresa del contrato social, no se podrá privar de ella al que la obtuvo; pero si éste usare mal de dicha facultad y de su gestión resultare perjuicio manifiesto a la masa común podrán los demás socios nombrar de entre ellos un co-administrador que intervenga en todas las operaciones, o promover la rescisión del contrato ante el juez o Tribunal competente, que deberá declararla, si se probare aquel perjuicio.

VÉASE NOTA AL ARTÍCULO 14.

LA DISPOSICIÓN FINAL TERCERA DE LA LEY DE PROCEDIMIENTO CIVIL Y ADMINISTRATIVO DEJÓ VIGENTES LOS ARTÍCULOS 2070 Y SIGUIENTES DE LA LEY DE ENJUICIAMIENTO CIVIL, QUE SE REFIEREN A LOS ACTOS DE JURISDICCIÓN VOLUNTARIA EN NEGOCIOS DE COMERCIO.

Artículo 133. En las compañías colectivas, todos los socios, administren o no, tendrán derecho a examinar el estado de la administración y de la contabilidad, y a hacer con arreglo a los pactos consignados en la escritura de la Sociedad o las disposiciones generales del Derecho, las reclamaciones que creyeren convenientes al interés común.

Artículo 134. Las negociaciones hechas por los socios en nombre propio y con sus fondos particulares no se comunicarán a la Compañía, ni la constituirán en responsabilidad alguna, siendo de la clase de aquéllas que los socios puedan hacer lícitamente por su cuenta y riesgo.

Artículo 135. No podrán los socios aplicar los fondos de la Compañía, ni usar de la firma social para negocios por cuenta propia; y, en el caso de hacerlo, perderán, en beneficio de la Compañía la parte de ganancia que, en la operación u operaciones hechas de este modo, les pueda corresponder y podrá haber lugar a la rescisión del contrato social, en cuanto a ellos, sin perjuicio del reintegro de los fondos de que hubieren hecho uso y de indemnizar además a la Sociedad de todos los daños y perjuicios que se les hubiere seguido.

Artículo 136. En las Sociedades colectivas que no tengan género de comercio determinado, no podrán sus individuos hacer operaciones por cuenta propia sin que preceda consentimiento de la Sociedad, la cual no podrá negarlo sin acreditar que de ello le resulta un perjuicio efectivo y manifiesto.

Los socios que contravengan a esta disposición aportarán al acervo común el beneficio que les resulte de estas operaciones, y sufrirán individualmente, las pérdidas si las hubiere.

Artículo 137. Si la Compañía hubiere determinado en su contrato de constitución el género de comercio en que haya de ocuparse, los socios podrán hacer lícitamente por su cuenta toda operación mercantil que les acomode, con tal que no pertenezca a la especie de negocios a que se dedique la Compañía de que fueren socios a no existir pacto especial en contrario.

Artículo 138. El socio industrial no podrá ocuparse en negociaciones de especie alguna, salvo si la Compañía se lo permitiere expresamente: y, en caso de verificarlo, quedará al arbitrio de los socios capitalistas excluirlo de la Compañía, privándole de los beneficios que le correspondan en ella o aprovecharse de los que hubiere obtenido contraviniendo a esta disposición.

Artículo 139. En las Compañías colectivas o en comandita, ningún socio podrá separar o distraer del acervo común más cantidad que la designada a cada uno para sus gastos particulares, y si lo hiciere, podrá ser compelido a su reintegro como si no hubiese completado la porción del capital que se obligó a poner en la Sociedad.

Artículo 140. No habiéndose determinado en el contrato de Compañías la parte correspondiente a cada socio en las ganancias, se dividirán éstas a prorrata de la porción de interés que cada cual tuviere en la Compañía, figurando en la distribución los socios industriales, si los hubiere, en la clase del socio capitalista de menor participación,

Artículo 141. Las pérdidas se imputarán en la misma proporción entre los socios capitalistas, sin comprender a los industriales a menos que, por pacto expreso se hubieren éstos constituidos partícipes en ellas.

Artículo 142. La Compañía deberá abonar a los socios lo gastos que hicieren e indemnizarles de los perjuicios que experimentaren con ocasión inmediata y directa de los negocios que aquélla pusiese a su cargo; pero no estará obligada a la indemnización de los daños que los socios experimenten por culpa suya, caso fortuito, ni otra causa independiente de los negocios, mientras se hubieren ocupado en desempeñarlos.

Artículo 143. Ningún socio podrá trasmitir a otra persona el interés que tenga en la Compañía, ni sustituirla en su lugar para que desempeñe los oficios que a él le tocaren en la administración social, sin que preceda el consentimiento de los socios.

Artículo 144. El daño que sobreviniere a los intereses de la Compañía por malicia, abuso de facultades o negligencia grave de uno de los socios, constituirá a su causante en la obligación de indemnizarlo, si los demás socios lo exigieren, con tal que no pueda inducirse de acto alguno la aprobación o la ratificación expresa a virtud del hecho en que se funde la reclamación.

Sección tercera. De las Compañías en comandita

Artículo 145. En la escritura social de la Compañía en comandita constarán las mismas circunstancias que en la colectiva.

Artículo 146. La Compañía en comandita girará bajo el nombre de todos los socios colectivos, de algunos de ellos o de uno solo, debiendo añadirse, en estos dos últimos casos, al nombre o nombres que se expresen las palabras «y compañía», y en todos, las de «Sociedad en comandita».

Artículo 147. Este nombre colectivo constituirá la razón social en la que nunca podrán incluirse los nombres de los socios comanditarios.

Si algún comanditario incluyese su nombre o consintiese su inclusión en la razón social, quedara sujeto, respecto a las personas extrañas a la Compañía, a las mismas responsabilidades que los gestores, sin adquirir más derechos que los correspondientes a su calidad de comanditario.

Artículo 148. Todos los socios colectivos, sean o no gestores de la Compañía en comandita, quedarán obligados, personal y solidariamente, a las resultas de las operaciones de ésta, en los propios términos y con igual extensión que los de la colectiva, según dispone el Artículo 127.

Tendrán, además, los mismos derechos y obligaciones que respecto a lo socios de la Compañía colectiva quedan prescritos en la sección anterior.

La responsabilidad de los socios comanditarios, por las obligaciones y pérdidas de la Compañía, quedará limitada a los fondos que pusieren o se obligaren a poner en la comandita, excepto en el caso previsto en el Artículo 147.

Los socios comanditarios no podrán hacer acto alguno de administración de los intereses de la Compañía, ni aún en calidad de apoderados de los socios gestores.

Artículo 149. Ser aplicable a los socios de las Compañías en comandita lo dispuesto en el Artículo 144.

Artículo 150. Los socios comanditarios no podrán examinar el estado y situación de la administración social, sino en las épocas y bajo las penas que se hallen prescritas en el contrato de constitución o sus adicionales.

Si el contrato no contuviese tal prescripción, se comunicará, necesariamente, a los socios comanditarios el balance de la Sociedad a fin de año, poniéndoles de manifiesto, durante un plazo que no podrá bajar de quince días, los antecedentes y documentos precisos para comprobarlo y juzgar de las operaciones.

Sección cuarta. De las Compañías anónimas

Artículo 151. En la escritura social de la Compañía anónima deberá constar:

El nombre, apellido y domicilio de los otorgantes.

La denominación de la compañía.

La designación de la persona o personas que harán de ejercer la administración y modo de proveer las vacantes.

El capital social con expresión del valor que se haya dado a los bienes aportados que no sean metálico o de las bases según las que habrá de hacerse el avalúo.

El número de acciones en que el capital social estuviera dividido y representado.

El plazo o plazos en que habrá de realizarse la parte de capital no desembolsado al constituirse la Compañía, expresando, en otro caso, quién o quiénes quedan autorizados para determinar el tiempo y modo en que hayan de satisfacerse los dividendos pasivos.

La duración de la sociedad. Las operaciones a que destine su capital.

Los plazos y forma de convocación y celebración de las Juntas generales ordinarias de socios y los casos y el modo de convocar y celebrar las extraordinarias.

La sumisión al voto de la mayoría de la Junta de socios, debidamente convocada y constituida, en los asuntos propios de su deliberación.

El modo de contar y constituirse la mayoría, así en las Juntas ordinarias como en las extraordinarias, para tomar acuerdo obligatorio.

Se podrá, además, consignar en la escritura todos los pactos lícitos y condiciones especiales que los socios juzguen conveniente establecer.

VER LEY 498 DE 19 DE AGOSTO DE 1959 DENOMINADA «LEY DEL MERCADO DE VALORES»

Artículo 152. La denominación de la Compañía anónima será adecuada al objeto u objetos de la especulación que hubiere elegido.

No se podrá adoptar una denominación idéntica a la de otra Compañía preexistente.

Artículo 153. La responsabilidad de los socios en la Compañía por las obligaciones y pérdidas de la misma quedará limitada a los fondos que pusieron o se comprometieron a poner en la masa común.

Artículo 154. La masa social, compuesta del fondo capital y de los beneficios acumulados, será la responsable, en las Compañías anónimas, de las obligaciones contraídas de su manejo y administración por persona legítimamente autorizada y en la forma prescrita en su escritura, estatutos o reglamentos.

Artículo 155. Los administradores de las Compañías anónimas serán designados por lo socios en la forma que determine su escritura social, estatutos o reglamentos.

Artículo 156. Los administradores de las Compañías anónimas son sus mandatarios y, mientras observen las reglas del mandato, no estarán sujetos a responsabilidad personal ni solidaria por las operaciones sociales; y si por la infracción de las leyes y estatutos de la Compañía o por la contravención a los acuerdos legítimos de sus juntas generales, irrogaren perjuicio y fueren varios los responsables, cada uno de ellos responderá a prorrata.

Artículo 157. Las Compañías anónimas tendrán obligación de publicar mensualmente en la Gaceta el balance detallado de sus operaciones; expresando el tipo a que calcule sus existencias, en valores y toda clase de efectos cotizables.

Artículo 158. Los socios o accionistas de las Compañía anónimas no podrán examinar la administración social, ni hacer investigación alguna respecto a ella, sino en las épocas y en la forma que prescriban sus estatutos y reglamentos.

Artículo 159. Las Compañías anónimas existentes con anterioridad a la publicación de este Código, y que vinieren rigiéndose por sus reglamentos y estatutos, podrán elegir entre continuar observándolos o someterse a las prescripciones del Código.

Sección quinta. De las acciones

Artículo 160. El capital social de las Compañías en comandita perteneciente a los socios comanditarios y el de las Compañías anónimas, podrá estar representado por acciones u otros títulos equivalentes.

Artículo 161. Las acciones podrán ser nominativas o al portador.

EL ARTÍCULO 70 DE LA LEY 498 DE 19 DE AGOSTO DE 1959 SUPRIMIÓ LAS ACCIONES AL PORTADOR.

Artículo 162. Las acciones nominativas deberán estar inscritas en un libro que llevará al efecto la Compañía, en el cual se anotarán sus sucesivas transferencias.

Artículo 163. Las acciones al portador estarán numeradas y se extenderán en libros talonarios.

VER NOTA AL ARTÍCULO 161

Artículo 164. En todos los títulos de las acciones, ya sean nominativas o al portador, se anotará siempre la suma de capital que se haya desembolsado a cuenta de su valor nominal o que están completamente liberadas.

En las acciones nominativas, mientras no estuviese satisfecho su total importe, responderán del pago de la parte no desembolsada, solidariamente y a elección de los administradores de las Compañías, el primer suscriptor o tenedor de la acción, su cesionario y cada uno de los que a éste sucedan, si fueren transmitidas, contra cuya responsabilidad, así determinada, no podrá establecerse pacto alguno que la suprima.

Entablada la acción para hacerla efectiva contra cual quiera de los enumerados en el párrafo anterior, no podrá intentarse nueva acción contra otro de los tenedores o cedentes de las acciones, sino mediante prueba de la insolvencia del que primero o antes hubiere sido objeto de los procedimientos.

Cuando las acciones no liberadas sean al portador responderán solamente del pago de sus dividendos los que se muestren como tenedores de las mismas acciones. Si no compareciesen, haciéndose imposible toda reclamación personal, las Compañías podrán acordar la anulación de los títulos correspondientes a las acciones por las que se hubieren dejado de satisfacer los dividendos exigidos para el completo pago del valor de cada una. En este caso, las Compañías tendrán la facultad de expedir títulos duplicados de las mismas acciones para enajenarlos cuenta y cargo de los tenedores morosos de los anulados.

Todas las acciones serán nominativas hasta el desembolso del 50 por 100 del valor nominal. Después de desembolsado este 50 por 100, podrán convertirse en acciones al portador, si así lo acordasen las Compañías en sus estatutos o por actos especiales posteriores a los mismos.

VER NOTA AL ARTÍCULO 161

Artículo 165. No podrán emitirse nuevas series de acciones mientras no se haya hecho el desembolso total de la serie o series emitidas anteriormente. Cualquier pacto en contrario contenido en la escritura de constitución de Sociedad, en los estatutos o reglamentos o cualquier acuerdo tomado en Junta general de socios que se opongan a este precepto será nulo y de ningún valor.

VER ARTÍCULO 89 LEY 498 DE 19 DE AGOSTO DE 1959

Artículo 166. Las Compañías anónimas únicamente podrán comprar sus propias acciones con los beneficios del capital social para el solo efecto de amortizarlas.

En el caso de reducción de capital social, cuando procediese conforme a las disposiciones de este Código, podrán amortizarlas también con parte del mismo capital empleando, al efecto, los medios legales que estimen convenientes.

EL PRIMER PÁRRAFO DE ESTE PRECEPTO FUE MODIFICADO EXPRESAMENTE POR LA LEY 498 DE 19 DE AGOSTO DE 1959 (ARTÍCULO 87) QUEDANDO REDACTADO ASÍ:

LAS COMPAÑÍAS ANÓNIMAS SOLO PODRÁN COMPRAR SU PROPIAS ACCIONES PARA AMORTIZARLAS SIEMPRE QUE LA COMPRA SE REALICE CON CARGO AL SUPERÁVIT GANADO QUE ARROJE EL BALANCE GENERAL PRACTICADO AL FINALIZAR EL AÑO ECONÓMICO ANTERIOR A AQUEL EN QUE SE COMPREN, Y QUE EN DICHO AÑO ANTERIOR NO HAYA HABIDO PÉRDIDAS. LAS JUNTAS DIRECTIVAS INFORMARÁN EN LA JUNTA GENERAL ORDINARIA DE ACCIONISTAS SOBRE LAS AMORTIZACIONES DE ACCIONES QUE HUBIESEN REALIZADO.

Artículo 167. Las Compañías anónimas no podrán prestar nunca con la garantía de sus propias acciones.

Artículo 168. Las Sociedades anónimas, reunidas en Junta General de accionistas, previamente convocada al efecto, tendrán la facultad de acordar la reducción o el aumento del capital social.

En ningún caso podrán tomarse estos acuerdos en las Juntas ordinarias si, en la convocatoria o con la debida anticipación no se hubiese anunciado que se discutiría y votaría sobre el aumento o reducción del capital.

Los estatutos de cada Compañía determinarán el número de socios y participación de capital que habrán de concurrir a las Juntas en que se reduzca o aumente, o en que se trate de la modificación o disolución de la sociedad.

En ningún caso podrá ser menor de las dos terceras partes del número de los primeros y de las dos terceras partes del valor nominal del segundo.

Los administradores podrán cumplir, desde luego, el acuerdo de reducción tomado legalmente por la Junta general, si, el capital efectivo restante, después de hecha excediere en un 75 por 100 del importe de las deudas y obligaciones de la Compañía.

En otro caso, la reducción no podrá llevarse a efecto hasta que se liquiden y paguen todas las deudas y obligaciones pendientes a la fecha del acuerdo, a no ser que la Compañía obtuviere el consentimiento previo de sus acreedores.

Para la ejecución de este **Artículo** los administradores presentaran al juez o Tribunal un inventario en el que se apreciarán los valores en cartera al tipo medio de cotización del último trimestre y los inmuebles, por la capitalización de sus productos, según el interés legal del dinero.

VER NOTA AL ARTÍCULO 14. LEY 498 DE 19 DE AGOSTO DE 1959.

Artículo 169. No estarán sujetos a represalias en caso de guerra los fondos que de la pertenencia de los extranjeros existieren en la Sociedades anónimas.

Sección sexta. Derechos y obligaciones de los socios

Artículo 170. Si, dentro del plazo convenido, algún socio no aportase a la masa común la porción del capital a que se hubiere obligado, la Compañía podrá optar entre proceder ejecutivamente contra sus bienes para hacer efectiva la porción del capital que hubiere dejado de entregar, o rescindir el contrato en cuanto al socio remiso, reteniendo las cantidades que le correspondan en la masa social.

VER LEY 498 DE 19 DE AGOSTO DE 1959.

Artículo 171. El socio que, por cualquier causa, retarde la entrega total de su capital, transcurrido el término prefijado en el contrato de Sociedad o, en el caso de no haberse prefijado, desde que se establezca la caja, abonará a la masa común el interés legal del dinero que no hubiere entregado a su debido tiempo y el importe de los daños y perjuicios que hubiere ocasionado con su morosidad.

Artículo 172. Cuando el capital o la parte de él que un Socio haya de aportar consista en efectos, se hará su valuación en la forma prevenida en el contrato de sociedad, y, a falta de pacto especial sobre ello, se hará por peritos elegidos por ambas partes y según los precios de la plaza, corriendo sus aumentos o disminuciones ulteriores por cuenta de la Compañía.

En caso de divergencia entre los peritos, se designará un tercero, a la suerte, entre los de su clase que figuren como mayores contribuyentes en la localidad para que dirima la discordia.

Artículo 173. Los gerentes o administradores de las Compañías mercantiles no podrán negar a los socios el examen de todos los documentos comprobantes de los balances que se formen para manifestar el estado de la administración social, salvo lo prescrito en los Artículos 150 y 158.

Artículo 174. Los acreedores de un socio no tendrán, respecto a la Compañía, ni aun en el caso de quiebra del mismo, otro derecho que el de embargar y percibir lo que, por beneficios o liquidación, pudiera corresponder al socio deudor.

Lo dispuesto al final del párrafo anterior no será aplicado a las Compañías constituidas por acciones sino cuando estas fueren nominativas o cuando constare ciertamente su legítimo dueño, si fueren al portador.

VER NOTA AL ARTÍCULO 161.

Sección séptima. De las reglas especiales de las Compañías de crédito

Artículo 175. Corresponderán, principalmente, a la índole de estas Compañías, las operaciones siguientes:

1. Suscribir o contratar empréstitos con el Gobierno, Corporaciones provinciales o municipales.
2. Adquirir fondos públicos y acciones u obligaciones de toda clase de Empresas industriales o de Compañías de crédito.
3. Crear empresas de caminos de hierro, canales, fábricas, minas dársenas, almacenes generales de depósito, alumbrado, desmontes y roturaciones, riesgos, desagües y cualesquiera otras industriales o de utilidad pública.
4. Practicar la fusión o transformación de toda clase de Sociedades mercantiles; y encargarse de la emisión de acciones u obligaciones de las mismas.
5. Administrar y arrendar toda clase de contribuciones y servicios públicos; y ejecutar por su cuenta o ceder, con la aprobación del Gobierno, los contratos suscritos al efecto.

6. Vender o dar en garantía todas las acciones, obligaciones o valores adquiridos por la Sociedad y cambiarlos cuando lo juzgaren conveniente.

7. Prestar sobre efectos públicos, acciones u obligaciones, géneros, frutos, cosechas, fincas fábricas, buques y sus cargamentos y otros valores; y abrir créditos en cuenta corriente, recibiendo en garantía efectos de igual clase.

8. Efectuar, por cuenta de otras Sociedades o personas, toda clase de cobros o de pagos; y ejecutar cualquiera otra operación por cuenta ajena.

9. Recibir en depósito toda clase de valores en papel metálico y llevar cuentas corrientes con cualesquiera Corporaciones, Sociedades o personas.

10. Girar y descontar letras u otros documentos de cambio.

VER LEY 1298 DE 4 DE OCTUBRE DE 1975, ORGÁNICA DEL BANCO NACIONAL DE CUBA.

CUBA ESTÁ ADHERIDA AL CONVENIO QUE ESTABLECE LAS REGLAS Y EL USO UNIFORME DEL COBRO DE CRÉDITOS DOCUMENTARIOS DE LA CÁMARA DE COMERCIO INTERNACIONAL QUE RADICA EN PARÍS.

VÉANSE LAS NOTAS A LOS ARTÍCULOS 21 Y 117.

Artículo 176. Las Compañías de crédito podrán emitir obligaciones por una cantidad igual a la que hayan empleado y exista representada por valores en cartera, sometiéndose a lo prescrito en el título sobre Registro Mercantil.

Estas obligaciones serán nominativas o al portador y a plazo fijo que no baje, en ningún caso, de treinta días, con la amortización, si la hubiere, e intereses que se determinen.

Sección octava. Bancos de emisión y descuento

Artículo 177. Corresponderán, principalmente, a la índole de estas Compañías las operaciones siguientes:

Descuentos, depósitos, cuentas corrientes, cobranza, préstamos, giros y los contratos con el Gobierno o Corporaciones públicas.

VER NOTA AL ARTÍCULO 117.

Artículo 178. Los Bancos podrán hacer operaciones a más de noventa días.

No podrán descontar letras, pagarés u otros valores de comercio, sin la garantía de dos firmas de responsabilidad.

Artículo 179. Los Bancos podrán emitir billetes al portador, pero su admisión en las transacciones no será forzosa. Esta libertad de emitir billetes al portador continuará, sin embargo, en suspenso, mientras subsista el privilegio de que actualmente disfruta el Banco Español de la Isla de Cuba.

VER NOTA AL ARTÍCULO 117.

Artículo 180. Los Bancos estarán obligados a mantener una reserva en moneda de curso legal, equivalente al 25 % del monto de las imposiciones de dinero que tengan en su poder.

El Banco Nacional, atendiendo a la política crediticia adoptada y a la conveniencia pública podrá modificar la proporción que se determina en el párrafo anterior, fijando su ascendencia en una cuantía que no podrá ser superior a un 40 %, ni inferior a un 2 y medio %, salvo para las cuentas de ahorro, en que podrá reducir la cuantía de dichas reservas, hasta un 8 %.

No obstante lo dispuesto en los párrafos precedentes, cuando exista la amenaza de una excesiva expansión del crédito, el Banco Nacional podrá exigir a los establecimientos bancarios una reserva legal más elevada, que puede llegar hasta un 100 % del exceso que se produzca sobre el monto total de los depósitos que cada Banco tuviere en su poder el día en que se adopte la medida.

Artículo 181. Los Bancos tendrán la obligación de cambiar a metálico sus billetes en el acto mismo de su presentación por el portador.

La falta de cumplimiento de esta obligación producirá acción ejecutiva a favor del portador previo un requerimiento al pago por medio de Notario.

Artículo 182. El importe de los billetes en circulación, unido a la suma representada por los depósitos y las cuentas corrientes, no podrá exceder, en ningún caso, del importe de la reserva metálica y de los valores en cartera realizables en el plazo máximo de noventa días.

Artículo 183. Los Bancos de emisión y descuento publicarán mensualmente, al menos, y bajo la responsabilidad de sus administradores, en la Gaceta oficial de la República, el estado de su situación.

Sección novena. Compañías de ferrocarriles y demás obras públicas

Artículo 184. Corresponderán, principalmente, a la índole de estas Compañías las operaciones siguientes:

1. La construcción de las vías férreas y demás obras públicas de cualquiera clase que fueren.
2. La explotación de los mismos, bien a perpetuidad, o bien durante el plazo señalado en la concesión.

LA PLANIFICACIÓN ECONÓMICA DEL SISTEMA SOCIALISTA HACE A ESTA SECCIÓN NOVENA, ARTÍCULOS 184 AL 192, AMBOS INCLUSIVE, INAPLICABLE.

LAS COMPAÑÍAS DE FERROCARRILES OPERADAS POR PARTICULARES FUERON NACIONALIZADAS Y ACTUALMENTE SON OPERADAS POR EL ESTADO. LAS OBRAS PÚBLICAS SON REALIZADAS POR LOS ORGANISMOS ESTATALES NO EXISTIENDO COMPAÑÍAS PRIVADAS CONCESIONARIAS DE OBRAS PÚBLICAS.

VER LEY 890 DE 13 DE OCTUBRE DE 1960, ORGÁNICA DEL MINISTERIO DE TRANSPORTE.

Artículo 185. El capital social de las Compañías, unido a la subvención, si la hubiere, representará, por lo menos, la mitad del importe del presupuesto total de la obra.

Las Compañías no podrán constituirse mientras no tuvieren suscrito todo el capital social y realizado el 25 % del mismo.

Artículo 186. Las compañías de ferrocarriles y demás obras públicas podrán emitir obligaciones, al portador nominativas, libremente y sin más limitaciones que las consignadas en este Código y las que establezcan en sus respectivos estatutos.

Estas emisiones se anotarán, necesariamente, en el Registro Mercantil de la provincia; y si las obligaciones fuesen hipotecarias, se inscribirán además, dichas emisiones en los Registros de la Propiedad correspondientes.

Las emisiones de fecha anterior tendrán preferencia sobre las sucesivas para el pago del cupón y para la amortización de las obligaciones, si las hubiere.

Artículo 187. Las obligaciones que las compañías emitieran serán o no amortizables a su voluntad y con arreglo a lo determinado en sus Estatutos.

Siempre que se trate de ferrocarriles u otras obras públicas que gocen subvención del Estado o para cuya construcción hubiese precedido concesión legislativa o administrativa, si la concesión fuese temporal, las obligaciones, que la compañía concesionaria, emitiere, quedaran amortizadas o extinguidas dentro del plazo de la misma concesión, y el Estado recibirá la obra, al terminar este plazo, libre de todo gravamen.

Artículo 188. Las compañías de ferrocarriles y demás obras públicas podrán vender, ceder y traspasar sus derechos en las respectivas empresas y podrán también fundirse con otras análogas.

Para que estas transferencias y fusiones tengan efecto será preciso:

1. Que lo consientan los socios por unanimidad, a menos que, en los estatutos, se hubieren establecido otras reglas para alterar el objeto social.

2. Que lo consientan, asimismo, todos los acreedores. Este consentimiento no será necesario cuando la compra o la fusión se lleven a cabo sin confundir las garantías e hipotecas y conservando los acreedores la integridad de sus respectivos derechos.

Artículo 189. Para las transferencias y fusión de compañías a que se refiere el Artículo anterior, no será necesaria autorización alguna del Gobierno, aún cuando la obra hubiere sido declarada de utilidad pública para los efectos de la expropiación, a no ser que la empresa gozare de subvención directa del Estado o hubiese sido concedida por una Ley u otra disposición gubernativa.

Artículo 190. La acción ejecutiva a que se refiere la Ley de Enjuiciamiento Civil respecto a los cupones vencidos de las obligaciones emitidas por las compañías de ferrocarriles y demás obras públicas, así como a las mismas obligaciones a que haya cabido la suerte de la amortización, cuando la hubiere, solo podrá dirigirse contra los rendimientos líquidos que obtenga la compañía y contra los demás bienes que la misma posea no formando parte del camino o de la obra ni siendo necesarios para la explotación.

Artículo 191. Las Compañías de ferrocarriles y demás obras públicas podrán dar a los fondos que dejen sobrantes la construcción, explotación y pagos de créditos a sus respectivos vencimientos, el empleo que juzguen conveniente al tenor de sus estatutos.

La colocación de dichos sobrantes se hará cambiando los plazos de manera que no queden, en ningún caso, desatendidas la construcción, conservación, explotación y pago de los créditos, bajo la responsabilidad de los administradores.

Artículo 192. Declarada la caducidad de la concesión, los acreedores de la compañía tendrán por garantía:

1. Los rendimientos líquidos de la empresa.
2. Cuando dichos rendimientos no bastaren, el producto liquido de las obras vendidas en pública subasta, por el tiempo que reste de la concesión.
3. Los demás bienes que la Compañía posea si no formaren parte del camino o de la obra o no fueren necesarios a su movimiento o explotación.

Sección décima. Compañías de almacenes generales de depósito

Artículo 193. Corresponderán, principalmente, a la índole de estas compañías, las operaciones siguientes:

1. El depósito, conservación y custodia de los frutos y mercaderías que se les encomienden.

2. La emisión de sus resguardos nominativos o al portador.

Artículo 194. Los resguardos que las Compañías de almacenes generales de depósito expidan por los frutos y mercancías que admitan para su custodia serán negociables, se transferirán por endoso, cesión u otro cualquiera título traslativo de dominio, según que sean nominativos o al portador y tendrán la fuerza y valor del conocimiento mercantil.

Estos resguardos expresarán, necesariamente, la especie de mercaderías con el número o la cantidad que cada uno represente.

Artículo 195. El poseedor de los resguardos tendrá pleno dominio sobre los efectos depositados en los almacenes de la Compañía y estará exento de responsabilidad por las reclamaciones que se dirijan, contra el depositante, los endosantes o poseedores anteriores, salvo si procedieren del transporte, almacenaje o conservación de las mercancías.

Los Tribunales ampararán al poseedor de los resguardos contra cualquier perturbación en el dominio o posesión de los efectos depositados, bastando, para decretar el amparo, la presentación del resguardo correspondiente.

EL PÁRRAFO FINAL DEL ARTÍCULO 195 LE FUE AGREGADO POR LA LEY N.º 5 DE 20 DE DICIEMBRE DE 1950, Título CUARTO, SECCIÓN (B), APARTADO SEXTO.

Artículo 196. El acreedor que, teniendo, legítimamente, resguardo, no fuere pagado el día del vencimiento de su crédito, podrá requerir a la Compañía para que enajene los efectos depositados en cantidad bastante para el pago, y tendrá preferencia sobre los demás débitos del depositante, excepto los expresados en el Artículo anterior que gozarán de prelación.

Artículo 197. Las ventas a que se refiere el Artículo anterior se harán en el depósito de la Compañía, sin necesidad de Decreto judicial, en subasta pública anunciada previamente y con intervención de Corredor colegiado, donde lo hubiere, y en su defecto, de Notario.

Artículo 198. Las Compañías de almacenes generales de depósito serán en todo caso responsables de la identidad y conservación de los efectos depositados, a la Ley de depósito retribuido.

Sección undécima. Compañías o Bancos de crédito territorial

LO DISPUESTO EN LOS PRECEPTOS QUE COMPRENDEN ESTA SECCIÓN, ARTÍCULOS 199 AL 211, QUE REGULAN LAS OPERACIONES DE LAS COMPAÑÍAS O BANCOS TERRITORIALES, CARECEN DE APLICACIÓN. VÉASE LA NOTA A LOS ARTÍCULOS 10 Y 21.

EL PROCEDIMIENTO SUMARIO PARA EL COBRO DE CRÉDITOS HIPOTECARIOS (ARTÍCULOS 127 AL 133), AMBOS INCLUSIVE, DE LA LEY HIPOTECARIA DE 14 DE JULIO DE 1893 Y LOS ARTÍCULOS CONCORDANTES DEL 168 AL 176 DEL REGLAMENTO DE DICHA LEY APROBADO POR REAL DECRETO DE 19 DE JULIO DE 1893 FUERON DEROGADOS EXPRESAMENTE POR LA LEY DE PROCEDIMIENTO CIVIL Y ADMINISTRATIVO.

LA RESOLUCIÓN N.º 4186 DEL BANCO NACIONAL DE CUBA DE 29 DE NOVIEMBRE DE 1963 DISPUSO LA LIQUIDACIÓN DEFINITIVA DE LA INSTITUCIÓN AUTÓNOMA ESTATAL DENOMINADA FOMENTO DE

HIPOTECAS ASEGURADAS (F. H. A.) CREADA POR LA LEY DECRETO 2066 DE 27 DE ENERO DE 1955.

Artículo 199. Corresponderán, principalmente, a la índole de estas Compañías las operaciones siguientes:

1. Prestar a plazos sobre inmuebles.
2. Emitir obligaciones y cedulas hipotecarias.

Artículo 200. Los préstamos se harán sobre hipoteca de bienes inmuebles cuya propiedad esté inscrita en el Registro a nombre del que constituya aquélla y serán reembolsables por anualidades.

Artículo 201. La facultad de emitir obligaciones y cédulas al portador, a que se refiere el párrafo segundo del Artículo 199, no modificará las concesiones hechas por el Gobierno a favor de otras Sociedades o Bancos conforme al Real Decreto de 16 de agosto de 1878.

Artículo 202. Exceptúanse de la hipoteca exigida en el Artículo 200 los préstamos a las provincias y a los pueblos cuando estén autorizados legalmente para contratar empréstitos, dentro del límite de dicha autorización y siempre que el reembolso del capital prestado, sus intereses y gastos estén asegurados con rentas, derechos y capitales o recargos o impuestos especiales.

Exceptúanse asimismo, los préstamos al Estado, los cuales podrán hacerse, además sobre pagarés de compradores de bienes nacionales.

Los préstamos al Estado, a las provincias y a los pueblos podrán ser reembolsables a un plazo menor que el de cinco años.

Artículo 203. En ningún caso podrán los préstamos exceder de la mitad del valor de los inmuebles en que se hubiere de constituir la hipoteca.

Las bases y forma de la valuación de los inmuebles se determinarán, precisamente, en los Estatutos o Reglamentos.

Artículo 204. El importe del cupón y el tanto de amortización de las cédulas hipotecarias que se emitan por razón de préstamos no será nunca mayor que el importe de la renta líquida anual que, por término medio, produzcan en un quinquenio los inmuebles ofrecidos y tomados en hipoteca como garantía del mismo préstamo. El cómputo se hará siempre relacionando entre sí el préstamo, el rendimiento del inmueble hipotecado y la anualidad de las cédulas que, con ocasión de aquél, se emitan. Esta anualidad podrá ser, en cualquier tiempo, inferior a la renta líquida anual de los respectivos inmuebles hipotecados como garantía del préstamo y para la emisión de las cédulas.

Artículo 205. Cuando los inmuebles hipotecados disminuyan de valor en un 40 por 100, el Banco podrá pedir el aumento de la hipoteca hasta cubrir la depreciación o la rescisión del contrato, y entre estos dos extremos, optará el deudor.

Artículo 206. Los Bancos de crédito territorial podrá emitir cédulas hipotecarias por una suma igual al importe total de los préstamos sobre inmuebles.

Podrán, además, emitir obligaciones especiales por el importe de los préstamos al Estado, a las provincias y a los pueblos.

Artículo 207. Las cédulas hipotecarias y obligaciones especiales de que trata el Artículo anterior serán nominativas o al portador, con amortización o sin ella, a corto o a largo plazo, con prima o sin prima.

Estas cédulas y obligaciones, sus cupones y las primas, si las tuvieren, producirán acción ejecutiva en los términos prevenidos en la Ley de Enjuiciamiento Civil.

Artículo 208. Las cédulas hipotecarias y obligaciones especiales, lo mismo que sus intereses o cupones y las primas, que les estén asignadas, tendrán por garantía, con preferencia sobre todo otro acreedor u obligación, los créditos y préstamos a favor del Banco o Compañías que las haya emitido y en cuya representación estuvieren creadas quedando, en consecuencia afectos, especial y singularmente a su pago, esos mismos préstamos y créditos.

Sin perjuicio de esta garantía especial, gozarán la general del capital de la Compañía con preferencia también, cuanto a éste, sobre los créditos resultantes de las demás operaciones.

Artículo 209. Los Bancos de crédito territorial podrán hacer también préstamos con hipoteca, reembolsables en un período menor de cinco años.

Estos préstamos a corto término serán sin amortización y no autorizarán la emisión de obligaciones o cédulas hipotecarias, debiendo hacerse con los capitales procedentes de la realización del fondo social y de sus beneficios.

Artículo 210. Los Bancos de crédito territorial podrán recibir, con interés o sin él, capitales en depósito, y emplear la mitad de los mismos en hacer anticipos por un plazo que no exceda de noventa días, así sobre sus obligaciones y cédulas hipotecarias, como sobre cualesquiera otros títulos de los que reciben en garantía los Bancos de emisión y descuento.

A falta de pago por parte del mutuario, el Banco podrá pedir, con arreglo a lo dispuesto en el Artículo 323, la venta de las cédulas o títulos pignorados.

Artículo 211. Todas las combinaciones de crédito territorial, inclusas las asociaciones mutuas de propietarios, estarán sujetas, en cuanto a la emisión de obligaciones y cédulas hipotecarias, a las reglas contenidas en esta sección.

Sección duodécima. De las reglas especiales para los Bancos y Sociedades agrícolas

LOS PRECEPTOS QUE COMPRENDEN ESTA SECCIÓN, ARTÍCULOS 212 AL 217 RESULTAN INAPLICABLES. LAS FUNCIONES BANCARIAS Y LAS DE LAS SOCIEDADES AGRÍCOLAS SON REALIZADAS CON CARÁCTER EXCLUSIVO POR EL BANCO NACIONAL DE CUBA Y EL DEPARTAMENTO DE CRÉDITOS DEL INSTITUTO NACIONAL DE REFORMA AGRARIA. VÉASE LA LEY 1298 DE 4 DE OCTUBRE DE 1975.

Artículo 212. Corresponderá principalmente a la índole de estas Compañías:

1. Prestar en metálico o en especie, a un plazo que no exceda de tres años, sobre frutos, cosechas, ganados u otra prenda o garantía especial.
2. Garantizar con su firma pagarés y efectos exigibles al plazo máximo de noventa días, para facilitar un descuento o negociación al propietario o cultivador.
3. Las demás operaciones que tuvieren por objeto favorecer la roturación y mejora del suelo, la desecación y saneamiento de terrenos y el desarrollo de la agricultura y otras industrias relacionadas con ella.

Artículo 213. Los Bancos o Sociedades de crédito agrícola podrán tener fuera de su domicilio agentes que respondan por si de la solvencia de los propietarios o colonos que soliciten el auxilio de la Compañía, poniendo su firma en el pagaré que ésta hubiere de descontar o endosar.

Artículo 214. El aval o el endoso puestos por estas Compañías o sus representantes, o por los agentes a que se refiere el Artículo precedente, en los pagarés del propietario o cultivador, darán derecho al portador para reclamar su pago directa y ejecutivamente, el día del vencimiento, de cualquiera de los firmantes.

Artículo 215. Los pagarés del propietario o cultivador, ya los conserve la Compañía, ya se negocien por ella, producirán, a su vencimiento, la acción ejecutiva que corresponda, con arreglo a la Ley de Enjuiciamiento Civil, contra los bienes del propietario o cultivador que los haya suscrito.

Artículo 216. El interés y la comisión que hubieren de percibir las Compañías de crédito agrícola y sus agentes o representantes se estipularán libremente dentro de los límites señalados por los estatutos.

Artículo 217. Las Compañías de crédito agrícola no podrán destinar a las operaciones a que se refieren los números 2 y 3 del Artículo 212, más que el importe del 50 por 100 del capital social, aplicando el 50 por 100 restante a los préstamos de que trata el n.º 1 del mismo Artículo.

Sección decimotercera. Del término y liquidación de las Compañías mercantiles

Artículo 218. Habrá lugar a la rescisión parcial del contrato de Compañía mercantil colectiva o en comandita, por cualquiera de los motivos siguientes:

1. Por usar un socio de los capitales comunes y de la firma social para negocios por cuenta propia.

2. Por ingerirse en funciones administrativas de la Compañía el socio a quien no competa desempeñarlas, según las condiciones del contrato de sociedad.

3. Por cometer fraude algún socio administrador en la administración o contabilidad de la Compañía.

4. Por dejar de poner en la caja común el capital que cada uno estipuló en el contrato de sociedad, después de haber sido requerido para verificarlo.

5. Por ejecutar un socio por su cuenta operaciones de comercio que no le sean lícitas con arreglo a las disposiciones de los Artículos 136, 137 y 138.

6. Por ausentarse un socio que estuviere obligado a prestar oficios personales en la Sociedad, si, habiendo sido requerido para regresar y cumplir con sus deberes, no lo verificare o no acreditare una causa justa que temporalmente se lo impida.

7. Por faltar de cualquier otro modo uno o varios socios al cumplimiento de las obligaciones que se impusieron en el contrato de Compañía.

Artículo 219. La rescisión parcial de la Compañía producirá la ineficacia del contrato con respecto al socio culpable, que se considerará excluido de ella, exigiéndole la parte de pérdida que pueda corresponderle, si la hubiere, y quedando autorizada la Sociedad a retener, sin darle participación en las ganancias ni indemnización alguna, los fondos que tuviere en la masa social, hasta que estén terminadas y liquidadas todas las operaciones pendientes al tiempo de la rescisión.

Artículo 220. Mientras en el Registro Mercantil no se haga el asiento de la rescisión parcial del contrato de sociedad, subsistirá la responsabilidad del socio excluido, así como la de la Compañía, por todos los actos y obligaciones que se practiquen, en nombre y por cuenta de ésta, con terceras personas.

Artículo 221. Las Compañías, de cualquiera clase que sean, se disolverán totalmente por las causas que siguen:

1. El cumplimiento del término prefijado en el contrato de sociedad o la conclusión de la Empresa que constituya su objeto.

2. La pérdida entera del capital.

3. La quiebra de la Compañía.

Artículo 222. Las Compañías colectivas y en comandita se disolverán además, totalmente, por las siguientes causas:

1. La muerte de uno de los socios colectivos, si no contiene la escritura social pacto expreso de continuar en la Sociedad, los herederos del socio difunto o de subsistir ésta entre los socios sobrevivientes.

2. La demencia u otra causa que produzca la inhabilitación de un socio gestor para administrar sus bienes.

3. La quiebra de cualquiera de los socios colectivos.

Artículo 223. Las Compañías mercantiles no se entenderán prorrogadas por la voluntad tácita o presunta de los socios, después que se hubiere cumplido el término por el cual fueron constituidas; y si los socios quieren continuar en compañía, celebrarán un nuevo contrato, sujeto a todas las formalidades prescritas para su establecimiento, según se previene en el **Artículo** 119.

Artículo 224. En las Compañías colectivas o comanditarias por tiempo indefinido, si alguno de los socios exigiere su disolución, los demás no podrán oponerse sino por causa de mala fe en el que lo proponga.

Se entenderá que un socio obra de mala fe cuando, con ocasión de la disolución de la sociedad, pretenda hacer un lucro particular que no hubiera obtenido subsistiendo la Compañía.

Artículo 225. El socio que, por su voluntad, se separase de la Compañía o promoviere su disolución, no podrá impedir que se concluyan, del modo más conveniente a los intereses comunes, las negociaciones pendientes y, mientras no se terminen, no se procederá a la división de los bienes y efectos de la Compañía.

Artículo 226. La disolución de la compañía de comercio que proceda de cualquiera otra causa que no sea la terminación del plazo por el cual se constituyó, no surtirá efecto, en perjuicio de tercero, hasta que se anote en el Registro Mercantil.

Artículo 227. En la liquidación y división del haber social se observarán las reglas establecidas en la escritura de compañía y en su defecto, las que se expresan en los artículos siguientes.

Artículo 228. Desde el momento en que la Sociedad se declare en liquidación, cesará la representación de los administradores para hacer nuevos contratos y obligaciones, quedando limitadas sus facultades en calidad de liquidadores, a percibir los créditos de la Compañía, a extinguir las obligaciones contraídas de antemano, según vayan venciendo y a realizar las operaciones pendientes.

Artículo 229. En las sociedades colectivas o en comandita, no habiendo contradicción por parte de alguno de los socios, continuarán encargados de la liquidación los que hubiesen tenido la administración del caudal social; pero si no hubiese conformidad para esto de todos los socios, se convocará, sin dilación a Junta general y se estará a lo que en ella se resuelva, así en cuanto al nombramiento de liquidadores de dentro o de fuera de la Sociedad, como en lo relativo a la forma y trámites de la liquidación y a la administración del caudal común.

Artículo 230. Bajo pena de destitución deberán los liquidadores:

1. Formar y comunicar a los socios, dentro del término de veinte días, el inventario del haber social con el balance de las cuentas de la Sociedad en liquidación, según los libros de su contabilidad.

2. Comunicar, igualmente, a los socios todos los meses el estado de liquidación.

Artículo 231. Los liquidadores serán responsables a los socios de cualquiera perjuicio que resulte al haber común por fraude o negligencia grave en el desempeño de su encargo, sin que por eso se entiendan autorizados para hacer transacciones ni celebrar compromisos sobre los intereses sociales, a no ser que los socios les hubieren concedido expresamente estas facultades.

Artículo 232. Terminada la liquidación y llegado el caso de proceder a la división del haber social, según la calificación que hicieren los liquidadores o la Junta de socios, que cualquiera de ellos podrá exigir que se celebre para este efecto, los mismos liquidadores verificaran dicha división dentro del término que la Junta determinare.

Artículo 233. Si alguno de los socios se creyese agraviado en la división acordada, podrá usar de su derecho ante el juez o Tribunal competente.

Artículo 234. En la liquidación de Sociedades mercantiles en que tengan interés personas menores de edad o incapacitadas, obrarán el padre, madre o tutor de éstas, según los casos, con plenitud de facultades como en negocio propio, y serán válidos e irrevocables, sin beneficio de restitución, todos los actos que dichos representantes otorgaren o consintieren por sus representados, sin perjuicio de la responsabilidad que aquéllos contraigan para con éstos por haber obrado con dolo o negligencia.

Artículo 235. Ningún socio podrá exigir la entrega del haber que le corresponda en la división de la masa social mientras no se hallen extinguidas todas las deudas y obligaciones de la Compañía o no se haya depositado su importe, si la entrega no se pudiere verificar de presente.

Artículo 236. De las primeras distribuciones que se hagan a los socios se descontarán las cantidades que hubiesen percibido para sus gastos particulares o que, bajo otro cualquier concepto, les hubiese anticipado la Compañía.

Artículo 237. Los bienes particulares de los socios colectivos que no se incluyeron en el haber de la Sociedad al formarse ésta, no podrán ser ejecutados para el pago de las obligaciones contraídas por ella, sino después de haber hecho exclusión del haber social.

Artículo 238. En las Compañías anónimas en liquidación continuarán, durante el período de ésta, observándose las disposiciones de sus estatutos en cuanto a la convocación de sus Juntas generales, ordinarias y extraordinarias, para dar cuenta de los progresos de la misma liquidación y acordar lo que convenga al interés común.

Sección decimocuarta. De las Sociedades de responsabilidad limitada

ESTA SECCIÓN FUE ADICIONADA POR LA LEY DE 17 DE ABRIL DE 1929, MODIFICADA POR LA LEY DE 13 DE DICIEMBRE DE 1929.

Título II. De las cuentas en participación

EN RELACIÓN A LOS PRECEPTOS QUE COMPRENDEN ESTE Título, VER NOTA AL Título 1 DEL LIBRO I.

Artículo 239. Podrán los comerciantes interesarse los unos en las operaciones de los otros, contribuyendo para ellas con la parte de capital que conviniere y haciéndose partícipes de sus resultados, prósperos o adversos, en la proporción que determinen.

Artículo 240. Las cuentas en participación no estarán sujetas en su formación a ninguna solemnidad, pudiendo contraerse privadamente, de palabra o por escrito y probándose su existencia por cualquiera de los medios reconocidos en derecho, conforme a lo dispuesto en el Artículo 51.

Artículo 241. En las negociaciones de que tratan los dos artículos anteriores, no se podrá adoptar una razón comercial común a todos los partícipes, ni usar de más crédito directo que el del comerciante que las hace y dirige en su nombre y bajo su responsabilidad individual.

Artículo 242. Los que contraten con el comerciante que lleva el nombre de la negociación, solo tendrán acción contra él y no, contra los demás interesados; quienes tampoco la tendrán contra el tercero que contrató con el gestor, a no ser que este les haga cesión formal de sus derechos.

Artículo 243. La liquidación se hará por el gestor, el cual, terminadas que sean las operaciones, rendirá cuenta justificada de sus resultados.

Título III. De la comisión mercantil

Sección primera. De los comisionistas

EN RELACIÓN A LOS PRECEPTOS QUE COMPRENDEN ESTE Título, VÉASE LA NOTA AL Título 1 DEL LIBRO I.

EL REGISTRO NACIONAL DE COMISIONISTAS DE COMERCIO EXTERIOR Y REPRESENTANTES DE FIRMAS EXTRANJERAS CREADO POR DECRETO 775 DE 15 DE FEBRERO DE 1944, SE MANTIENE VIGENTE EN EL MINISTERIO DEL COMERCIO EXTERIOR, PERO LA INSCRIPCIÓN EN ÉL CORRESPONDE A LA POTESTAD DISCRECIONAL DEL MINISTRO.

Artículo 244. Se reputará comisión mercantil el mandato cuando tenga por objeto un acto u operación de comercio y sea comerciante o agente mediador del comercio el comitente o el comisionista.

Artículo 245. El comisionista podrá desempeñar la comisión contratando en nombre propio o en el de su comitente.

Artículo 246. Cuando el comisionista contrate en nombre propio no tendrá necesidad de declarar quién sea el comitente, y quedará obligado de un modo directo, como si el negocio fuese suyo, con las personas con quienes contratare, las cuales no tendrán acción contra el comitente, ni éste contra aquéllas, quedando a salvo siempre las que, respectivamente, correspondan al comitente y al comisionista entre sí.

Artículo 247. Si el comisionista contratare en nombre del comitente deberá manifestarlo; y, si el contrato fuere por escrito, expresarlo en el mismo o en la antefirma, declarando el nombre, apellido y domicilio de dicho comitente.

En el caso prescrito en el párrafo anterior, el contrato y las acciones derivadas del mismo producirán su efecto entre el comitente y la persona o personas que contrataren con el comisionista; pero quedará éste obligado con las personas con quienes contrató mientras no pruebe la comisión, si el comitente la negare, sin perjuicio de la obligación y acciones respectivas entre el comitente y el comisionista.

Artículo 248. En el caso de rehusar un comisionista el encargo que se le hiciere estará obligado a comunicarlo al comitente por el medio más rápido posible, debiendo confirmarlo, en todo caso por el correo más próximo al día en que recibió la comisión.

Lo estará, asimismo, a prestar la debida diligencia en la custodia y conservación de los efectos que el comitente le haya remitido hasta que éste designe nuevo comisionista, en vista de su negativa, o hasta que, sin esperar nueva designación, el juez o Tribunal se haya hecho cargo de los efectos a solicitud del comisionista.

La falta de cumplimiento de cualquiera de las obligaciones establecidas en los dos párrafos anteriores constituye al comisionista en la responsabilidad de indemnizar los daños y perjuicios que por ellos sobrevengan al comitente.

VER NOTA AL ARTÍCULO 14.

Artículo 249. Se entenderá aceptada la comisión siempre que el comisionista ejecute alguna gestión en el desempeño del encargo que le hizo el comitente, que no se limite a la determinada en el párrafo segundo del Artículo anterior.

Artículo 250. No será obligatorio el desempeño de las comisiones que exijan provisión de fondos, aunque se hayan aceptado, mientras el comitente no ponga, a disposición del comisionista, la suma necesaria al efecto.

Asimismo podrá el comisionista suspender las diligencias propias de su encargo cuando, habiendo invertido las sumas recibidas, el comitente rehusare la remisión de nuevos fondos que aquel le pidiere.

Artículo 251. Pactada la anticipación de fondos para el desempeño de la comisión, el comisionista estará obligado a suplirlos, excepto en el caso de suspensión de pagos o quiebra del comitente.

Artículo 252. El comisionista que, sin causa legal, no cumpla la comisión aceptada o empezada a evacuar, será responsable de todos los daños que, por ello, sobrevengan al comitente.

Artículo 253. Celebrado un contrato por el comisionista con las formalidades de derecho, el comitente deberá aceptar todas las consecuencias de la comisión, salvo el derecho de repetir contra el comisionista por faltas u omisiones cometidas al cumplirla.

Artículo 254. El comisionista que, en el desempeño de su encargo, se sujete a las instrucciones recibidas del comitente, quedará exento de toda responsabilidad para con él.

Artículo 255. En lo no previsto y prescrito expresamente por el comitente, deberá el comisionista consultarle, siempre que lo permita la naturaleza del negocio.

Más, si estuviere autorizado para obrar a su arbitrio; o no fuere posible la consulta, hará lo que dicte la prudencia y sea más conforme al uso del comercio, cuidando del negocio como propio. En el caso de que un accidente no previsto hiciere, a juicio del comisionista, arriesgada o perjudicial la ejecución de las instrucciones recibidas, podrá suspender el cumplimiento de la comisión, comunicando al comitente, por el medio más rápido posible, las causas que hayan motivado su conducta.

Artículo 256. En ningún caso podrá el comisionista proceder contra disposición expresa del comitente, quedando responsable de todos los daños y perjuicios que por hacerlo, le ocasionare.

Igual responsabilidad pesará sobre el comisionista en los casos de malicia o de abandono.

Artículo 257. Serán de cuenta del comisionista los riesgos del numerario que tenga en su poder por razón de la comisión.

Artículo 258. El comisionista que, sin autorización expresa del comitente, concertare una operación a precios o condiciones más onerosas que las corrientes en la plaza a la fecha en que se hizo, será responsable al comitente del perjuicio que, por ello, le haya irrogado, sin que le sirva de excusa alegar que, al mismo tiempo y en iguales circunstancias, hizo operaciones por su cuenta.

Artículo 259. El comisionista deberá observar lo establecido en las leyes y reglamentos respecto a la negociación que se le hubiere confiado, y será responsable de los resultados de su contravención u omisión. Si hubiere procedido en virtud de ordenes expresas del comitente, las responsabilidades a que haya lugar pesaran sobre ambos.

Artículo 260. El comisionista comunicará frecuentemente al comitente las noticias que interesen al buen éxito de la negociación, participándole, por el correo del mismo día o del siguiente, en que hubieren tenido lugar, los contratos que hubiere celebrado.

Artículo 261. El comisionista desempeñará por sí los encargos que reciba y no podrá delegarlos sin previo consentimiento del comitente, a no estar, de antemano, autorizado para hacer la delegación; pero podrá bajo su responsabilidad, emplear sus dependientes en aquellas operaciones subalternas que, según la costumbre general del comercio, se confían a estos.

Artículo 262. Si el comisionista hubiere hecho delegación o sustitución con autorización del comitente, responderá de las gestiones del sustituto, si quedare a su elección la persona en quien había de delegar y, en caso contrario, cesará su responsabilidad.

Artículo 263. El comisionista estará obligado a rendir, con relación a sus libros, cuenta especificada y justificada de las cantidades que percibió para la comisión, reintegrando al comitente, en el plazo y forma que éste le prescriba, del sobrante que resulte a su favor.

En caso de morosidad, abonara el interés legal.

Serán de cargo del comitente el quebranto y extravío de fondos sobrantes, siempre que el comisionista hubiere observado las instrucciones de aquel respecto a la devolución.

Artículo 264. El comisionista que, habiendo recibido fondos para evacuar un encargo, les diere inversión o destino distinto del de la comisión, abonará al comitente el capital y su interés legal y será responsable, desde el día que los recibió, de los daños y perjuicios originados a consecuencia de haber dejado de cumplir la comisión, sin perjuicio de la acción criminal a que hubiere lugar.

Artículo 265. El comisionista responderá de los efectos y mercaderías que recibiere en los términos y con las condiciones y calidades con que se le avisare la remesa, a no ser que haga constar, al encargarse de ellos, las averías y deterioros que resulten, comparando su estado con el que conste en las cartas de porte o fletamento o en las instrucciones recibidas del comitente.

Artículo 266. El comisionista que tuviere en su poder mercaderías o efectos por cuenta ajena, responderá de su conservación en el estado que los recibió. Cesará esta responsabilidad cuando la destrucción o el menoscabo sean debidos a casos fortuitos, fuerza mayor, transcurso de tiempo o vicio propio de la cosa.

En los casos de pérdida parcial o total por el transcurso del tiempo o vicio propio de la cosa, el comisionista estará obligado a acreditar en forma legal el menoscabo de las mercaderías, poniéndolo, tan luego como lo advierta en conocimiento del comitente.

Artículo 267. Ningún comisionista comprará para sí ni para otro lo que se le haya mandado vender, ni venderá lo que se le haya encargado comprar, sin licencia del comitente.

Tampoco podrá alterar las marcas de los efectos que hubiere comprado o vendido por cuenta ajena.

Artículo 268. Los comisionistas no pueden tener efectos de una misma especie pertenecientes a distintos dueños, bajo una misma marca, sin distinguirlos por una contramarca que evite confusión y designe la propiedad respectiva de cada comitente.

Artículo 269. Si ocurriere en los efectos encargados a un comisionista alguna alteración que hiciere urgente su venta para salvar la parte posible de su valor, y fuere tal la premura que no hubiere tiempo para dar aviso al comitente y aguardar sus órdenes, acudirá el comisionista al juez o Tribunal competente, que autorizará la venta con las solemnidades y precauciones que estime más beneficiosas para el comitente.

VER NOTA AL ARTÍCULO 14.

Artículo 270. El comisionista no podrá sin autorización del comitente prestar ni vender al fiado o a plazos, pudiendo, en estos casos, el comitente exigirle el pago al contado, dejando a favor del comisionista, cualquier interés, beneficio o ventaja que resulte de dicho crédito o plazo.

Artículo 271. Si el comisionista, con la debida autorización vendiere a plazo, deberá expresarlo en la cuenta o avisos que dé al comitente participándole los nombres de los compradores; y no haciéndolo así, se entenderá respecto al comitente, que las ventas fueron al contado.

Artículo 272. Si el comisionista percibiere sobre una venta, además de la comisión ordinaria, otra llamada de garantía, correrán de su cuenta los riesgos de la cobranza, quedando obligado a satisfacer al comitente el producto de la venta en los mismos plazos pactados por el comprador.

Artículo 273. Será responsable de los perjuicios que ocasionen su omisión o demora, el comisionista que no verificare la cobranza de los créditos de su comitente en las épocas en que fueren exigibles, a no ser que acredite que usó oportunamente de los medios legales para conseguir el pago.

Artículo 274. El comisionista encargado de una expedición de efectos, que tuviere orden para asegurarlos, será responsable, si no lo hiciere, de los daños que a éstos sobrevengan, siempre que estuviere hecha la provisión de fondos necesaria para pagar el premio del seguro, o se hubiere obligado a anticiparlos y dejare de dar aviso inmediato al comitente de la imposibilidad de contratarlo.

Si durante el riesgo el asegurador se declarase en quiebra, tendrá el comisionista obligación de renovar el seguro, a no haberle prevenido cosa en contrario el comitente.

Artículo 275. El comisionista que, en concepto de tal, hubiere de remitir efectos a otro punto, deberá contratar el transporte, cumpliendo las obligaciones que se imponen al cargador en las conducciones terrestres y marítimas.

Si contratare en nombre propio el transporte, aunque lo haga por cuenta ajena, quedará sujeto para con el porteador, a todas las obligaciones que se imponen a los cargadores en las conducciones terrestres y marítimas.

Artículo 276. Los efectos que se remitieren en consignación, se entenderán especialmente obligados, al pago de los derechos de comisión, anticipaciones y gastos que el comisionista hubiere hecho por cuenta de su valor y producto.

Como consecuencia de esta obligación:

1. Ningún comisionista podrá ser desposeído de los efectos que recibió en consignación sin que previamente se le reembolse de sus anticipaciones, gastos y derechos de comisión.

2. Por cuenta del producto de los mismos géneros, deberá ser pagado el comisionista con preferencia a los demás acreedores del comitente, salvo lo dispuesto en el Artículo 375.

Para gozar de la preferencia consignada en este Artículo, será condición necesaria que los efectos estén en poder del consignatario o comisionista o que se hallen a su disposición en depósito o almacén público, o se haya verificado la expedición consignándola a su nombre, habiendo recibido el conocimiento, talón o carta de transporte firmada por el encargado de verificarlo.

Artículo 277. El comitente estará obligado a abonar al comisionista el premio de comisión, salvo pacto en contrario.

Faltando pacto expresivo de la cuota, se fijará ésta con arreglo al uso y práctica mercantil de la plaza donde se cumpliere la comisión.

Artículo 278. El comitente estará, asimismo, obligado a satisfacer al contado al comisionista, mediante cuenta justificada, el importe de todos sus gastos y desembolsos, con el interés legal desde el día en que los hubiere hecho hasta su total reintegro.

Artículo 279. El comitente podrá revocar la comisión conferida, al comisionista en cualquier estado del negocio poniéndolo en su noticia, pero quedando siempre obligado las resultas de las gestiones practicadas antes de haberlo hecho saber la revocación.

Artículo 280. Por muerte del comisionista o su inhabilitación, se rescindirá el contrato; pero por muerte o inhabilitación del comitente, no se rescindirá aunque pueden revocarlo sus representantes.

Sección segunda. De otras formas del Mandato mercantil. Factores, Dependientes y Mancebos

LA NOMENCLATURA Y ALGUNAS DE LAS DISPOSICIONES CONTENIDAS EN ESTA SECCIÓN YA RESULTABAN ANTICUADAS ANTE EL PROGRESO DE LA VIDA MERCANTIL MODERNA. TÉNGASE EN CUENTA QUE LA NATURALEZA DEL RÉGIMEN SOCIOECONÓMICO DE NUESTRO PAÍS HA DETERMINADO LA DESAPARICIÓN DE ESTAS FORMAS DEL MANDATO MERCANTIL COMO APARECEN REGULADAS EN ESTA SECCIÓN.

Artículo 281. El comerciante podrá constituir apoderados o mandatarios generales o singulares para que hagan el tráfico en su nombre y por su cuenta en todo o en parte, o para que le auxilien en él.

Artículo 282. El factor deberá tener la capacidad necesaria para obligarse con arreglo a este Código y poder de la persona por cuya cuenta haga el tráfico.

Artículo 283. El gerente de una empresa o establecimiento fabril o comercial por cuenta ajena, autorizado para administrarlo, dirigirlo y contratar sobre las cosas concernientes a él, con más o menos facultades, según haya tenido por conveniente el propietario, tendrá el concepto legal de factor y le serán aplicables las disposiciones contenidas en esta sección.

Artículo 284. Los factores negociarán y contratarán a nombre de sus principales y, en todos los documentos que suscriban en tal concepto, expresarán que lo hacen con poder o en nombre de la persona o Sociedad que representen.

Artículo 285. Contratando los factores en los términos que previene el Artículo precedente, recaerán sobre los comitentes todas las obligaciones que contrajeren.

Cualquiera reclamación para compelerlos a su cumplimiento se hará efectiva en los bienes del principal, establecimiento o empresa, y no, en los del factor, a menos que estén confundidos con aquéllos.

Artículo 286. Los contratos celebrados por el factor de un establecimiento o empresa fabril o comercial, cuando notoriamente pertenezca a una Empresa o Sociedad conocidas, se entenderán hechos por cuenta del propietario de dicha Empresa o Sociedad, aun cuando el factor no lo haya expresado al tiempo de celebrarlos, o se alegue abuso de confianza, transgresión de facultades o apropiación por el factor de los efectos objetos del contrato, siempre que estos contratos recaigan sobre objetos comprendidos en el giro y tráfico del establecimiento, o si, aun siendo de otra naturaleza, resultare que el factor obró con orden de su comitente, o que éste aprobó su gestión en términos expresos o por hechos positivos.

Artículo 287. El contrato hecho por un factor en nombre propio le obligará directamente con la persona con quien lo hubiere celebrado; más, si la negociación se hubiere hecho por cuenta del principal, la otra parte contratante podrá dirigir su acción contra el factor o contra el principal.

Artículo 288. Los factores no podrán traficar por su cuenta particular, ni interesarse en nombre propio ni ajeno en negociaciones del mismo género de las que hicieren a nombre de sus principales, a menos que éstos los autoricen expresamente para ello.

Si negociaren sin esta autorización, los beneficios de la negociación serán para el principal, y las pérdidas, a cargo del factor.

Si el principal hubiere concedido al factor autorización para hacer operaciones por su cuenta o asociado a otras personas no tendrá aquél derecho a las ganancias, ni participará de las pérdidas que sobrevinieren.

Si el principal hubiere interesado al factor en alguna operación la participación de éste en las ganancias será, salvo pacto en contrario, proporcionada al capital que aportare; y no aportando capital, será reputado socio industrial.

Artículo 289. Las multas en que pueda incurrir el factor por contravenciones a leyes fiscales o reglamentos de administración pública en las gestiones de su factoría, se harán efectivas, desde luego, en los bienes que administre sin perjuicio del derecho del principal contra el factor por su culpabilidad en los hechos que dieren lugar a la multa.

Artículo 290. Los poderes conferidos a un factor se estimarán subsistentes mientras no le fueren expresamente revocados, no obstante la muerte de su principal o de la persona de quien en debida forma los hubiere recibido.

Artículo 291. Los actos y contratos ejecutados por el factor serán válidos, respecto de su poderdante, siempre que sean anteriores al momento en que llegue a noticia de aquél, por un medio legítimo, la revocación de los poderes o la enajenación del establecimiento.

También serán válidos con relación a terceros, mientras no se haya cumplido, en cuanto a la revocación de los poderes, lo prescrito en el número 6 del Artículo 21.

Artículo 292. Los comerciantes podrán encomendar a otras personas, además de los factores, el desempeño constante en su nombre y por su cuenta, de alguna o algunas gestiones propias del tráfico a que se dediquen, en virtud de pacto escrito o verbal; consignándolo en sus reglamentos las Compañías y comunicándolo los particulares por avisos públicos o por medio de circulares a sus corresponsales.

Los actos de estos dependientes o mandatarios singulares no obligaran a su principal sino en las operaciones propias del ramo que determinadamente les estuviere encomendado.

Artículo 293. Las disposiciones del Artículo anterior serán igualmente aplicables a los mancebos de comercio que estén autorizados para regir una operación mercantil o alguna parte del giro y trafico de su principal.

Artículo 294. Los mancebos encargados de vender al por menor en un almacén público se reputarán autorizados para cobrar el importe de las ventas que hicieren, y sus recibos serán válidos, expidiéndolos a nombre de sus principales.

Igual facultad tendrá los mancebos que vendan en los almacenes por mayor, siempre que las ventas fueren al contado y el pago se verifique en el mismo almacén; pero cuando las cobranzas se hubieren de hacer fuera de éste o procedan de ventas hechas a plazos, los recibos se firmarán necesariamente por el principal o su factor o por apoderado legítimamente constituido para cobrar.

Artículo 295. Cuando un comerciante encargare a su mancebo la recepción de mercaderías y éste las recibiere sin reparo sobre su cantidad o calidad, surtirá su recepción mismos efectos que si la hubiere hecho el principal.

Artículo 296. Sin consentimiento de sus principales, ni los factores ni los mancebos de comercio podrán delegar en otros los encargos que recibieren de aquéllos y, en caso de hacerlo sin dicho consentimiento, responderán, directamente, de las gestiones de los sustitutos y de las obligaciones contraídas por éstos.

Artículo 297. Lo factores y mancebos de comercio serán responsables a su principales de cualquier perjuicio que causen a sus intereses por haber procedido, en el desempeño de sus funciones, con malicia, negligencia o infracción de las órdenes o instrucciones que hubieren recibido.

Artículo 298. Si, por efecto del servicio que preste un mancebo de comercio, hiciere algún gasto extraordinario o experimentare alguna pérdida, no habiendo mediado sobre ello pacto expreso entre él y su principal, será de cargo de éste indemnizarle del quebranto sufrido.

Artículo 299. Si el contrato entre los comerciantes y mancebos y dependientes se hubiere celebrado por tiempo fijo, no podrá ninguna de las partes contratantes separarse sin consentimiento de la otra, de su cumplimiento hasta la terminación del plazo convenido.

Los que contravinieren a esta cláusula quedarán sujetos a la indemnización de daños y perjuicios, salvo lo dispuesto en los artículos siguientes.

Artículo 300. Serán causas especiales para que los comerciantes puedan despedir a sus dependientes, no obstante no cumplido el plazo de empeño:

1. El fraude o abuso de confianza en las gestiones que les hubieren confiado.

2. Hacer alguna negociación de comercio por cuenta propia sin conocimiento expreso y licencia del principal.

3. Faltar gravemente al respeto y consideración debidos a éste o a las personas de su familia o dependencia.

Artículo 301. Serán causas para que los dependientes puedan despedirse de sus principales, aunque no haya cumplido el plazo del empeño:

1. La falta de pago en los plazos fijados, del sueldo o estipendios convenidos.

2. La falta de cumplimiento de cualquiera de las demás condiciones concertadas en beneficio del dependiente.

3. Los malos tratamientos u ofensas graves por parte del principal.

Artículo 302. En los casos de que el empeño no tuviere tiempo señalado, cualquiera de las partes podrá darlo por fenecido, avisando a la otra con un mes de anticipación.

El factor o mancebo tendrá derecho, en este caso, al sueldo que corresponda a dicha mesada.

Título IV. Del depósito mercantil

Artículo 303. Para que el depósito sea mercantil, se requiere:

1. Que el depositario, al menos, sea comerciante.
2. Que las cosas depositadas sean objeto de comercio.
3. Que el depósito constituya por sí una operación mercantil o se haga como causa o a consecuencia de operaciones mercantiles.

Artículo 304. El depositario tendrá derecho a exigir retribución por el depósito, a no mediar pacto expreso en contrario.

Si las partes contratantes no hubieren fijado la cuota de la retribución, se regulará según los usos de la plaza en que el depósito se hubiere constituido.

Artículo 305. El depósito quedará constituido mediante la entrega al depositario de la cosa que constituya su objeto.

Artículo 306. El depositario está obligado a conservar la cosa objeto del depósito, según la reciba y a devolverla con sus aumentos si los tuviere, cuando el depositante se la pida.

En la conservación del depósito, responderá el depositario de los menoscabos, daños y perjuicios que las cosas depositadas sufrieren por su malicia o negligencia y también de los que provengan de la naturaleza o vicio de las cosas, si, en estos casos, no hizo por su parte lo necesario para evitarlos o remediarlos, dando aviso de ellos, además, al depositante, inmediatamente que se manifestaren.

Artículo 307. Cuando los depósitos sean de numerario, con especificación de las monedas que los constituyan o cuando se entreguen sellados o cerrados, los aumentos o bajas que su valor experimente serán de cuenta del depositante.

Los riesgos de dicho depósito correrán a cargo del depositario, siendo de cuenta del mismo los daños que sufrieren, a no probar que ocurrieron por fuerza mayor o caso fortuito insuperable.

Cuando los depósitos de numerario se constituyeren sin especificación de monedas o sin cerrar o sellar, el depositario responderá de su conservación y riesgo en los términos establecidos por el párrafo segundo del Artículo 306.

Artículo 308. Los depositarios de títulos, valores, efectos o documentos que devenguen intereses quedan obligados a realizar el cobro de éstos en las épocas de sus vencimientos, así como también a practicar cuantos actos sean necesarios para que los efectos depositados conserven el valor y los derechos que les correspondan con arreglo a disposiciones legales.

LAS FUNCIONES A QUE SE REFIERE ESTE ARTÍCULO HAN PASADO AL BANCO NACIONAL DE CUBA. VER LEY 1298 DE 4 DE OCTUBRE DE 1975.

Artículo 309. Siempre que, con asentimiento del depositante, dispusiere el depositario de las cosas que fueron objeto de depósito, ya para sí o sus negocios, ya para operaciones que aquél le encomendare, cesarán los derechos y obligaciones propios del depositante y depositario y se observarán las reglas y disposiciones aplicables al préstamo mercantil, a la comisión o al contrato que, en sustitución del depósito, hubieren celebrado.

Artículo 310. No obstante lo dispuesto en los artículos anteriores, los depósitos verificados en los Bancos, en los almacenes generales, en las Sociedades de crédito o en otras cualesquiera Compañías, se regirán, en primer lugar, por los estatutos de las mismas; en segundo, por las prescripciones de este Código y, últimamente, por las reglas del derecho común que son aplicables a todos los depósitos.

VER LEY 1298 DE 4 DE OCTUBRE DE 1975.

Título V. De los Préstamos mercantiles

Sección primera. Del Préstamo mercantil

LO PRECEPTUADO EN ESTE Título, ARTÍCULOS 311 AL 324 TIENE APLICACIÓN RESTRINGIDA. VÉASE LA NOTA AL Título I DEL LIBRO PRIMERO Y EL ARTÍCULO 560-6-A DEL CÓDIGO DE DEFENSA SOCIAL CON LAS MODIFICACIONES INTRODUCIDAS POR LA LEY 1249 DE 23 DE JUNIO DE 1973.

Artículo 311. Se reputará mercantil el préstamo concurriendo las circunstancias siguientes:

1. Si alguno de los contratantes fuere comerciante.
2. Si las cosas prestadas se destinaren a actos de comercio.

Artículo 312. Consistiendo el préstamo en dinero, pagará el deudor devolviendo una cantidad igual a la recibida, con arreglo al valor legal que tuviere la moneda al tiempo de la devolución, salvo si se hubiere pactado la especie de moneda en que había de hacerse el pago en cuyo caso, la alteración que hubiese experimentado su valor será en daño o en beneficio del prestador.

En los préstamos de títulos o valores, pagará el deudor devolviendo otros tantos de la misma clase e idénticas condiciones o sus equivalentes, si aquellos se hubiesen extinguido salvo pacto en contrario.

Si los préstamos fueren en especie, deberá el deudor devolver, a no mediar pacto en distinto sentido, igual cantidad en la misma especie y calidad o su equivalente en metálico, si se hubiere extinguido la especie debida.

Artículo 313. En los préstamos por tiempo indeterminado o sin plazo marcado de vencimiento, no podrá exigirse al deudor el pago sino pasados treinta días, a contar desde la fecha del requerimiento notarial que se le hubiere hecho.

Artículo 314. Los préstamos no devengarán interés si no se hubiere pactado por escrito.

Artículo 315. Podrá pactarse el interés del préstamo sin tasa ni limitación de ninguna especie.

Se reputará interés toda prestación pactada a favor del acreedor.

Artículo 316. Los deudores que demoren el pago de sus deudas después de vencidas, deberán satisfacer desde el día siguiente al del vencimiento, el interés pactado para este caso, o en su defecto el legal.

Si el préstamo consistiere en especies, para computar el rédito se graduará su valor por los precios que las mercaderías prestadas tengan en la plaza en que debe hacerse la devolución el día siguiente al del vencimiento, o por el que determinen peritos, si la mercadería estuviese extinguida al tiempo de hacerse su valuación.

Y si consistiere el préstamo en títulos o valores, el rédito por mora será el que los mismos valores o títulos devenguen, o, en su defecto, el legal, determinándose el precio de los valores por el que tengan en Bolsa, si fueren cotizables o en la plaza, en otro caso, al día siguiente al del vencimiento.

Artículo 317. Los intereses vencidos y no pagados no devengarán intereses. Los contratantes podrán, sin embargo, capitalizar los intereses líquidos y no satisfechos que, como aumento de capital, devengarán nuevos réditos.

Artículo 318. El recibo del capital por el acreedor, sin reservarse expresamente el derecho a los intereses pactados o debidos, extinguirá la obligación del deudor respecto a los mismos.

Las entregas a cuenta, cuando no resulte expresa su aplicación, se imputarán en primer término, al pago de intereses por orden de vencimientos y después al del capital.

Artículo 319. Interpuesta una demanda, no podrá hacerse la acumulación de interés al capital para exigir mayores réditos.

Sección segunda. De los préstamos con garantía de efectos o valores públicos

Artículo 320. El préstamo con garantía de efectos cotizables hecho en póliza con intervención de Agentes colegiados, se reputará siempre mercantil.

El prestador tendrá sobre los efectos o valores públicos pignorados, conforme a las disposiciones de esta sección, derecho a cobrar su crédito con preferencia a los demás acreedores, quienes no podrán retirar de su poder dichos efectos a no ser satisfaciendo el crédito constituido sobre ellos.

Artículo 321. Los derechos de preferencia de que se trata en el Artículo anterior solo se tendrán sobre los mismos títulos en que se constituyó la garantía; para lo cual, si ésta consistiere en títulos al portador, se expresará su numeración en la póliza del contrato y si en inscripciones o efectos transferibles, se hará la transferencia a favor del prestador, expresando en la póliza además, de las circunstancias necesarias para justificar la identidad de la garantía, que la transferencia no lleva consigo la transmisión de la propiedad.

Artículo 322. A voluntad de los interesados podrá suplirse la numeración de los títulos al portador con el depósito de estos en el establecimiento público que designe el Reglamento de Bolsas.

Artículo 323. Vencido el plazo del préstamo el acreedor, salvo pacto en contrario y sin necesidad de requerir al deudor, estará autorizado para pedir la enajenación de las garantías, a cuyo fin las presentará con la póliza a la Junta sindical, la que, hallando su numeración conforme, las enajenará en la cantidad necesaria por medio de Agente colegiado en el mismo día, si fuere posible y si no, en el siguiente.

Del indicado derecho solo podrá hacer uso el prestador durante la Bolsa siguiente al día del vencimiento del préstamo.

Artículo 324. Los efectos cotizables al portador pignorados en la forma que determinan los artículos anteriores no estarán sujetos a reivindicaciones mientras no sea reembolsado el prestador, sin perjuicio de los derechos y acciones del propietario desposeído contra las personas responsables, según las leyes, por los actos en virtud de los cuales haya sido privado de la posesión y dominio de los efectos dados en garantía.

Título VI. De la compraventa y permuta mercantiles y de la transferencia de créditos no endosables

Sección Primera: De la compraventa

Artículo 325. Será mercantil la compraventa de cosas muebles para revenderlas, bien en la misma forma que se compraron, o bien en otra diferente, con ánimo de lucrarse en la reventa.

Artículo 326. No se reputarán mercantiles:

1. Las compras de efectos destinados al consumo del comprador o de la persona por cuyo encargo se adquirieren.

2. Las ventas que hicieren los propietarios y los labradores o ganaderos de los frutos o productos de sus cosechas o ganados o de las especies en que se les paguen las rentas.

3. Las ventas que, de los objetos construidos o fabricados por los artesanos, hicieren éstos en sus talleres.

4. La reventa que haga cualquier persona no comerciante del resto de los acopios que hizo para su consumo.

Artículo 327. Si la venta se hiciere sobre muestras o determinando calidad conocida en el comercio, el comprador no podrá rehusar el recibo de los géneros contratados si fueren conformes a las muestras o a la calidad prefijada en el contrato.

En el caso de que el comprador se negare a recibirlos, se nombrarán peritos por ambas partes que decidirán si los géneros son o no de recibo.

Si los peritos declarasen ser de recibo, se estimará consumada la venta y, en el caso contrario, se rescindirá el contrato, sin perjuicio de la indemnización a que tenga derecho el comprador.

Artículo 328. En las compras de géneros que no se tengan a la vista ni puedan clasificarse por una calidad determinada y conocida en el comercio, se entenderá que el comprador se reserva la facultad de examinarlos y de rescindir libremente el contrato si los géneros no le convinieren.

También tendrá el comprador el derecho de rescisión si, por pacto expreso, se hubiere reservado ensayar el género contratado.

Artículo 329. Si el vendedor no entregare en el plazo estipulado los efectos vendidos, podrá el comprador pedir el cumplimiento o la rescisión del contrato con indemnización, en uno y otro caso, de los perjuicios que se le hayan irrogado por la tardanza.

Artículo 330. En los contratos en que se pacte la entrega de una cantidad determinada de mercaderías en un plazo fijo, no estará obligado el comprador a recibir una parte, ni aun bajo promesa de entregar el resto; pero si aceptare la entrega parcial, quedará consumada la venta en cuanto a los géneros recibidos, salvo el derecho del comprador a pedir por el resto el cumplimiento del contrato o su rescisión, con arreglo al Artículo anterior.

Artículo 331. La pérdida o deterioro de los efectos antes de su entrega, por accidente imprevisto o sin culpa del vendedor, dará derecho al comprador para rescindir el contrato, a no ser que el vendedor se hubiere constituido en depositario de las mercaderías, con arreglo al Artículo 339, en cuyo caso se limitará su obligación a la que nazca del depósito.

Artículo 332. Si el comprador rehusare, sin justa causa, el recibo de los efectos comprados, podrá el vendedor pedir el cumplimiento o rescisión del contrato, depositando judicialmente, en el primer caso, las mercaderías.

El mismo depósito judicial podrá constituir el vendedor siempre que el comprador demore hacerse cargo de las mercaderías.

Los gastos que origine el depósito serán de cuenta de quien hubiese dado motivo para constituirlo.

Artículo 333. Los daños y menoscabos que sobrevinieren a las mercaderías, perfecto el contrato y teniendo el vendedor los efectos a disposición del comprador en el lugar y tiempo convenidos serán de cuenta del comprador, excepto en los casos de dolo o negligencia del vendedor.

Artículo 334. Los daños y menoscabo que sufran las mercaderías, aun, por caso fortuito, serán de cuenta del vendedor en los casos siguientes:

1. Si la venta se hubiere hecho por número, peso o medida o la cosa vendida no fuere cierta y determinada con marcas y señales que la identifiquen.

2. Si, por acto expreso o por uso de comercio, atendida la naturaleza de la cosa vendida, tuviere el comprador la facultad de reconocerla y examinarla previamente.

3. Si el contrato tuviere la condición de no hacer la entrega hasta que la cosa vendida adquiera las condiciones estipuladas.

Artículo 335. Si los efectos vendidos perecieren o se deterioraren a cargo del vendedor, devolverá al comprador la parte del precio que hubiere recibido.

Artículo 336. El comprador que, al tiempo de recibir mercaderías, las examinare a su contento, no tendrá acción para repetir contra el vendedor, alegando vicio o defecto de cantidad o calidad en las mercaderías.

El comprador tendrá el derecho a repetir contra el vendedor por defecto en la cantidad o calidad de las mercaderías recibidas, enfardadas o embaladas, siempre que ejercite su acción dentro de los cuatro días siguientes al de su recibo y no proceda la avería de caso fortuito, vicio propio de la cosa o fraude.

En estos casos, podrá el comprador optar por la rescisión del contrato o por su cumplimiento, con arreglo a lo convenido; pero siempre con la indemnización de los perjuicios que se le hubieren causado por los defectos o faltas.

El vendedor podrá evitar esta reclamación exigiendo, en el acto de la entrega, que se haga el reconocimiento, en cuanto a cantidad y calidad a contento del comprador.

Artículo 337. Si no se hubiere estipulado el plazo para la entrega de las mercaderías vendidas, el vendedor deberá tenerlas a disposición del comprador dentro de las veinticuatro horas siguientes al contrato.

Artículo 338. Los gastos de la entrega de los géneros en las ventas mercantiles serán de cargo del vendedor hasta ponerlos, pesados o medidos, a disposición del comprador, a no mediar pacto expreso en contrario.

Los de su recibo y extracción fuera del lugar de la entrega serán de cuenta del comprador.

Artículo 339. Puestas las mercaderías vendidas a disposición del comprador, y dándose éste por satisfecho, o depositándose aquéllas judicialmente en el caso previsto en el Artículo 332, empezará para el comprador la obligación de pagar el precio al contado o en los plazos convenidos con el vendedor.

Este se constituirá depositario de los efectos vendidos y quedará obligado a su custodia y conservación según las leyes del depósito.

Artículo 340. En tanto que los géneros vendidos estén en poder del vendedor, aunque sea en calidad de depósito, tendrá éste preferencia sobre ellos a cualquiera otro acreedor, para obtener el pago del precio con los intereses ocasionados por la demora.

Artículo 341. La demora en el pago del precio de la cosa comprada constituirá al comprador en la obligación de pagar el interés legal de la cantidad que adeude al vendedor.

Artículo 342. El comprador que no haya hecho reclamación alguna fundada en los vicios internos de la cosa vendida dentro de los treinta días siguientes a su entrega, perderá toda acción y derechos a repetir por esta causa contra el vendedor.

Artículo 343. Las cantidades que, por vía de señal, se entreguen en las ventas mercantiles, se reputarán siempre dadas a cuenta del precio y en prueba de la ratificación del contrato salvo pacto en contrario.

Artículo 344. No se rescindirán las ventas mercantiles por causa de lesión; pero indemnizará daños y perjuicios el contratante que hubiere procedido con malicia o fraude en el contrato o en su cumplimiento, sin perjuicio de la acción criminal.

Artículo 345. En toda venta mercantil el vendedor quedará obligado a la evicción y saneamiento en favor del comprador, salvo pacto en contrario.

Sección segunda. De las permutas

Artículo 346. Las permutas mercantiles se regirán por las mismas reglas que van prescritas en este título respecto de las compras y ventas, en cuanto sean aplicables a las circunstancias y condiciones de aquellos contratos.

Sección tercera. De las transferencias de créditos no endosables

Artículo 347. Los créditos mercantiles no endosables ni al portador se podrán transferir por el acreedor sin necesidad

del consentimiento del deudor, bastando poner en su conocimiento la transferencia.
El deudor quedará obligado para con el nuevo acreedor en virtud de la notificación, y desde que tenga lugar, no se reputará pago legítimo sino el que se hiciere a éste.

El Título de Crédito es la documentación de un derecho privado, cuyo ejercicio está subordinado a la posesión del documento. Modernamente la doctrina le ha incorporado los caracteres de literalidad y autonomía.

Artículo 348. El cedente responderá de la legitimidad del crédito y de la personalidad con que hizo la cesión, pero no, de la solvencia del deudor, a no mediar pacto expreso que así lo declare.

Título VII. Del contrato mercantil de transporte terrestre

Artículo 349. El contrato de transporte por vías terrestres o fluviales de todo género se reputará mercantil:

1. Cuando tenga por objeto mercaderías o cualesquiera efectos del comercio.

2. Cuando, siendo cualquiera su objeto, sea comerciante el porteador o se dedique habitualmente a verificar transportes para el público.

EN EL TRANSPORTE TERRESTRE, HAY QUE DISTINGUIR A LOS EFECTOS DE LA LEGISLACIÓN APLICABLE, QUE SEA FERROVIARIO O MOTORIZADO Y DENTRO DE ESTE ÚLTIMO QUE SEA DE PASAJERO O DE CARGA ESTANDO SOMETIDOS UNOS Y OTROS A LA COMPETENCIA DEL MINISTERIO DE TRANSPORTE, SEGÚN LAS DISPOSICIONES DE LA LEY 960 DE 1. DE AGOSTO DE 1961, LEY ORGÁNICA DEL MINISTERIO DE TRANSPORTE.

EL TRANSPORTE MOTORIZADO SE RIGE EN ALGUNOS ASPECTOS POR LAS DISPOSICIONES DEL DECRETO-LEY 800 DE 4 DE ABRIL DE 1936 CON SUS MODIFICACIONES, FUNDAMENTALMENTE EN LO REFERIDO A LAS PÓLIZAS DE SEGURO, A LOS PORTEADORES DE SERVICIO PÚBLICO.

EN RELACIÓN CON EL TRANSPORTE FERROVIARIO, LA ORDEN MILITAR N.º 34 DE 1902 ESTÁ VIGENTE CON SUS MODIFICACIONES.

LA DIRECCIÓN Y ORGANIZACIÓN DE LOS ASUNTOS RELACIONADOS CON EL TRANSPORTE POR VÍA FLUVIAL CORRESPONDE AL MINISTERIO DE MARINA MERCANTE Y DE PUERTOS, SEGÚN LO DISPUESTO EN LA LEY 1229 DE 21 DE AGOSTO DE 1970.

TÉNGASE PRESENTE QUE TANTO EL TRANSPORTE MOTORIZADO DE PASAJEROS Y CARGA COMO EL SERVICIO DE FERROCARRILES ES PRESTADO POR EMPRESAS ESTATALES. LOS PORTEADORES PRIVADOS DE CARGA Y PASAJE SE ENCUENTRAN INCORPORADOS A LAS EMPRESAS ESTATALES Y SUS OPERACIONES SON REGULADAS Y SUPERVISADAS POR LAS RESPECTIVAS EMPRESAS QUE PRESTAN ESTOS SERVICIOS.

EL DECRETO 3777 DE 15 DE JULIO DE 1974 CREÓ, CON CARÁCTER PROVISIONAL, LA COMISIÓN NACIONAL PARA LA REHABILITACIÓN DEL SISTEMA NACIONAL DE FERROCARRILES DEL SERVICIO PÚBLICO, DEPENDIENTE DEL COMITÉ EJECUTIVO DEL CONSEJO DE MINISTROS, COMISIÓN INTEGRADA POR LOS TITULARES DE VARIOS ORGANISMOS, DIRECCIONES Y EMPRESAS.

ESTA COMISIÓN TENDRÁ COMO OBJETIVO EL ASESORAMIENTO, CONTROL Y SUPERVISIÓN DE LAS TAREAS PARA LA EJECUCIÓN DEL PROGRAMA DE REHABILITACIÓN DEL SISTEMA NACIONAL DE FERROCARRILES DEL SERVICIO PÚBLICO, COORDINANDO Y ASIGNANDO LA PARTICIPACIÓN DE LOS ORGANISMOS Y EMPRESAS REPRESENTADAS EN LA MISMA EN EL CUMPLIMIENTO DE DICHA TAREA.

Artículo 350. Tanto el cargador como el porteador de mercaderías o efectos, podrán exigirse mutuamente que se extienda una carta de porte en que se expresaran:

1. El nombre, apellidos y domicilio del cargador.
2. El nombre, apellido y domicilio del porteador.
3. El nombre, apellido y domicilio de la persona a quien o a cuya orden vayan dirigidos los efectos, o si han de entregarse al portador de la misma carta.

4. La designación de los efectos, con expresión de su calidad genérica, de su peso y de las marcas o signos exteriores de los bultos en que se contengan.

5. El precio del transporte.

6. La fecha en que se hace la expedición.

7. El lugar de la entrega al porteador.

8. El lugar, y el plazo en que habrá de hacerse la entrega al consignatario.

9. La indemnización que haya de abonar el porteador en caso de retardo, si sobre este punto mediare algún pacto.

Artículo 351. En los transportes que se verifiquen por ferrocarriles u otras Empresas sujetas a tarifas o plazos reglamentarios, bastará que las cartas de porte o declaraciones de expedición facilitadas por el cargador se refieran en cuanto al precio, plazos y condiciones especiales del transporte, a las tarifas y reglamentos cuya aplicación solicite; y si no determinare tarifa, deberá el porteador aplicar el precio de las que resulten más baratas, con las condiciones que a ellas sean inherentes, consignando siempre su expresión o referencia en la carta de porte que entregue al cargador.

Artículo 352. Las cartas de porte o billetes, en los casos de transporte de viajeros, podrán ser diferentes: unos para las personas y otros para los equipajes; pero todos contendrán la indicación del porteador, la fecha de la expedición, los puntos de salida, de llegada, el precio, y, en lo tocante a los equipajes, el número y peso de los bultos, con las demás indicaciones que se crean necesarias para su fácil identificación.

Artículo 353. Los títulos legales del contrato entre el cargador y porteador serán las cartas de porte, por cuyo contenido se decidirán las contestaciones que ocurran sobre su ejecución y cumplimiento, sin admitir más excepciones que las de falsedad y error material en su redacción.

Cumplido el contrato, se devolverá al porteador la carta de porte que hubiere expedido, y en virtud del canje de este título por el objeto porteado, se tendrán por canceladas las respectivas obligaciones y acciones, salvo cuando en el mismo acto se hicieren constar por escrito las reclamaciones que las partes quisieran reservarse, excepción hecha de lo que se determina en el Artículo 366.

En caso de que, por extravío u otra causa, no pueda el consignatario devolver, en el acto de recibir los géneros, la carta de porte suscrita por el porteador, deberá darle un recibo de los objetos entregados, produciendo este recibo los mismos efectos que la devolución de la carta de porte.

Artículo 354. En defecto de carta de porte, se estará al resultado de las pruebas jurídicas que haga cada parte en apoyo de sus respectivas pretensiones, conforme a las disposiciones generales establecidas en este Código para los contratos de comercio.

Artículo 355. La responsabilidad del porteador comenzará desde el momento en que reciba las mercaderías por sí o por medio de persona encargada al efecto, en el lugar que se indicó para recibirlas.

Artículo 356. Los porteadores podrán rechazar los bultos que se presenten mal acondicionados para el transporte, y si hubiere de hacerse por camino de hierro, insistiendo en el envío, la Empresa los porteará, quedando exenta de toda responsabilidad si hiciere constar en la carta de porte su oposición.

Artículo 357. Si, por fundadas sospechas de falsedad en la declaración del contenido de un bulto, determinare el porteador registrarlo, procederá a su reconocimiento ante testigos, con asistencia del remitente o consignatario.

No concurriendo el que de estos hubiere de ser citado se hará el registro ante Notario, que extenderá un acta del resultado del reconocimiento para los efectos que hubiere lugar.

Si resultare cierta la declaración del remitente, los gastos que ocasionare esta operación y la de volver a cerrar cuidadosamente los bultos, serán de cuenta del porteador y, en caso contrario, de cuenta del remitente.

Artículo 358. No habiendo plazo prefijado para la entrega de los efectos, tendrá el porteador la obligación de conducirlos en las primeras expediciones de mercaderías iguales o análogas que hiciere al punto en donde deba entregarlos; y, de no hacerlo así, serán de su cargo los perjuicio que se ocasionen por la demora.

Artículo 359. Si mediare pacto entre el cargador y el porteador sobre el camino por donde deba hacerse el transporte, no podrá el porteador variar de ruta a no ser por causa de fuerza mayor y, en caso de hacerlo sin ella, quedará responsable de todos los daños que, por cualquier otra causa, sobrevinieren a los géneros que transporte, a más de pagar la suma que se hubiese estipulado para tal evento.

Cuando por la expresada causa de fuerza mayor el porteador hubiera tenido que tomar otra ruta que produjese aumento de portes; le será abonable este aumento mediante su formal justificación.

Artículo 360. El cargador podrá, sin variar el lugar donde deba hacerse la entrega, cambiar la consignación de los efectos que entregó al porteador, y éste cumplirá su orden, con tal que, al tiempo de prescribirle la variación de consignatario, le sea devuelta la carta de porte suscrita por el porteador, si se hubiere expedido, canjeándola por otra en que conste la novación del contrato.

Los gastos que esta variación de consignación ocasione serán de cuenta del cargador.

Artículo 361. Las mercaderías se transportarán a riesgos y ventura del cargador, si expresamente no se hubiere convenido lo contrario.

En su consecuencia, serán de cuenta y riesgo del cargador todos los daños y menoscabos que experimenten los géneros durante el transporte, por caso fortuito, fuerza mayor o naturaleza y vicio propio de las cosas.

La prueba de estos accidentes incumbe al porteador.

VER DECRETO LEY 800 DE 4 DE ABRIL DE 1936.

Artículo 362. El porteador, sin embargo, será responsable de las pérdidas y averías que procedan de las causas expresadas en el Artículo anterior, si se probare, en su contra, que ocurrieron por su negligencia o por haber dejado de tomar las precauciones que el uso tiene adoptadas entre personas diligentes, a no ser que el cargador hubiese cometido engaño en la carta de porte, suponiéndolas de género o calidad diferentes de los que realmente tuvieren.

Si, a pesar de las precauciones a que se refiere este Artículo, los efectos transportados corrieran riesgos de perderse, por su naturaleza o por accidente inevitable, sin que hubiese tiempo para que sus dueños dispusieran de ellos, el porteador podrá proceder a su venta, poniéndolos con este objeto a disposición de la autoridad judicial o de los funcionarios que determinen disposiciones especiales.

Artículo 363. Fuera de los casos prescritos en el párrafo segundo del Artículo 361, el porteador estará obligado a entregar los efectos cargados en el mismo estado en que, según la carta de porte, se hallaban al tiempo de recibirlos, sin detrimento ni menoscabo alguno; y no haciéndolo, a pagar el valor que tuvieren los no entregados en el punto donde debieran serlo y en la época en que correspondía hacer su entrega.

Si ésta fuere de una parte de los efectos transportados, el consignatario podrá rehusar el hacerse cargo de éstos cuando justifique que no puede utilizarlos con independencia de los otros.

Artículo 364. Si el efecto de las averías a que se refiere el Artículo 361 fuera solo una disminución en el valor del género, se reducirá la obligación del porteador a abonar lo que importe esa diferencia de valor, a juicio de peritos.

Artículo 365. Si, por efecto de las averías, quedasen inútiles los géneros para su venta y consumo en los objetos propios de su uso, no estará obligado el consignatario a recibirlos, y podrá dejarlos por cuenta del porteador, exigiéndole su valor al precio corriente en aquel día.

Si entre los géneros averiados se hallaren algunas piezas en buen estado y sin defecto alguno, será aplicable la disposición anterior con respecto a los deteriorados, y el consignatario recibirá los que estén ilesos, haciéndose esta segregación por piezas distintas y sueltas, y sin que para ello se divida un mismo objeto, a menos que el consignatario pruebe la imposibilidad de utilizarlos convenientemente en esta forma

El mismo precepto se aplicará a las mercaderías embaladas o envasadas con distinción de los fardos que aparezcan ilesos.

Artículo 366. Dentro de las veinticuatro horas siguientes al recibo de las mercancías, podrá hacerse la reclamación contra el porteador por daño o avería que se encontrase en ellas al abrir los bultos, con tal quc no sc conozcan por la parte exterior de éstos las señales del daño o avería que diere motivo a la reclamación, en cuyo caso solo se admitirá ésta en el acto del recibo.

Transcurridos los términos expresados, o pagados los portes, no se admitirá reclamación alguna contra el porteador sobre el estado en que entregó los géneros porteados.

Artículo 367. Si ocurrieren dudas y contestaciones entre el consignatario y el porteador sobre el estado en que se hallen los efectos transportados al tiempo de hacerse al primero su entrega, serán estos reconocidos por peritos nombrados por las partes, y un tercero, en caso de discordia, designado por la autoridad judicial, haciéndose constar por escrito las resultas; y si los interesados no se conformaren con el dictamen pericial y no transigieren sus diferencias, se procederá, por dicha autoridad, al depósito de las mercaderías en almacén seguro, y usarán de su derecho como correspondiere.

Artículo 368. El porteador deberá entregar, sin demora ni entorpecimiento alguno, al consignatario los efectos que hubiere recibido por el solo hecho de estar designado en la carta de porte para recibirlos; y, de no hacerlo así, será responsable de los perjuicios que, por ello, se ocasionen.

Artículo 369. No hallándose el consignatario en el domicilio indicado en la carta de porte, negándose al pago de los portes y gastos, o rehusando recibir los efectos, se proveerá su depósito por el juez municipal, donde no lo hubiere de primera instancia, a disposición del cargador o remitente, sin perjuicio de tercero de mejor derecho, surtiendo este depósito todos los efectos de la entrega.

Artículo 370. Habiéndose fijado plazo para la entrega de los géneros deberá hacerse dentro de él, y, en su defecto, pagará el porteador la indemnización pactada en la carta de porte, sin que el cargador ni el consignatario tengan derecho a otra cosa.

Si no hubiere indemnización pactada, y la tardanza excediere del tiempo prefijado en la carta de porte quedará responsable el porteador de los perjuicios que haya podido causar la dilación.

Artículo 371. En los casos de retraso por culpa del porteador a que se refieren los artículos precedentes, el consignatario podrá dejar por cuenta de aquél los efectos transportados, comunicándoselo por escrito antes de la llegada de los mismos al punto de su destino.

Cuando tuviere lugar este abandono, el porteador satisfará el total importe de los efectos como si se hubieren perdido o extraviado.

No verificándose el abandono, la indemnización de daños y perjuicios por los retrasos no podrá exceder del precio corriente que los efectos transportados tendrían en el día y lugar en que debían entregarse, observándose esto mismo en todos los demás casos en que esta indemnización sea debida.

Artículo 372. La valuación de los efectos que el porteador deba pagar en casos de pérdida o extravío se determinará con arreglo a lo declarado en la carta de porte, sin admitir al cargador pruebas sobre que, entre el género que en ella declaró, había objetos de mayor valor y dinero metálico.

Las caballerías, carruajes, barcos, aparejos y todos los demás medios principales y accesorios de transporte estarán especialmente obligados a favor del cargador, si bien en cuanto a los ferrocarriles dicha obligación quedará subordinada a lo que determinen las leyes de concesión respecto a la propiedad y a lo que este Código establece sobre la manera y forma de efectuar los embargos y retenciones contra las expresadas Compañías.

Artículo 373. El porteador que hiciere la entrega de las mercaderías al consignatario en virtud de pactos o servicios combinados con otros porteadores, asumirá las obligaciones de los que le hayan precedido en la conducción, salvo su derecho para repetir contra éstos, si no fuere él el responsable directo de la falta que ocasione la reclamación del cargador o consignatario.

Asumirá igualmente el porteador que hiciere la entrega todas las acciones y derechos de los que le hubieren precedido en la conducción.

El remitente y consignatario tendrán expedito su derecho contra el porteador que hubiere otorgado el contrato de transporte, o contra los demás porteadores que hubieren recibido sin reserva los efectos transportados.

Las reservas hechas por los últimos no les librarán sin embargo, de las responsabilidades en que hubieren incurrido por sus propios actos.

Artículo 374. Los consignatarios a quienes se hubiere hecho la remesa no podrán diferir el pago de los gastos y portes de los géneros que recibieren, después de transcurridas las veinticuatro horas siguientes a su entrega; y, en caso de retardo en este pago, podrá el porteador exigir la venta judicial de los géneros que condujo en cantidad suficiente para cubrir el precio del transporte y los gastos que hubiese suplido.

Artículo 375. Los efectos porteados estarán especialmente obligados a la responsabilidad del precio del transporte y de los gastos y derechos causados por ellos durante su conducción o hasta el momento de su entrega.

Este derecho especial prescribirá a los ocho días de haberse hecho la entrega, y, una vez prescrito, el porteador no tendrá otra acción que la que le corresponda como acreedor ordinario.

Artículo 376. La preferencia del porteador al pago de lo que se le deba por el transporte y gastos de los efectos entregados al consignatario no se interrumpirá por la quiebra de éste, siempre que reclamare dentro de los ocho días expresados en el Artículo precedente.

Artículo 377. El porteador será responsable de todas las consecuencias a que pueda dar lugar su omisión en cumplir las formalidades prescritas por las leyes y reglamentos de la Administración Pública, en todo el curso del viaje y a su llegada al punto a donde fueren destinadas, salvo cuando su falta proviniese de haber sido inducido a error por falsedad del cargador en la declaración de las mercaderías.

Si el porteador hubiere procedido en virtud de orden formal del cargador o consignatario de las mercaderías, ambos incurrirán en responsabilidad.

Artículo 378. Los comisionistas de transportes estarán obligados a llevar un registro particular con las formalidades que exige el Artículo 36, en el cual asentarán, por orden progresivo de números y fechas, todos los efectos de cuyo transporte se encarguen, con expresión de las circunstancias exigidas en los Artículos 350 y siguientes para las respectivas cartas de porte.

Artículo 379. Las disposiciones contenidas desde el Artículo 349 en adelante, se entenderán del mismo modo con los que, aun cuando no hicieren por sí mismos el transporte de los efectos de comercio, contrataren hacerlo por medio de otros, ya sea como asentistas de una operación particular y determinada, o ya como comisionistas de transportes y conducciones.

En cualquiera de ambos casos quedarán subrogados en el lugar de los mismos porteadores, así en cuanto a las obligaciones y responsabilidad de éstos, como respecto a su derecho.

Título VIII. De los contratos de seguro

Sección primera. Del contrato de seguro en general

LOS CONTRATOS VIGENTES DE SEGUROS SOBRE LA VIDA CONOCIDOS POR SEGUROS DE VIDA INDUSTRIAL O POPULAR CONCERTADOS POR ASEGURADOS INDIVIDUALES CON LAS COMPAÑÍAS DE SEGUROS NACIONALIZADAS O CONFISCADAS. FUERON LIQUIDADOS A VIRTUD DE LO DISPUESTO EN LAS LEYES 1192 Y 1193 DE 11 DE JULIO DE 1966.

LAS OPERACIONES DEL SEGURO MERCANTIL SON REALIZADAS EN EL ÁMBITO INTERNO POR LA EMPRESA NACIONAL DE SEGUROS (ENSEG) Y EN EL ÁMBITO INTERNACIONAL POR LA EMPRESA INTERNACIONAL DE SEGUROS (ESICUBA), AMBAS ESTATALES, CREADAS MEDIANTE LAS RESOLUCIONES 1401 Y 416 DE 31 DE DICIEMBRE Y 9 DE ABRIL DE 1963 RESPECTIVAMENTE DEL EXTINGUIDO MINISTERIO DE HACIENDA. DICHAS EMPRESAS SE HALLAN VINCULADAS AL BANCO NACIONAL DE CUBA, SEGÚN LO DISPUESTO EN LA LEY 1298 DE 4 DE OCTUBRE DE 1975, ARTÍCULO 28, QUE ELABORARÁ PROPONDRÁ Y EJECUTARÁ LA POLÍTICA Y PLANES DE SEGUROS EN EL ÁMBITO NACIONAL.

Artículo 380. Será mercantil el contrato de seguro si fuere comerciante el asegurador, y el contrato, a prima fija o sea, cuando el asegurado satisfaga una cuota única o constante como precio o retribución del seguro.

Artículo 381. Será nulo todo contrato de seguro:

1. Por la mala fe probada de alguna de las partes al tiempo de celebrarse el contrato.

2. Por la inexacta declaración del asegurado, aún hecha de buena fe siempre que pueda influir en la estimación de los riesgos

3. Por la omisión u ocultación, por el asegurado, de hechos o circunstancias que hubieran podido influir en la celebración del contrato.

Artículo 382. El contrato de seguro se consignará por escrito, en póliza o en otro documento público o privado suscrito por los contratantes.

Artículo 383. La póliza del contrato de seguro deberá contener:

1. Los nombres del asegurador y asegurado.

2. El concepto en el cual se asegura.

3. La designación y situación de los objetos asegurados y las indicaciones que sean necesarias para determinar la naturaleza de los riesgos.

4. La suma en que se valúen los objetos del seguro, descomponiéndola en sumas parciales, según las diferentes clases de los objetos.

5. La cuota o prima que se obligue a satisfacer el asegurado; la forma y el modo del pago y el lugar en que deba verificarse.

6. La duración del seguro.

7. El día y la hora desde que comienzan los efectos del contrato.

8. Los seguros ya existentes sobre los mismos objetos.

9. Los demás pactos en que hubieren convenido los contratantes.

Artículo 384. Las novaciones que se hagan en el contrato durante el término del seguro aumentando los objetos asegurados, extendiendo el seguro a nuevos riesgos, reduciendo estos a la cantidad asegurada o introduciendo otra cualquiera modificación esencial, se consignarán precisamente en la póliza del seguro.

Artículo 385. El contrato de seguro se regirá por los pactos lícitos consignados en cada póliza o documento, y, en su defecto, por las reglas contenidas en este título.

Sección segunda. Del seguro contra incendios

Artículo 386. Podrá ser materia del contrato de seguro contra incendios todo objeto mueble o inmueble que pueda ser destruido o deteriorado por el fuego.

Artículo 387. Quedarán exceptuados de esta regla los títulos o documentos mercantiles, los del Estado o particulares, billetes de Banco, acciones y obligaciones de Compañías, piedras y metales preciosos, amonedados o en pasta y objetos artísticos, a no ser que expresamente se pactare lo contrario, determinando en la póliza el valor y circunstancias de dichos objetos.

Artículo 388. En el contrato de seguros contra incendios, para que el asegurador quede obligado, deberá haber percibido la prima única convenida o las parciales en lo plazos que se hubiesen fijado.

La prima del seguro se pagará anticipadamente, y, por el pago, la hará suya el asegurador, sea cualquiera la duración del seguro.

Artículo 389. Si el asegurado demorase el pago de la prima, el asegurador podrá rescindir el contrato dentro de las primeras cuarenta y ocho horas, comunicando inmediatamente su resolución al asegurado.

Si no hiciere uso de este derecho, se entenderá subsistente el contrato y tendrá acción ejecutiva para exigir el pago de la prima o primas vencidas, sin otro requisito que el reconocimiento de las firmas de la póliza.

Artículo 390. Las sumas en que se valúen los efectos del seguro, las primas satisfechas por el asegurado, las designaciones y las valuaciones contenidas en la póliza no constituirán por sí solas pruebas de la existencia de los efectos asegurados en el momento y en el local en que ocurra el incendio.

Artículo 391. La sustitución o cambio de los objetos asegurados por otros de distinto género o especie no comprendidos en el seguro, anulará el contrato, a contar desde el momento en que se hizo la sustitución.

Artículo 392. La alteración o la transformación de los objetos asegurados por caso fortuito o por hecho de tercera persona, darán derecho a cualquiera de las partes para rescindir el contrato.

Artículo 393. El seguro contra incendios comprenderá la reparación o indemnización de todos los daños y pérdidas materiales causadas por la acción directa del fuego y por las consecuencias inevitables del incendio, y, en particular:

1. Los gastos que ocasione al asegurado el transporte de los efectos con el fin de salvarlos.
2. Los menoscabos que sufran estos mismos objetos salvados.
3. Los daños que ocasionen las medidas adoptadas por la Autoridad en lo que sea objeto del seguro para cortar o extinguir el incendio.

Artículo 394. En los seguros contra accidentes meteorológicos, explosiones de gas o de aparatos de vapor, el asegurador solo responderá de las consecuencias del incendio que aquellos accidentes originen, salvo pacto en contrario.

Artículo 395. El seguro contra incendios no comprenderá, salvo pacto en contrario los perjuicios que puedan seguirse al asegurado por suspensión de trabajos, paralización de industria, suspensión de rendimientos de la finca incendiada o cualesquiera otras causas análogas que ocasionen pérdidas o quebrantos.

Artículo 396. El asegurador garantizará al asegurado contra los efectos del incendio, bien se origine de caso fortuito, bien de malquerencia de extraños o de negligencia propia o de las personas de las cuales responda civilmente.

El asegurador no responderá de los incendios ocasionados por el delito del asegurado, ni por fuerza militar en caso de guerra, ni de los que se causen en tumultos populares, así como de los producidos por erupciones, volcanes y temblores de tierra.

Artículo 397. La garantía del asegurador solo se extenderá a los objetos asegurados y en el sitio en que lo fueron, y, en ningún caso, excederá su responsabilidad de la suma en que se valuaron los objetos o se estimaron los riesgos.

Artículo 398. El asegurado deberá dar cuenta al asegurador:

1. De todos los seguros, anterior, simultánea o posteriormente celebrados.

2. De las modificaciones que hayan sufrido los seguros que se expresaron en la póliza.

3. De los cambios y alteraciones en calidad que hayan sufrido los objetos asegurados y que aumenten los riesgos.

Artículo 399. Los efectos asegurados por todo su valor no podrán serlo por segunda vez mientras subsista el primer seguro, excepto el caso en que los nuevos aseguradores garanticen o afiancen el cumplimiento del contrato celebrado con el primer asegurador.

Artículo 400. Si en diferentes contratos un mismo objeto hubiere sido asegurado por una parte alícuota de su valor, los aseguradores contribuirán a la indemnización a prorrata de las sumas que aseguraron.

El asegurador podrá ceder a otros aseguradores parte o partes del seguro, pero quedando obligado directa o exclusivamente con el asegurado.

En los casos de cesión de parte del seguro o de reaseguro, los cesionarios que reciban la parte proporcional de la prima quedarán obligados, respecto al primer asegurador, a concurrir en igual proporción a la indemnización asumiendo la responsabilidad de los arreglos, transacciones y pactos en que convinieren el asegurado y el principal o primer asegurador.

Artículo 401. Por muerte, liquidación o quiebra del asegurado y venta o traspaso de los efectos, no se anulará el seguro, si fuera inmueble el objeto asegurado.

Por muerte, liquidación o quiebra del asegurado y venta o traspaso de los efectos, si el objeto asegurado fuere mueble, fábrica o tienda, el asegurador podrá rescindir el contrato.

En caso de rescisión el asegurador deberá hacerlo saber al asegurado o a sus representantes en el plazo improrrogable de quince días.

Artículo 402. Si el asegurado o su representante no pusieren en conocimiento del asegurador cualquiera de los hechos enumerados en el párrafo segundo del Artículo anterior dentro del plazo de quince días, el contrato se tendrá por nulo desde la fecha en que aquellos hechos hubieren ocurrido.

Artículo 403. Los bienes muebles estarán afectos al pago de la prima del seguro con preferencia a cualesquiera otros créditos vencidos.

En cuanto a los inmuebles, se estará a lo que disponga la Ley Hipotecaria.

HIPOTECAS, VER NOTA AL ARTÍCULO 10.

Artículo 404. En caso de siniestro, el asegurado deberá participarlo inmediatamente al asegurador, prestando asimismo ante el juez municipal una declaración comprensiva de los objetos existentes al tiempo del siniestro, y de los efectos salvados, así como del importe de las pérdidas sufridas, según su estimación.

VER NOTA AL ARTÍCULO 14.

Artículo 405. Al asegurado incumbe justificar el daño sufrido, probando la preexistencia de los objetos antes del incendio.

Artículo 406. La valuación de los daños causados por el incendio, se fijará por peritos en la forma establecida en la póliza, por convenio que celebren las partes o, en su defecto, con arreglo a lo dispuesto por la Ley de Procedimiento Civil y Administrativo.

Artículo 407. Los peritos decidirán:

1. Sobre las causas del incendio.
2. Sobre el valor real de los objetos asegurados el día del incendio, antes de que éste hubiere tenido lugar.
3. Sobre el valor de los mismos objetos después del siniestro, y sobre todo lo demás que se someta a su juicio.

Artículo 408. Si el valor de las pérdidas sufridas excediere de la cantidad asegurada, el asegurado será reputado su propio asegurador por este exceso, y sufragará la parte alícuota que le corresponda de pérdidas y gastos.

Artículo 409. El asegurador estará obligado a satisfacer la indemnización fijada por los peritos en los diez días siguientes a su decisión, una vez consentida.

En caso de mora, el asegurador abonará al asegurado el interés legal de la cantidad debida, desde el vencimiento del término expresado.

Artículo 410. La decisión de los peritos será título ejecutivo contra el asegurador, si fuere dada ante Notario, y si no lo fuere, previo reconocimiento y confesión judicial de los peritos, de sus firmas y de la verdad del documento.

Artículo 411. El asegurador optará, en los diez días fijados en el Artículo 409, entre indemnizar el siniestro o reparar, reedificar o reemplazar, según su género o especie, en todo o en parte, los objetos asegurados y destruidos por el incendio, si convinieren en ello.

Artículo 412. El asegurador podrá adquirir para si los efectos salvados, siempre que abone al asegurado el valor real, con sujeción a la tasación de que trata el caso 2 del Artículo 407.

Artículo 413. El asegurador, pagada la indemnización, se subrogará en los derechos y acciones del asegurado contra todos los autores o responsables del incendio por cualquier carácter y título que sea.

Artículo 414. El asegurador, después del siniestro, podrá rescindir el contrato para accidentes ulteriores, así como cualquier otro que hubiere hecho con el mismo asegurado, avìsando a éste con quince días de anticipación y devolviéndole la parte de prima correspondiente al plazo no transcurrido.

Artículo 415. Los gastos que ocasionen la tasación pericial y la liquidación de la indemnización será de cuenta y cargo, por mitad, del asegurado y del asegurador; pero si hubiere exageración manifiesta del daño por parte del asegurado, éste será el único responsable de ellos.

Sección tercera. Del seguro sobre la vida

LOS PRECEPTOS CONTENIDOS EN ESTA SECCIÓN (ARTÍCULOS 416 AL 431) RESULTAN INAPLICABLES. LAS LEYES 1192 Y 1193 DE 11 DE JULIO DE 1966 DISPUSIERON LA LIQUIDACIÓN DE LOS CONTRATOS

DE SEGUROS SOBRE LA VIDA CONOCIDOS POR SEGUROS DE VIDA INDUSTRIAL O POPULAR CONCERTADOS POR ASEGURADOS INDIVIDUALES, CON LAS COMPAÑÍAS DE SEGUROS NACIONALIZADAS O CONFISCADAS, Y QUE LAS PENSIONES O RENTAS TEMPORALES O VITALICIAS DERIVADAS DE CONTRATOS DE SEGUROS SOBRE LA VIDA FUERAN ABONADAS POR LA DIRECCIÓN DE SEGURIDAD SOCIAL DEL MINISTERIO DEL TRABAJO. SEGÚN LAS DISPOSICIONES CONTENIDAS EN LA LEY 1100 DE 27 DE MARZO DE 1963 («LEY DE SEGURIDAD SOCIAL»), EL ESTADO GARANTIZA LA SEGURIDAD SOCIAL DEL TRABAJADOR Y SU FAMILIA PROTEGIÉNDOLO EN LOS CASOS DE MATERNIDAD, ENFERMEDAD Y ACCIDENTES DE ORIGEN COMÚN O PROFESIONAL, INCAPACIDAD, VEJEZ O MUERTE.

Artículo 416. El seguro sobre la vida comprenderá todas las combinaciones que puedan hacerse pactando entregas de primas o entregas de capital a cambio de disfrute de renta vitalicia o hasta cierta edad, o percibo de capitales al fallecimiento de persona cierta, en favor del asegurado, su causahabiente o una tercera persona, y cualquiera otra combinación semejante o análoga.

Artículo 417. La póliza del seguro sobre la vida contendrá, además de los requisitos que exige el Artículo 383, los siguientes:

1. Expresión de la cantidad que se asegura, en capital o renta.

2. Expresión de las disminuciones o aumentos del capital o renta asegurados, y de las fechas desde las cuales deberán contarse aquellos aumentos o disminuciones.

Artículo 418. Podrá celebrarse este contrato de seguro por la vida de un individuo o de varios, sin exclusión de edad, condiciones, sexo o estado de salud.

Artículo 419. Podrá constituirse el seguro a favor de una tercera persona, expresando en la póliza el nombre, apellido y condiciones del donatario o persona asegurada, o determinándola de algún otro modo indudable.

Artículo 420. El que asegure a una tercera persona es el obligado a cumplir las condiciones del seguro, siendo aplicable a éste lo dispuesto en los Artículos 426 y 430.

Artículo 421. Solo el que asegure y contrate directamente con la Compañía aseguradora estará obligado al cumplimiento del contrato como asegurado y a la entrega consiguiente del capital, ya satisfaciendo la cuota única, ya las parciales que se hayan estipulado.

La póliza, sin embargo, dará derecho a la persona asegurada para exigir de la Compañía aseguradora el cumplimiento del contrato.

Artículo 422. Solo se entenderán comprendidos en el seguro sobre la vida los riesgos que especifica y taxativamente se enumeren en la póliza.

Artículo 423. El seguro para el caso de muerte no comprenderá el fallecimiento, si ocurriere, en cualquiera de los casos siguientes:

1. Si el asegurado falleciere en duelo o de resultas de él.
2. Si se suicidare.
3. Si sufriere la pena capital por delitos comunes.

Artículo 424. El seguro para el caso de muerte no comprenderá, salvo el pacto contraído y el pago correspondiente por el asegurado de la sobreprima exigida por el asegurador:

1. El fallecimiento ocurrido en viajes fuera de Europa.[3]

2. El que ocurriere en el servicio militar de mar o tierra en tiempo de guerra.

3. El que ocurriere en cualquier empresa o hecho extraordinario y notoriamente temerario e imprudente.

Artículo 425. El asegurado que demore la entrega del capital o de la cuota convenida no tendrá derecho a reclamar el importe del seguro o cantidad asegurada, si sobreviniere el siniestro o se cumpliere la condición del contrato estando él en descubierto.

Artículo 426. Si el asegurado hubiere satisfecho varias cuotas parciales y no pudiere continuar el contrato, lo avisará al asegurador, rebajándose el capital asegurado hasta la cantidad que esté en justa proporción con las cuotas pagadas, con arreglo a los cálculos que aparecieren en las tarifas de la Compañía aseguradora, y habida cuenta de los riesgos corridos por ésta.

Artículo 427. El asegurado deberá dar cuenta al asegurador de los seguros sobre la vida que, anterior o simultáneamente celebre con otras Compañías aseguradoras.

La falta de este requisito privar al asegurado de los beneficios del seguro, asistiéndole solo el derecho a exigir el valor de la póliza.

Artículo 428. Las cantidades que el asegurador deba entregar a la persona asegurada en cumplimiento del contrato, serán propiedad de ésta, aún contra las reclamaciones de los herederos legítimos y acreedores de cualquiera clase del que hubiere hecho el seguro a favor de aquélla.

Artículo 429. El concurso o quiebra del asegurado no anulará ni rescindirá el contrato de seguro sobre la vida,

3 Descuido en que incurrió el real Decreto que hizo extensivo a Cuba el Código de comercio.

pero podrá reducirse, a solicitud de los representantes legítimos de la quiebra o liquidarse en los términos que fija el Artículo 426.

Artículo 430. Las pólizas de seguro sobre la vida una vez entregados los capitales o satisfechas las cuotas a que se obligó el asegurado, serán endosables, estampándose el endoso en la misma póliza, haciéndose saber a la Compañía aseguradora de una manera auténtica por el endosante y el endosatario.

Artículo 431. La póliza de seguros sobre la vida que tenga cantidad fija y plazo señalado para su entrega, ya en favor del asegurado, ya en el del asegurador, producirá acción ejecutiva respecto de ambos.

La Compañía aseguradora, transcurrido el plazo fijado en la póliza para el pago, podrá además, rescindir el contrato, comunicando su resolución en un término que no exceda de los veinte días siguientes al vencimiento y quedando únicamente en beneficio del asegurado el valor de la póliza.

Sección cuarta. Del seguro del transporte terrestre

Artículo 432. Podrán ser objeto del contrato de seguro contra los riesgos de transporte todos los efectos transportables por los medios propios de la locomoción terrestre.

VÉASE LA NOTA AL Título VIII.

Artículo 433. Además de los requisitos que debe contener la póliza, según el Artículo 383, la de seguro de transporte contendrá:

1. La empresa o persona que se encargue del transporte.

2. Las calidades especificas de los efectos asegurados, con expresión del número de bultos y de las marcas que tuvieren.

3. La designación del punto en donde se hubieren de recibir los géneros asegurados y del en que se haya de hacer la entrega.

Artículo 434. Podrán asegurar no solo los dueños de las mercaderías transportadas, sino todos los que tengan interés o responsabilidad en su conservación, expresando en la póliza el concepto en que contratan el seguro.

Artículo 435. El contrato de seguro de transportes comprenderá todo género de riesgos, sea cualquiera la causa que los origine, pero el asegurador no responderá de los deterioros originados por vicio propio de la cosa o por el transcurso natural del tiempo, salvo pacto en contrario.

Artículo 436. En los casos de deterioro por vicio de la cosa o transcurso del tiempo, el asegurador justificará judicialmente el estado de las mercaderías aseguradas dentro de las veinticuatro horas siguientes a su llegada al lugar en que deban entregarse.

Sin esta justificación, no será admisible la excepción que proponga para eximirse de su responsabilidad como asegurador.

Artículo 437. Los aseguradores se subrogarán en los derechos de los asegurados para repetir contra los porteadores los daños de que fueren responsables con arreglo a las prescripciones de este Código.

Sección quinta. De las demás clases de seguros

Artículo 438. Podrá ser, asimismo, objeto del contrato de seguro mercantil cualquiera otra clase de riesgos que provengan de casos fortuitos o accidentes naturales; y los pactos que se consignen deberán cumplirse, siempre que sean lícitos y estén conformes con las prescripciones de la sección primera de este título.

EL SEGURO DEL VIAJERO INSTITUIDO POR ACUERDO DE LA COMISIÓN NACIONAL DE TRANSPORTE DE 18 DE MARZO DE 1948, INICIALMENTE COMPRENDÍA A LOS ÓMNIBUS INTERPROVINCIA-

LES, FUE RATIFICADO POR LA RESOLUCIÓN 2025 DE 27 DE OCTUBRE DE 1955. LA RESOLUCIÓN 4792 DE 14 DE NOVIEMBRE DE 1956 HIZO EXTENSIVO LOS BENEFICIOS DE ESTE SEGURO A LOS VIAJES QUE SE EFECTUAREN ENTRE MUNICIPIOS Y LOCALIDADES DE LA PROVINCIA DE LA HABANA. LA RESOLUCIÓN 5851 DE 17 DE MARZO DE 1957, TAMBIÉN DEL MINISTERIO DE TRANSPORTE EXTENDIÓ EL COBRO DEL SEGURO DEL VIAJERO A LOS PASAJES EXPEDIDOS POR LOS ÓMNIBUS INTERPROVINCIALES O INTERMUNICIPALES CON SALIDA O DESTINO EN LA TERMINAL DE ÓMNIBUS DE LA HABANA CUYOS PASAJES FUERAN SUPERIORES A SEIS CENTAVOS O INFERIORES A TREINTA CENTAVOS.

EL ACUERDO-LEY 67 DE 5 DE AGOSTO DE 1958 EXTENDIÓ EL BENEFICIO DEL SEGURO A TODAS LAS PERSONAS QUE EN EL TERRITORIO NACIONAL VIAJEN POR ÓMNIBUS DEL SERVICIO PÚBLICO DE TRANSPORTE, YA ESTÉN SUBCLASIFICADOS COMO MUNICIPALES O URBANOS, QUE POR LA NATURALEZA DE SU RECORRIDO SE EXTIENDAN A ÁREAS RURALES, SIEMPRE QUE ÉSTAS ÚLTIMAS COBREN QUINCE CENTAVOS O MÁS POR EL PRECIO DEL PASAJE EN UNA SOLA DIRECCIÓN.

EL SEGURO DE RESPONSABILIDAD CIVIL POR LA PROPIEDAD Y EL USO DE VEHÍCULOS MOTORIZADOS: EL CÓDIGO CIVIL DE MANERA IMPLÍCITA SE REFIERE A LA RESPONSABILIDAD CIVIL EN SUS ARTÍCULOS 1089 AL 1093 QUE COMPRENDE LAS OBLIGACIONES; DEL 1101 AL 1107 EN EL CAPÍTULO II QUE TRATAN DE LA NATURALEZA Y EFECTOS DE LAS OBLIGACIONES Y EN LOS ARTÍCULOS DEL 1902

AL 1910 QUE SE CIRCUNSCRIBE A LAS OBLIGACIONES QUE NACEN DE LA CULPA O NEGLIGENCIA.

EL CÓDIGO DE DEFENSA SOCIAL TRATA DE LA RESPONSABILIDAD CIVIL QUE LLEVA CONSIGO TODO HECHO SANCIONABLE EN LOS ARTÍCULOS 110 AL 117.

LA LEY 1150 DE 14 DE FEBRERO DE 1964 EXTENDIÓ LA RESPONSABILIDAD CIVIL DE LOS TERCEROS A LOS ORGANISMOS PÚBLICOS Y A LAS EMPRESAS ESTATALES.

EL DECRETO-LEY 800 DE 4 DE ABRIL DE 1936, DESDE SU PROMULGACIÓN EXIGÍA A TODO PORTEADOR EL ASEGURAMIENTO DE LAS RESPONSABILIDADES ANTES REFERIDAS MEDIANTE PÓLIZA DE SEGURO, POSTERIORMENTE SE ELIMINÓ EL OTORGAMIENTO DE ÉSTAS EN LOS CASOS DE ORGANISMOS Y EMPRESAS ESTATALES.

LA LEY-DECRETO 2037 DE 20 DE ENERO DE 1955 (CÓDIGO DE TRÁNSITO) SE REFIERE EN SUS ARTÍCULOS 124 AL 129 A LA RESPONSABILIDAD CIVIL.

LA RESOLUCIÓN 1663 DEL MINISTERIO DE TRANSPORTE DE 6 DE AGOSTO DE 1955 SUSPENDIÓ LA APLICACIÓN DE LOS ARTÍCULOS 127 Y 128 DEL DECRETO LEY ANTES MENCIONADO.

Título IX. De los afianzamientos mercantiles

EN RELACIÓN CON LA APLICACIÓN DE LOS PRECEPTOS QUE COMPONEN ESTE Título, 432 AL 442, SOBRE LOS AFIANZAMIENTOS MERCANTILES, VÉASE LA NOTA AL Título I DEL LIBRO I.

Artículo 439. Será reputado mercantil todo afianzamiento que tuviere por objeto asegurar el cumplimiento de un contrato mercantil, aún cuando el fiador no sea comerciante.

Artículo 440. El afianzamiento mercantil deberá constar por escrito, sin lo cual no tendrá valor ni efecto.

Artículo 441. El afianzamiento mercantil será gratuito, salvo pacto en contrario.

Artículo 442. En los contratos por tiempo indefinido, pactada una retribución al fiador, subsistirá la fianza hasta que, por la terminación completa del contrato principal que se afiance, se cancelen definitivamente las obligaciones que nazcan de él, sea cual fuere su duración, a no ser que por pacto expreso se hubiere fijado plazo a la fianza.

Título X. DEl contrato y letras de cambio

Sección primera. De la forma de las letras de cambio

Artículo 443. La letra de cambio se reputará acto mercantil y todos los derechos y acciones que se originen de su texto, sin distinción de personas, se regirán por las disposiciones de este Código.

EN 7 DE JUNIO DE 1930 SE APROBÓ EN GINEBRA, BAJO LOS AUSPICIOS DE LA SOCIEDAD DE NACIONES, LA LEY UNIFORME SOBRE LA LETRA DE CAMBIO Y EL PAGARÉ A LA ORDEN, QUE POR FALTA DE LAS ADHESIONES Y RATIFICACIONES NECESARIAS NO HA TENIDO EFICACIA.

EL ARTÍCULO 35 DE LA LEY 7 DE 5 DE ABRIL DE 1943 QUE DISPONÍA EL USO OBLIGATORIO DE LA LETRA DE CAMBIO CUANDO LA COMPRA-VENTA MERCANTIL EXCEDIESE DE CINCUENTA PESOS, FUE DEROGADO POR LO DISPUESTO EN LA LEY N.º 447 DE 14 DE JULIO DE 1959.

EL CAPÍTULO 6 IMPUESTO SOBRE DOCUMENTOS DE LA LEY 998 DE 5 DE ENERO DE 1962 QUEDÓ DEROGADO POR LA LEY 1213 DE 27 DE JUNIO DE 1967.

Artículo 444. La letra de cambio deber contener, para que surta efecto en juicio:

1. La designación del lugar, día, mes y año en que misma se libra.
2. La época o fecha en que deberá ser pagada.
3. El nombre y apellido, razón social o título de aquel a cuya orden se mande hacer el pago.
4. La cantidad que el librador manda pagar, expresándola en moneda efectiva.

5. El nombre y apellido, razón social o título y domicilio de la persona o Compañía a cuyo cargo se libra.

6. La firma del librador, de su propio puño o de su apoderado al efecto, con poder bastante.

LA LEY 1213 DE 27 DE JUNIO DE 1967 DEROGÓ EL CAPÍTULO 6 «IMPUESTOS SOBRE DOCUMENTOS» DE LA LEY 998 DE 5 DE ENERO DE 1962 (ARTÍCULOS 46, 47 Y 48, INCISO 1, ACÁPITES D, G Y B) ESTA LEY 998 A SU VEZ HABÍA DEROGADO LA LEY 447 DE 14 DE JULIO DE 1959. (LEY DE REFORMA TRIBUTARIA.)

LA MENCIÓN DEL LUGAR DEL PAGO TENÍA UNA EXTRAORDINARIA IMPORTANCIA EN LA ÉPOCA EN QUE LAS LETRAS DE CAMBIO DEBÍAN GIRARSE DE PLAZA A PLAZA; PERO HA DESAPARECIDO EN EL DERECHO MODERNO, EL REQUISITO DE LA DISTANCIA «LOCORUM», NO ES ESENCIAL.

Artículo 445. (Derogado.) Las cláusulas de «valor en cuenta» y «valor entendido» harán responsables al tomador de la letra del importe de la misma en favor del librador, para exigirlo o compensarlo en la forma y tiempo que ambos hayan convenido al hacer el contrato de cambio. (Ley 5 de 1950. Título cuarto, Sec. B, apart. (B).)

Artículo 446. El librador podrá girar la letra de cambio:

1. A su propia orden.

2. A cargo de una persona, para que haga el pago en el domicilio de un tercero.

3. A su propio cargo.

4. A cargo de otro, en el mismo punto de la residencia del librador.

5. A nombre propio, pero por orden y cuenta de un tercero, expresándose así en la letra.

Esta circunstancia no alterará la responsabilidad del librador, ni el tenedor adquirirá derecho alguno contra el tercero por cuya cuenta se hizo el giro.

MODIFICADOS EN LA FORMA EXPUESTA LOS INCISOS (1) Y (3) POR LO DISPUESTO EN LA LEY N.º 5 DE 20 DE DICIEMBRE DE 1950. LA LEY 766 DE 24 DE MARZO DE 1960, DEJÓ VIGENTE EL Título IV (REFORMA DE LA LEGISLACIÓN) INCISO B (DEL CÓDIGO DE COMERCIO) DE LA LEY 5 DE 20 DE DICIEMBRE DE 1950.

Artículo 447. Todos los que pusieren firmas a nombre de otro en letras de cambio, como libradores, endosantes o aceptantes deberán hallarse autorizados para ello con poder de las personas en cuya representación obraren, expresándolo así en la antefirma.

Los tomadores y tenedores de letras tendrán derecho a exigir a los firmantes la exhibición del poder.

Los administradores de Compañías se entenderán autorizados por el solo hecho de su nombramiento.

Artículo 448. Los libradores no podrán negar a los tomadores de las letras la expedición de segundas y terceras y cuantas necesiten y les pidan de un mismo tenor, siempre que la petición se hiciere antes del vencimiento de las letras, salvo lo dispuesto en el Artículo 500, expresando en todas ellas que no se reputarán válidas sino en el caso de no haberse hecho el pago en virtud de la primera o de otras de las expedidas anteriormente.

Artículo 449. En defecto de ejemplares duplicados de la letra expedida por el librador, podrá cualquier tenedor dar al tomador una copia, expresando que la expide a falta del original que se trate de suplir.

En esta copia deberán insertarse literalmente todos los endosos que contenga el original.

Artículo 450. Si la letra de cambio adoleciere de algún defecto o falta de formalidad legal, se reputará, sin embargo, pagaré a favor del tomador de la misma, garantizado solidariamente por el librador, el aceptante y los endosantes.

VER LEY N.º 5 DE 20 DE DICIEMBRE DE 1950, Título 4, SECCIÓN (B), APARTADO 11 C.

Sección segunda. De los términos y vencimientos de las letras

Artículo 451. Las letras de cambio podrán girarse al contado o a plazo por uno de estos términos:

1. A la vista.
2. A uno o más días, a uno o más meses vista.
3. A uno o más días, a uno o más meses fecha.
4. A uno o más usos.
5. A día fijo o determinado.
6. A una feria.

Artículo 452. Cada uno de estos términos obligará al pago de las letras, a saber:

1. El de la vista, en el acto de su presentación.
2. El de días o meses vista, el día en que se cumplan los señalados, contándolos desde el día siguiente al de la aceptación o del protesto por falta de haberla aceptado.
3. El de días o meses fecha y el de uno o más usos; el día en que se cumplan los señalados, contándose desde el inmediato al de la fecha del giro.
4. Las giradas a día fijo o determinado, en el mismo.
5. Las giradas a una feria, el último día de ella.

Artículo 453. El uso de las letras giradas de plaza a plaza en el interior de la Isla de Cuba será el de sesenta días.

El de las letras giradas sobre Cuba desde las islas y costas del Mar de las Antillas y Golfo de México y desde los Estados Unidos, Guatemala, Honduras, Nicaragua, Costa Rica y el Brasil, de sesenta días.

En las demás Plazas, noventa días.

Artículo 454. Los meses para el término de las letras se computarán de fecha a fecha.

Si en el mes de vencimiento no hubiere día equivalente al de la fecha en que la letra se expidió, se entenderá que vence el último día del mes.

Artículo 455. Todas las letras deberán satisfacerse el día de su vencimiento, antes de la puesta del Sol, sin término de gracia o cortesía.

Si fuere festivo el día del vencimiento, se pagará la letra en el precedente.

Sección tercera. De las obligaciones del librador

Artículo 456. El librador estará obligado a hacer previsión de fondos oportunamente a la persona a cuyo cargo hubiere girado la letra, a no ser que hiciere el giro por cuenta de un tercero, en cuyo caso será de éste dicha obligación, salva siempre la responsabilidad directa del librador respecto al tomador o tenedor de la letra, y la del tercero, por cuenta de quien se hizo el giro respecto al librador.

Artículo 457. Se considerará hecha la provisión de fondos cuando, al vencimiento de la letra aquel contra quien se libró, sea deudor de una cantidad igual o mayor al importe de ella, al librador o al tercero por cuya cuenta se hizo el giro.

Artículo 458. Los gastos que se causaren por no haber sido aceptada o pagada la letra serán a cargo del librador o del tercero por cuya cuenta se libró, a menos que pruebe que había hecho oportunamente la provisión de fondos, o que resultaba acreedor conforme al Artículo anterior, o que estaba expresamente autorizado para librar la cantidad de que dispuso.

En cualquiera de los tres casos podrá exigir el librador, del obligado a la aceptación y al pago, la indemnización de los gastos, que, por esta causa, hubiere reembolsado al tenedor de la letra.

Artículo 459. El librador responderá civilmente de las resultas de su letra a todas las personas que la vayan sucesivamente adquiriendo y cediendo.

Los efectos de esta responsabilidad se especifican en los Artículos 456, 458 y en el siguiente.

Artículo 460. Cesará la responsabilidad del librador cuando el tenedor de la letra no la hubiere presentado o hubiere omitido protestarla en tiempo y forma, siempre que pruebe que, al vencimiento de la letra tenía hecha provisión de fondos para su pago, en los términos prescritos en los Artículos 456 y 457.

Si no hiciere esta prueba, reembolsará la letra no pagada aunque el protesto se hubiere sacado fuera de tiempo, mientras la letra no haya prescrito. Caso de hacer dicha prueba, pasará la responsabilidad del reembolso a aquel que aparezca en descubierto de él en tanto que la letra no esté prescrita.

Sección cuarta. Del endoso de las letras

Artículo 461. La propiedad de las letras de cambio se transferirá por endoso.

Artículo 462. El endoso deberá contener:

1. El nombre y apellido, razón social o título de la persona o Compañía a quien se trasmite la letra.

2. La fecha en que se hace.

3. La firma del endosante o de la persona legítimamente autorizada que firme por él.

MODIFICADO POR LO DISPUESTO EN LA LEY N.º 5 DE 20 DE DICIEMBRE DE 1950, Título 4, SECCIÓN (B), APARTADO 120.

Artículo 463. (Derogado.) Si se omitiere la expresión de la fecha en el endoso, no se transferirá la propiedad de la letra, y se entenderá como una simple comisión de Cobranza.

DEROGADO POR LA LEY N.º 5 DE 20 DE DICIEMBRE DE 1950, Título 4, SECCIÓN (B), APARTADO 130.

Artículo 464. Si se pusiere en el endoso una fecha anterior al día en que realmente se hubiere hecho, el endosante será responsable de los daños que por ello se sigan a un tercero, sin perjuicio de la pena en que incurra por el delito de falsedad, si se hubiere obrado maliciosamente.

Artículo 465. Los endosos firmados en blanco y aquellos en que se omita la fecha, transferirán sin embargo la propiedad de la letra.

MODIFICADO POR LA LEY N.º 5 DE 20 DE DICIEMBRE DE 1950, Título 4, SECCIÓN (B), APARTADO 140.

Artículo 466. No podrán endosarse las letras no expedidas a la orden ni las perjudicadas.

Será lícita la transmisión de la propiedad de las letras no endosables por los medios reconocidos en el derecho común y si, no obstante, se hiciere el endoso, no tendrá éste otra fuerza que la de una simple cesión.

MODIFICADO POR LO DISPUESTO EN LA LEY-DECRETO 1886 DE 11 ENERO DE 1935.

Artículo 467. El endoso producirá en todos y en cada uno de los endosantes la responsabilidad al afianzamiento del valor de la letra, en defecto de ser aceptada, y a su reembolso, con los gastos de protesto y recambio, si no fuere pagada a su vencimiento, con tal que las diligencias de presentación y protesto se hayan practicado en el tiempo y forma prescritos en este Código.

Esta responsabilidad cesará por parte del endosante que, al tiempo de transmitir la letra, haya puesto la cláusula de «sin mi responsabilidad».

En este caso, el endosante solo responderá de la identidad de la persona cedente o del derecho con que hace la cesión o endoso.

Artículo 468. El comisionista de letras de cambio o pagarés endosables se constituye garante de los que adquiera o negocie por cuenta ajena, si en ellos pusiere su endoso, y solo podrá excusarse fundadamente de ponerlo, cuando haya precedido pacto expreso, dispensándole el comitente de esta responsabilidad. En este caso, el comisionista podrá extender el endoso a la orden del comitente, con la cláusula de «sin mi responsabilidad».

Sección quinta. De la presentación de las letras y de su aceptación

Artículo 469. Las letras que no fueren presentadas a la aceptación o al pago dentro del término señalado, quedarán perjudicadas, así como también si no se protestaren oportunamente.

Se exceptúan los casos de fuerza mayor que apreciarán libremente los Tribunales de Justicia. En estos casos, sin embargo, el tenedor de la letra deberá efectuar el protesto en la primera oportunidad que tuviere para hacerlo una vez que haya cesado la causa de fuerza mayor, haciéndolo constar así en el protesto.

EL PÁRRAFO FINAL LE FUE ADICIONADO POR LA LEY 5 DE 20 DE DICIEMBRE DE 1950, Título IV, SECCIÓN (B), APART. 150.

Artículo 470. Las letras giradas en la Península o Islas Baleares (sic) sobre cualquier punto de ellas, a la vista o a un plazo contado desde la vista, deberán ser presentadas al cobro o a la aceptación dentro de los cuarenta días de su fecha.

Podrá, sin embargo, el que gire una letra a la vista o a un plazo contado desde la vista, deber fijar término dentro del cual debe hacerse la presentación; y en este caso, el tenedor de la letra estará obligado a presentarla dentro del plazo fijado por el librador.

POR VIRTUD DEL CESE DE LA SOBERANÍA ESPAÑOLA EL TEXTO DEL PÁRRAFO 1. DE ESTE ARTÍCULO RESULTA MODIFICADO.

EN SU REDACCIÓN ORIGINAL DICE:

«LAS LETRAS GIRADAS EN LA PENÍNSULA E ISLAS BALEARES SOBRE CUALQUIER PUNTO DE ELLAS...»

DEBE DECIR:

«LAS LETRAS GIRADAS DE PLAZA A PLAZA EN CUBA.»

Artículo 471. (Derogado.) Las letras giradas entre la Península e Islas Canarias (sic) se presentarán, en los casos a que aluden los dos artículos anteriores, dentro del término de tres meses (Ley 5 de 1950).

ESTE ARTÍCULO FUE DEROGADO POR LA DISPOSICIÓN 16. DEL Título IV; DE LA LEY 5, DE 20 DE DICIEMBRE DE 1950.

Artículo 472. (Derogado.) Las letras giradas entre la Península y las Antillas españolas u otros puntos de Ultramar que estuvieren más acá de los cabos de Hornos y Buena Esperanza, cualquiera que sea la forma del plazo designado en su giro, se presentarán al pago o a la aceptación, cuando más, dentro de seis meses.

En cuanto a las plazas de Ultramar, que estén más allá de aquellos cabos, el término será de un año.

ESTE ARTÍCULO FUE DEROGADO POR LA DISPOSICIÓN 16. DEL Título IV, SECCIÓN (B) DE LA LEY 5 DE 20 DE DICIEMBRE DE 1950.

Artículo 473. Los que remitieren letras a Ultramar, deberán enviar, por lo menos, segundos ejemplares en buques distintos de los en que fueren las primeras; y si probaren que los buques conductores habían experimentado accidente de mar que entorpeció su viaje, no entrará en el cómputo del plazo legal el tiempo transcurrido hasta la fecha en que se supo aquel accidente en la plaza donde residiere el remitente de las letras.

El mismo efecto producirá la pérdida real o presunta de los buques.

En los accidentes ocurridos en tierra y notoriamente conocidos, se observará igual regla en cuanto al cómputo del plazo legal.

Artículo 474. Las letras giradas a la vista o a un plazo contado desde la vista en países extranjeros sobre plazas del territorio de Cuba, se presentarán al cobro o a la aceptación dentro de los cuarenta días siguientes a su introducción en la República; y las giradas a fecha, en los plazos en ellas contenidos.

Artículo 475. Las letras giradas en territorio cubano sobre países extranjeros se presentarán con arreglo a la legislación vigente en la plaza donde hubieren de ser pagadas.

Artículo 476. Los tenedores de las letras giradas a un plazo contado desde la fecha no necesitarán presentarlas a la aceptación.

El tenedor de la letra podrá, si lo cree conveniente a sus intereses, presentarla al librado antes del vencimiento; y en tal caso, éste la aceptará o expresará los motivos por qué rehúsa el hacerlo.

Artículo 477. Presentada una letra a la aceptación dentro de los plazos marcados en los artículos anteriores, deberá el librado aceptarla por medio de las palabras acepto o aceptamos, estampando la fecha, o manifestar al portador los motivos que tuviere para negar la aceptación.

Si la letra estuviere girada a la vista o aun plazo contado desde ésta, y el librado dejara de poner la fecha de la aceptación, correrá el plazo desde el día en que el tenedor pudo presentar la letra sin atraso del correo; y si hecho el cómputo de este modo, resultare vencido el plazo, será cobrable la letra el día inmediato siguiente al de la presentación.

Artículo 478. La aceptación de la letra habrá de ponerse o denegarse el mismo día en que el portador la presente con ese objeto, y la persona a quien se exija la aceptación no podrá retener la letra en su poder bajo pretexto alguno.

Si la letra presentada a la aceptación hubiere de ser pagada en distinto lugar del de la residencia del aceptante, deberá expresarse en ella el domicilio en que hubiere de efectuarse el pago.

El que recibiendo una letra para aceptarla, si es a su cargo, o para hacerla aceptar, si es al de un tercero, conservándola en su poder a disposición de otro ejemplar o copia, avisase por carta, telegrama u otro medio escrito, haber sido aceptada, quedará responsable para con el librador y endosante de ella, en los mismos términos que si la aceptación se hallase puesta sobre la letra que motivó el aviso, aun cuando tal aceptación no haya tenido lugar o aun cuando niegue la entrega del ejemplar aceptado a quien legítimamente lo solicite.

Artículo 479. No podrán aceptarse las letras condicionalmente, pero si limitarse la aceptación a menor cantidad de la que la letra importa, en cuyo caso será protestable por el resto hasta la total cantidad del giro.

Artículo 480. La aceptación de la letra constituirá al aceptante en la obligación de pagarla a su vencimiento, sin que pueda relevarla del pago la excepción de no haberle hecho provisión de fondos el librador, ni otra alguna, salvo la de falsedad de la aceptación .

Artículo 481. En el caso de negarse la aceptación de la letra de cambio, se protestará y, en virtud del protesto, tendrá derecho el tenedor a exigir del librador, o de cualquiera de los endosantes, que afiancen a su satisfacción el valor de la letra, o depositen su importe, o le reembolsen con los gastos de protesto y recambio, descontando el rédito legal por el término que falte hasta el vencimiento.

También podrá el tenedor, aunque tenga aceptada la letra por el librado, si éste hubiese dejado protestar otras aceptaciones, acudir antes del vencimiento a los indicados en ella, mediante protesto de mejor seguridad.

Artículo 482. Si el poseedor de la letra dejare pasar los plazos fijados, según los casos, sin presentarla a la aceptación, o no hiciere sacar el protesto, perderá todo derecho a exigir el afianzamiento, depósito o reintegro, salvo lo dispuesto en el Artículo 525.

Artículo 483. Si el poseedor de la letra no la presentare al cobro el día de su vencimiento, o en defecto de pago, no la hiciere protestar dentro de los ocho días hábiles siguientes al en que hubiere negado la aceptación o el pago, perderá el derecho a reintegrarse de los endosantes y, en cuanto al librador se observará lo dispuesto en los Artículos 458 y 460.

El poseedor no perderá su derecho al reintegro si, por fuerza mayor, no hubiera sido posible presentar la letra o sacar en tiempo el protesto.

LA LEY 5, DE 20 DE DICIEMBRE DE 1950; Título 4. SECCIÓN (B) APARTADO 1700 MODIFICÓ ESTE ARTÍCULO EN CUANTO AL MOMENTO DE SACAR EL PROTESTO. ANTES, EL PROTESTO SE LEVANTABA AL DÍA SIGUIENTE AL EN QUE SE HUBIERE NEGADO LA ACEPTACIÓN O EL PAGO; AHORA DENTRO DE LOS OCHO DÍAS HÁBILES SIGUIENTES

VÉASE EL ARTÍCULO 6 INCISO (B), DEL DECRETO LEY 250 DE 135.

Artículo 484. Si las letras tuvieren indicaciones hechas por el librador o endosantes, de otras personas de quienes deba exigirse la aceptación en defecto de la designada en primer lugar, deberá el portador, sacado el protesto, si aquélla se negare a aceptarla, reclamar la aceptación de los sujetos indicados.

Artículo 485. Los que remitieren letras de una plaza a otra fuera del tiempo necesario para que puedan ser presentadas o protestadas oportunamente, serán responsables de las consecuencias que se originen por quedar aquéllas perjudicadas.

Sección sexta. Del aval y sus efectos

Artículo 486. El pago de una letra podrá afianzarse con una obligación escrita independientemente de la que contraen el aceptante y el endosante, conocida con el nombre de aval.

Artículo 487. Si el aval estuviere concebido en términos generales y sin restricción, responderá, el que lo prestare, del pago de la letra en los mismos casos y formas que la persona por quien salió garante; pero si la garantía se limitare a tiempo, caso, cantidad o persona determinada, no producirá más responsabilidad que la que nazca de los términos del aval.

Sección séptima. Del pago

Artículo 488. Las letras de cambio deberán pagarse al tenedor el día de su vencimiento, con arreglo al Artículo 455.

Artículo 489. Las letras de cambio deberán pagarse en la moneda que en las mismas se designe, y si la designada no fuere efectiva, en la equivalente, según el uso y costumbre en el mismo lugar del pago.

Artículo 490. El que pague una letra de cambio antes de que haya vencido, no quedará libre de satisfacer su importe, si resultare no haber pagado a persona legítima.

Artículo 491. El pago de una letra vencida hecho al portador se presumirá válido, a no haber precedido embargo de su valor por auto judicial.

Artículo 492. El portador de la letra que solicite su pago está obligado a acreditar al pagador la identidad de su persona, por medio de documentos o con vecinos que le conozcan o salgan garantes de su identidad.

La falta de esta justificación no impedirá la consignación del importe de la letra por el pagador, dentro del día de su presentación, en un establecimiento o persona a satisfacción del portador y del pagador, en cuyo caso el establecimiento o persona conservarán en su poder la cantidad en depósito hasta el legítimo pago.

Los gastos y riesgos que este depósito ocasione serán de cuenta del tenedor de la letra.

Artículo 493. El portador de una letra no estará obligado a percibir su importe antes del vencimiento; pero si lo aceptare, ser válido el pago a no ser en caso de quiebra del pagador en los quince días siguientes, conforme a lo dispuesto en el Artículo 879.

Artículo 494. Tampoco podrá obligarse al portador, aun después del vencimiento, a recibir una parte y no el todo de la letra, y, solo conviniendo en ello podrá pagarse una parte de su valor y dejar la otra en descubierto.

En este caso, se podrá protestar la letra por la cantidad que hubiere dejado de pagarse, y el portador la retendrá en su poder anotando en ella la cantidad cobrada y dando recibo separado de lo percibido.

Artículo 495. Las letras aceptadas se pagarán, precisamente, sobre el ejemplar que contenga la aceptación.

Si se pagare sobre alguno de los otros, quedará el que lo hubiere hecho, responsable del valor de la letra al tercero que fuere portador legítimo de la aceptación.

Artículo 496. No podrá el aceptante ser compelido al pago, aun cuando el portador del ejemplar distinto del de la aceptación se comprometa a dar fianza a satisfacción de aquél; pero en este caso, el portador podrá pedir el depósito y formular el protesto en los términos que establece el Artículo 498.

Si el aceptante admitiere voluntariamente la fianza y realizare el pago, quedará aquélla cancelada de derecho luego que haya prescrito la aceptación que dio motivo al otorgamiento de la fianza.

Artículo 497. Las letras no aceptadas podrán pagarse después de su vencimiento y no antes, sobre las segundas, terceras o demás expedidas conforme al Artículo 448; pero no, sobre las copias dadas según lo dispuesto en el Artículo 449, sin que se acompañe a ellas algunos de los ejemplares expedidos por el librador.

Artículo 498. El que hubiere perdido una letra, aceptada o no, y el que tuviere en su poder una primera aceptada a disposición de la segunda y carezca de otro ejemplar para solicitar el pago, podrá requerir al pagador para que deposite el importe de la letra en el establecimiento público destinado a este objeto o en persona de mutua confianza, o designada por el juez o Tribunal, en caso de discordia, y si el obligado al pago se negare al depósito, se hará constar la resistencia por medio de protesto igual al procedente por falta de pago y con este documento, conservará el reclamante sus derechos contra los que sean responsables a las resultas de la letra.

VER NOTA AL ARTÍCULO 14.

Artículo 499. Si la letra perdida hubiere sido girada en el extranjero o en Ultramar y el portador acreditare su propiedad por sus libros y por la correspondencia de la persona de quien hubo la letra, o por Certificación del Corredor que hubiere intervenido en la negociación, tendrá derecho a que se le entregue su valor, si además de esta prueba, prestare fianza bastante; cuyos efectos subsistirán hasta que se presente el ejemplar de la letra dado por el mismo librador, o hasta que ésta haya prescrito.

POR LA RAZÓN EXPRESADA EN LA NOTA DEL ARTÍCULO 470 SE HA EXCLUIDO DEL TEXTO LA LOCUCIÓN «O EN ULTRAMAR».

Artículo 500. La reclamación del ejemplar que haya de sustituir a la letra perdida deberá hacerse por el último tenedor a su cedente, y así, sucesivamente, de uno a otro endosante, hasta llegar al librador.

Ninguno podrá rehusar la prestación de su nombre e interposición de sus oficios para que sea expedido el nuevo ejemplar, satisfaciendo el dueño de la letra los gastos que se causen hasta obtenerlo.

Artículo 501. Los pagos hechos a cuenta del importe de una letra por la persona a cuyo cargo estuviere girada disminuirán en otro tanto la responsabilidad del librador y de los endosantes.

Sección octava. De los protestos

Artículo 502. La falta de aceptación o de pago de las letras de cambio deberá acreditarse por medio de protesto, sin que el haber sacado el primero exima al portador de sacar el segundo, y sin que, ni por fallecimiento de la persona a cuyo cargo se gira, ni por su estado de quiebra, pueda dispensarse al portador de verificar el protesto.

Artículo 503. Todo protesto por falta de aceptación o de pago, impone a la persona que hubiere dado lugar a él la responsabilidad de gastos, daños y perjuicios.

Artículo 504. El protesto, deberá reunir las condiciones siguientes:

1. Hacerse dentro de los ocho días hábiles siguientes en que se hubiere negado la aceptación o el pago.

2. Otorgarse ante Notario público.

3. Entenderse las diligencias con el sujeto a cuyo cargo esté girada la letra o con quien lo represente, y no encontrándose uno ni otro en el domicilio en que corresponda, con cualquier vecino de la localidad.

4. Contener copia de la letra, de la aceptación, si la tuviere, y de los endosos e indicaciones comprendidos en la misma.

5. Hacer constar el requerimiento a la persona que debe aceptar o pagar la letra; y no estando presente, a aquella con quien se entiendan las diligencias.

6. Reproducir asimismo la contestación dada al requerimiento.

7. Estar firmado por la persona a quien se haga; o, en su defecto, por dos testigos presentes.

8. Expresar la fecha y hora en que se ha practicado el protesto.

9. Dejar en el acto extendida copia del mismo en papel común a la persona con quien se hubieren entendido las diligencias.

ESTE ARTÍCULO FUE MODIFICADO ASÍ POR LA LEY 5 DE 20 DE DICIEMBRE DE 1950, Título IV, SECCIÓN (B), APARTADO 17. LA LEY 1213 DE 27 DE JUNIO DE 1967 DEROGÓ EL CAPÍTULO «IMPUESTO SOBRE DOCUMENTOS» DE LA LEY 998 DE 5 DE ENERO DE 1962.

Artículo 505. El domicilio legal para practicar las diligencias del protesto, será:

1. El designado en la letra.

2. En defecto de esta designación, el que tenga de presente el pagador.

3. A falta de ambos, el último que se le hubiere conocido.

No constando el domicilio del librado en ninguno de lo tres sitios anteriormente señalados, se acudirá a un vecino con casa abierta, del lugar donde hubiere de tener efecto la aceptación y el pago, con quien se entenderán las diligencias y a quien se entregará la copia.

Artículo 506. Sea cual fuere la hora a que se saque el protesto, los Notarios retendrán en su poder las letras, sin entregar éstas ni el testimonio del protesto al portador hasta la puesta del Sol del día en que se hubiese hecho; y si el protesto fuere por falta de pago, y del pagador se presentase entretanto a satisfacer el importe de la letra y los gastos del protesto, admitirán el pago, haciéndose entrega de la letra con diligencia en la misma de haberse pagado y cancelado el protesto.

Artículo 507. Si la letra protestada contuviere indicaciones, se hará constar en el protesto el requerimiento a las personas indicadas y sus contestaciones y la aceptación o el pago, si se hubieren prestado a verificarlo.

En tales casos, si las indicaciones estuvieren hechas para la misma plaza, el término para la ultimación y entrega del protesto se ampliará a cinco días hábiles.

Si las indicaciones fuesen para plaza diferente, se cerrará el protesto como si no las contuviere, pudiendo el tenedor de la letra acudir a ellos dentro de un término que no exceda de diez días hábiles, requiriendo notarialmente por su orden a las personas indicadas en cada plaza, y renovando con las mismas el protesto, si hubiere motivo para éste.

MODIFICADO POR LA LEY N.° 5, DE 20 DE DICIEMBRE DE 1950, Título IV, SECCIÓN (B), APARTADO 18.

Artículo 508. Todas las diligencias del protesto de una letra habrán de redactarse en un mismo documento, extendiéndose sucesivamente por el orden con que se practiquen.

De este documento dará el Notario copia testimoniada al portador, devolviéndole la letra original.

VER LEY 1189 DE 25 DE ABRIL DE 1966. (SOBRE NOMBRAMIENTOS DE NOTARIOS INTERINOS.)

Artículo 509. Ningún acto ni documento podrá suplir la omisión y falta del protesto para la conservación de las acciones que competen al portador contra las personas responsables a las resultas de la letra.

Artículo 510. Si la persona a cuyo cargo se giró la letra se constituyere en quiebra, podrá protestarse por falta de pago, aun antes del vencimiento; y protestada, tendrá el portador expedito su derecho contra los responsables a las resultas de la letra

Sección novena. De la intervención en la aceptación y pago

Artículo 511. Si protestada una letra de cambio por falta de aceptación o de pago, se presentare un tercero ofreciendo aceptarla o pasarla por cuenta del librador, o por la de cualquiera de los endosantes, aún cuando no haya previo mandato para hacerlo, se le admitirá la intervención para la aceptación o el pago, haciéndose constar una u otro a continuación del protesto, bajo la firma que hubiere intervenido y del Notario, expresándose en la diligencia el nombre de la persona por cuya cuenta se haya verificado la intervención

Si se presentaren varias personas a prestar su intervención, será preferido el que lo hiciere por el librador, y si todos quisieren intervenir por endosantes, será preferido el que lo haga por el de fecha anterior.

Artículo 512. El que prestare su intervención en el protesto de una letra de cambio, si la aceptare, quedará responsable a su pago como si hubiese sido girada a su cargo, debiendo dar aviso de su aceptación por el correo más próximo a la persona por quien ha intervenido; y si la pagare, se subrogará en los derechos del portador mediante el cumplimiento de las obligaciones prescritas a este, con las limitaciones siguientes:

1. Pagándola por cuenta del librador, solo éste le responderá de la cantidad desembolsada, quedando libres los endosantes.

2. Pagándola por cuenta de uno de estos, tendrá el derecho de repetir contra el mismo librador, contra el endosante por cuenta de quien intervino y contra los demás que le precedan

en el orden de los endosos, pero no, contra los que sean posteriores.

Artículo 513. La intervención en la aceptación no privará al portador de la letra protestada del derecho a exigir del librador o de los endosantes el afianzamiento a las resultas que ésta tenga.

Artículo 514. Si el que no aceptó una letra, dando lugar al protesto por esta falta, se prestare a pagarla a su vencimiento, le será admitido el pago con preferencia al que intervino o quiso intervenir para la aceptación o el pago; pero serán de su cuenta los gastos causados por no haber aceptado la letra a su tiempo.

Artículo 515. El que interviniere en el pago de una letra perjudicada no tendrá otra acción que la que competiría al portador contra el librador que no hubiere hecho a tiempo provisión de fondos, o contra aquel que conservara en su poder el valor de la letra sin haber hecho su entrega o reembolso.

Sección décima. De las acciones que competen al portador de una letra de cambio

Artículo 516. En defecto de pago de una letra de cambio presentada y protestada en tiempo y forma, el portador tendrá derecho a exigir del aceptante, del librador o de cualquiera de los endosantes, el reembolso con los gastos de protesto y recambio; pero intentada la acción contra alguno de ellos, no podrá dirigirla contra los demás sino en caso de insolvencia del demandado.

Artículo 517. Si el portador de la letra protestada dirigiere su acción contra el aceptante antes que contra el librador y endosantes, hará notificar a todos ellos el protesto por medio de Notario público, dentro de los plazos señalados en la sección quinta de este título, para recoger la aceptación; y si se dirigiere contra alguno de los segundos, hará dentro de los mismo plazos igual notificación a los demás.

Los endosantes a quienes no se hiciere esta notificación quedarán exentos de responsabilidad aun cuando el demandado resulte insolvente, y lo mismo se entenderá respecto del librador que probare haber hecho oportunamente provisión de fondos.

Artículo 518. Si hecha exclusión en los bienes del deudor ejecutado para el pago o reembolso de una letra, solo hubiere podido percibir el portador una parte de su crédito, podrá dirigirse contra los demás por el resto de su alcance hasta su completo reembolso, en la forma establecida en el Artículo 516.

Lo mismo se verificará en el caso de declararse en quiebra el ejecutado; y si todos los responsables de la letra se encontraren en igual caso, tendrá el reclamante derecho a percibir de cada masa el dividendo correspondiente a su crédito, hasta que sea extinguido en su totalidad.

Artículo 519. El endosante que reembolsare una letra protestada, se subrogará en los defectos del portador de la misma, a saber:

1. Si el protesto fuere por falta de aceptación, contra el librador y los demás endosantes que le preceden en orden, para el afianzamiento del valor de la letra, o el depósito en defecto de fianza.

2. Si fuere por falta de pago, contra el mismo librador, aceptante y endosante que le precedan para el reintegro del valor de la letra y de todos los gastos que hubiere satisfecho.

Si para hacer el reembolso concurrieren el librador y endosantes, será preferido el librador; y concurriendo solo endosantes, el de fecha anterior.

Artículo 520. Tanto el librador como cualquiera de los endosantes de una letra protestada podrán exigir, luego que llegue a su noticia el protesto, que el portador reciba el importe con los gastos legítimos y les entregue la letra con el protesto y la cuenta de resaca.

Artículo 521. La acción que nace de las letras de cambio para exigir en sus casos respectivos del librador aceptantes y endosantes el pago o el reembolso, será ejecutiva, debiendo despacharse la ejecución, en vista de la letra y del protesto, sin otro requisito que el reconocimiento judicial que hagan de su firma el librador o endosantes demandados. Igual acción corresponderá al librador contra el aceptante para compelerle al pago.

El reconocimiento de la firma no será necesario para despachar la ejecución contra el aceptante, cuando no se hubiere puesto tacha de falsedad en el acto del protesto por falta de pago.

Tampoco será necesario el reconocimiento de la firma respecto del librador o endosantes que no hubieren hecho constar igual tacha de falsedad en el acto de las notificaciones a que se contrae el Artículo 517.

EL PÁRRAFO FINAL DEL ARTÍCULO 521 LE FUE AGREGADO POR LA LEY N.º 5 DE 20 DE DICIEMBRE DE 1950, Título IV SECCIÓN (B), APARTADO 19.

VER ARTÍCULO 39 DE LA LEY 5 DE ABRIL DE 1943 Y DISPOSICIÓN FINAL TERCERA DE LA LEY 1261, DE 4 DE ENERO DE 1974.

Artículo 522. La acción que se ejercite para conseguir el afianzamiento o el depósito del valor de una letra de cambio en los casos en que proceda con arreglo a lo dispuesto en los Artículos 481, 492 y 498 de este Código, se acomodará a los trámites prevenidos en el Libro III, parte 2. Título III de la Ley de Enjuiciamiento Civil, bastando acompañar a la demanda, en el primer caso, el protesto que acredite la falta de la aceptación de la letra.

VER DISPOSICIÓN FINAL TERCERA DE LA LEY DE PROCEDIMIENTO CIVIL Y ADMINISTRATIVO.

Artículo 523. Contra la acción ejecutiva por letras de cambio no se admitirán más excepciones que las consignadas en la Ley de Enjuiciamiento Civil.

EL TEXTO DE ESTE ARTÍCULO ESTÁ MODIFICADO, PUES LA REFERENCIA QUE EN EL MISMO SE HACE A LA LEY DE ENJUICIAMIENTO CIVIL DEBE CONSIDERARSE HECHA A LA LEY DE PROCEDIMIENTO CIVIL Y ADMINISTRATIVO QUE DEROGÓ A LA ANTES CITADA.

Artículo 524. La cantidad de que un acreedor haga remisión o quita al deudor contra quien repita el pago o reembolso de una letra de cambio, se entenderá condonado también a los demás que sean responsables de las resultas de la cobranza.

Artículo 525. No tendrá efecto la caducidad de la letra perjudicada por falta de presentación, protesto y su notificación en los plazos que van determinado, respecto del librador o endosante que, después de transcurridos dichos plazos, se hubiere saldado del valor de la letra en sus cuentas con el deudor, o reembolsado con valores o efectos de su pertenencia.

Artículo 526. Las letras de cambio protestadas por falta de pago devengarán interés en favor de los portadores desde la fecha del protesto.

Sección undécima. Del recambio y resaca

Artículo 527. El portador de una letra de cambio protestada podrá reembolsarse de su importe y gastos de protesto y recambio girando una nueva letra contra el librador o uno de sus endosantes, y acompañando a este giro la letra original, el testimonio del protesto y la cuenta de resaca, que solo contendrá las partidas siguientes:

1. Capital de la letra protestada.
2. Gastos del protesto.
3. Derechos del sello para la resaca.
4. Comisión de giro a uso de la plaza.
5. Corretaje de la negociación.
6. Gastos de la correspondencia.
7. Daño de recambio.

En esta cuenta se expresará el nombre de la persona a cuyo cargo se gira la resaca.

Artículo 528. Todas las partidas de la resaca se ajustarán al uso de la plaza; y el recambio, al curso corriente el día del giro, lo cual se justificará con la cotización oficial de la Bolsa o con certificación de Agente o Corredor oficial, si los hubiere o, en su defecto, con la de los dos comerciantes matriculados.

INAPLICABLE EN CUANTO JUSTIFICAR EL RECAMBIO MEDIANTE BOLSA, AGENTE O CORREDOR OFICIAL.

Artículo 529. No podrá hacerse más que una cuenta de resaca por cada letra de cambio, cuya cuenta satisfarán los endosantes de uno en otro hasta que se extinga con el reembolso del librador.

Tampoco habrá que abonar más de un recambio, y su importe se graduará aumentando o disminuyendo la parte que a cada uno corresponda, según que el papel sobre la plaza a que se dirija la resaca, se negocie en la de su domicilio con premio o con descuento, cuya circunstancia se acreditará mediante certificación de Agente, Corredor o Comerciante.

VER NOTA AL ARTÍCULO ANTERIOR.

Artículo 530. El portador de una resaca no podrá exigir interés legal de su importe, sino desde el día en que requiriere, en la forma del Artículo 63 de este Código, a la persona de quien tenga derecho de cobrarlo.

Título XI. De las libranzas, vales y pagarés a la orden y de los mandatos de pago llamados cheques

Sección primera. De las libranzas y de los vales pagarés a la orden

Artículo 531. Las libranzas, vales o pagarés a la orden deberán contener:

1. El nombre específico de la libranza, vale o pagaré.
2. La fecha de la expedición.
3. La cantidad.
4. La época del pago.
5. La persona a cuya orden se habrá de hacer el pago y, en las libranzas, el nombre y domicilio de la persona contra quien estén libradas.
6. El lugar donde deberá hacerse el pago.
7. El origen y especie del valor que representen.
8. La firma del que expida la libranza, y en los vales o pagaré, la del que contrae la obligación de pagarlos.

Los vales que hayan de pagarse en distinto lugar del de la residencia del pagador indicarán un domicilio para el pago.

CUBA ESTÁ ADHERIDA AL CONVENIO SOBRE CHEQUES DE VIAJEROS.

Artículo 532. Las Libranzas a la orden y los pagarés también a la orden se reputarán mercantil y producirán las mismas obligaciones y efectos que las letras de cambio respecto de los libradores, endosantes y avalistas a quienes se hubiere hecho el oportuno protesto o notificación por falta de pago en la forma prevista en el Título anterior.

Los vales o pagarés que no estén expedidos a la orden se reputarán simples promesas de pago, sujetas al derecho común o al mercantil, según su naturaleza, salvo lo dispuesto en el Título siguiente.

ESTE ARTÍCULO QUEDÓ REDACTADO ASÍ SEGÚN LO DISPUESTO EN LA LEY 5, DE 20 DE DICIEMBRE DE 1950, Título IV SECCIÓN (B), APARTADO 20.

Artículo 533. Los endosos de las libranzas y pagaré a la orden deberán extenderse con la misma expresión que los de las letras de cambio.

Sección segunda. De los mandatos de pago llamados cheques

Artículo 534. El mandato de pago conocido en el comercio con el nombre de cheque, es un documento que permite al librador retirar, en su provecho o en el de un tercero, todos o parte de los fondos que tiene disponibles en poder del librado.

VER LEY 1298 DE 4 DE OCTUBRE DE 1975.

Artículo 535. El mandato de pago, deber contener:

El nombre y la firma del librador, nombre del librado y su domicilio, cantidad y fecha de su expedición que habrán de expresarse en letra, y si es al portador, a favor de persona determinada o a la orden, en el último caso, será transmisible por endoso.

Artículo 536. Podrá librarse dentro de la misma plaza de su paso o en lugar distinto; pero el librador está obligado a tener anticipadamente hecha la provisión de fondos en por del librado.

Artículo 537. El portador de un mandato de pago deberá presentarle al cobro dentro de los cinco días de su creación si estuviere librado en la misma plaza; y a los ocho días, si lo fuere en otra diferente.

El portador que dejare pasar este término perderá su acción contra los endosantes y también la perderá contra el librador si la provisión de fondos hecha en poder del librado desapareciese porque éste suspendiera los pagos o quebrase.

Artículo 538. El plazo de ocho días que fija el Artículo anterior para los mandatos de pago librados de plaza a plaza, se entenderá ampliado hasta los doce días de su fecha para los librados en el extranjero.

Artículo 539. El pago del mandato se exigirá al librado en el acto de la presentación.

La persona a quien se pague expresará en el recibí nombre y la fecha del pago.

Artículo 540. No podrán expedirse duplicados de los mandatos de paso sin haber anulado previamente los originales, después de vencidos y obtenido la conformidad del librado.

Artículo 541. El librador o cualquier tenedor legal de un mandato de pago tendrá derecho a indicar en el que se pague a banquero o sociedad determinada, lo cual expresará escribiendo cruzado en el anverso el nombre de dicho banquero o Sociedad, o solamente las palabras «y Compañía».

El pago hecho a otra persona que no sea el banquero o sociedad indicada, no relevará de responsabilidad al librado si hubiese pagado indebidamente.

Artículo 542. Serán aplicables a estos documentos las disposiciones contenidas en este Código respecto a la garantía solidaria del librador y endosante, al protesto y al ejercicio de las acciones provenientes de las letra cambio.

Artículo 543. Regirán para las ordenes de pago en cuenta corriente de los Bancos o Sociedades mercantiles conocidas bajo el nombre de talones, las disposiciones anteriores en lo que les sean aplicables.

VER LEY N.º 1298, DE 4 DE OCTUBRE DEL 1975.

Título XII. De los efectos al portador y de la falsedad, robo, hurto o extravío de los mismos

Sección primera. De los efectos al portador

Artículo 544. Todos los efectos a la orden de que trata el título anterior podrán emitirse al portador y llevarán, como aquéllos, aparejada ejecución desde el día de su vencimiento, sin más requisito que el reconocimiento de la firma del responsable a su pago.

El día del vencimiento se contará según las reglas establecidas para los efectos expedidos a la orden y, contra la acción ejecutiva, no se admitirán más excepciones que las indicadas en el Artículo 523.

Artículo 545. Los demás efectos al portador, bien sean de los enumerados en el Artículo 68, o bien billetes de Banco, acciones u obligaciones de otros Bancos, Compañías de crédito territorial, agrícola o mobiliario, de Compañías de ferrocarriles, de obras públicas, industriales, comerciales o de cualquier otra clase, emitidas conforme a las leyes y disposiciones de este Código, producirán los efectos siguientes:

1. Llevarán aparejada ejecución dichos títulos lo mismo que sus cupones, desde el día del vencimiento de la ligación respectiva o a su presentación, si no le tuviere señalado.

2. Serán transmisibles por la simple tradición del documento.

3. No estarán sujetos a reivindicación si hubieren sido negociados en Bolsa con intervención de Agente colegiado, y donde no lo hubiere, con intervención de Notario público o Corredor de Comercio.

Quedarán a salvo los derechos y acciones del legítimo propietario contra el vendedor u otras personas responsables según las leyes por los actos que le hayan privado de la posesión y dominio de los efectos vendidos

LO DISPUESTO EN EL PÁRRAFO PRIMERO DE ESTE ARTÍCULO EN RELACIÓN A ACCIONES, BILLETES DE OTROS BANCOS, COMPAÑÍAS DE CRÉDITO TERRITORIAL, AGRÍCOLA O MOBILIARIO, DE COMPAÑÍAS DE FERROCARRILES, DE OBRAS PÚBLICAS, INDUSTRIALES, COMERCIALES O DE CUALQUIER OTRA CLASE, RESULTA INAPLICABLE EN VIRTUD DE LO EXPUESTO EN LAS NOTAS A LOS ARTÍCULOS 117 Y 184.

Artículo 546. El tenedor de un efecto al portador tendrá derecho a confrontarlo con sus matrices siempre que lo crea conveniente.

Sección segunda. Del robo, hurto o extravío de los documentos de crédito y efectos al portador

Artículo 547. Serán documentos de crédito al portador para los efectos de esta sección, según los caso:

1. Los documentos de crédito contra el Estado, Provincias, o Municipios, emitidos legalmente.
2. Los emitidos por naciones extranjeras cuya cotización haya sido autorizada por el Gobierno, a propuesta de la Junta Sindical del Colegio de Agentes.
3. Los documentos de crédito al portador de Empresas extranjeras constituidas con arreglo a la Ley del Estado a que pertenezcan.
4. Los documentos de crédito al portador emitidos con arreglo a su Ley constitutiva por establecimientos, compañías o empresas nacionales.
5. Los emitidos por particulares siempre que sean hipotecarios o estén suficientemente garantizados.

Artículo 548. El propietario desposeído, sea cual fuere el motivo podrá acudir ante el juez o Tribunal competente para impedir que se pague a tercera persona el capital, los intereses o dividendos vencidos o por vencer, así como también para evitar que se transfiera a otro la propiedad del título o conseguir que se le expida un duplicado.

Será juez o Tribunal competente el que ejerza jurisdicción en el distrito en que se halle el establecimiento o persona deudora.

VER NOTA AL ARTÍCULO 14.

Artículo 549. En la denuncia que al juez o Tribunal haga el propietario desposeído, deberá indicar el nombre, la naturaleza, el valor nominal, el número, si lo tuviere y la serie de los títulos; y además, si fuere posible la poca y el lugar en que vino a ser propietario y el modo de su adquisición, la época y el lugar en que recibió los últimos intereses o dividendos y las circunstancias que acompañaron a la desposesión.

El desposeído, al hacer la denuncia, señalará dentro del distrito en que ejerza jurisdicción el juez o Tribunal competente, el domicilio en que habrán de hacérsele saber todas las notificaciones.

VER NOTA AL ARTÍCULO 14.

Artículo 550. Si la denuncia se refiriese únicamente al pago del capital o de los intereses o dividendos vencidos o por vencer, el juez o Tribunal; justificada que sea en cuanto a la legitimidad de la adquisición del título, deberá estimarla, ordenando en el acto:

1. Que se publique la denuncia inmediatamente en la Gaceta oficial de la República, y en el «Diario Oficial de Avisos» de la localidad si lo hubiere, o en su defecto, en uno o dos de los periódicos de más circulación a juicio del juez se-

ñalando un término breve dentro del cual pueda comparecer el tenedor del título.

2. Que se ponga en conocimiento del centro directivo que haya emitido el título o de la Compañía o del particular de quien proceda, para que retengan el pago de principal e intereses.

VER NOTA AL ARTÍCULO 14 EL ÚNICO PERIÓDICO QUE TIENE CARÁCTER OFICIAL DE LA REPÚBLICA ES LA GACETA.

La solicitud se substanciará con audiencia del Ministerio fiscal y en la forma que para los incidentes prescribe la Ley de Enjuiciamiento Civil.

EL TEXTO DE ESTE ARTÍCULO ESTÁ MODIFICAD EN EL SENTIDO DE QUE LA CITA QUE SE HACE A LA LEY DE ENJUICIAMIENTO CIVIL DEBE ENTENDERSE HECHA A LA LEY DE PROCEDIMIENTO CIVIL Y ADMINISTRATIVO QUE DEROGÓ A LA ANTERIOR.

Artículo 552. Transcurrido un año desde la denuncia sin que nadie la contradiga y si, en el intervalo, se hubieren repartido los dividendos, el denunciante podrá pedir al juez o Tribunal autorización, no solo para percibir los intereses o dividendos vencidos o por vencer en la proporción y medida de su exigibilidad, sino también, el capital de los títulos, si hubiese llegado a ser exigibles.

Artículo 553. Acordada la autorización por el juez o Tribunal, el desposeído deberá antes de percibir los intereses o dividendos o el capital, prestar caución bastante y extensiva al importe de las anualidades exigibles y, además, al doble valor de la última anualidad vencida.

Transcurridos dos años desde la autorización sin que el denunciante fuere contradicho, la caución quedará cancelada.

Si el denunciante no quisiere o no pudiere prestar la caución podrá exigir de la Compañía o particular deudores, el depósito de los intereses o dividendos vencidos o del capital exigible y, recibir a los dos años, si no hubiere contradicción, los valores depositados.

VER NOTA EN EL ARTÍCULO 14.

Artículo 554. Si el capital llegare a ser exigible después de la autorización, podrá pedirse bajo caución o exigir el depósito.

Transcurridos cinco años sin oposición desde la autorización, o diez, desde la época de la exigibilidad, el desposeído podrá recibir los valores depositados.

Artículo 555. La solvencia de la caución se apreciará por los Jueces o Tribunales.

El denunciante podrá prestar fianza y constituirla en títulos de renta sobre el Estado, recobrándola al terminar el plazo señalado para la caución.

VER NOTA AL ARTÍCULO 14.

Artículo 556. Si en la denuncia se tratare de cupones al portador separados del título y la oposición no hubiere sido contradicha, el opositor podrá percibir el importe de los cupones, transcurridos tres años a contar desde la declaración judicial estimando la denuncia,

Artículo 557. Los pagos hechos al desposeído en conformidad con las reglas antes establecidas, eximen de toda obligación al deudor; y el tercero que se considere perjudicado solo conservará acción personal contra el opositor que procedió sin justa causa.

Artículo 558. Si antes de la liberación del deudor, un tercero se presentare con los títulos denunciados, el primero deberá retenerlos y hacerlo saber al juez o Tribunal y al primer opositor, señalando, a la vez, el nombre, vecindad o circunstancias por las cuales pueda venirse en conocimiento del tercer portador.

La presentación de un tercero suspenderá los efectos de la oposición hasta que decida el juez o Tribunal.

VER NOTA AL ARTÍCULO 14.

Artículo 559. Si la denuncia tuviere por objeto impedir la negociación o transmisión de título cotizables, el desposeído podrá dirigirse a la Junta Sindical de Colegio de Agentes y a falta de este a la Junta de Colegio de corredores de comercio, denunciando el robo, hurto o extravío, y acompañando nota expresiva de las series y números de los títulos extraviados, época de su adquisición y título por el cual se adquirieron.

La Junta sindical, en el mismo día de Bolsa o en el inmediato, fijará aviso en el tablón de edictos; anunciará, al abrirse la Bolsa, la denuncia hecha, y avisará a las demás Juntas de síndicos de La nación participándoles dicha denuncia.

Igual anuncio se hará, a costa del denunciante, en la Gaceta oficial de la República, y en el Diario de Avisos de la localidad respectiva, si lo hubiere, o en uno o dos de los periódicos de más circulación a juicio del juez.

VER NOTA AL ARTÍCULO 14. CORREDORES DE COMERCIO Y BOLSA.

VER NOTA A LOS ARTÍCULOS V Y VI DEL LIBRO PRIMERO.

Artículo 560. La negociación de los valores robados, hurtados o extraviados hecha después de los anuncios a que se refiere el Artículo anterior, será nula, y el adquirente no gozará del derecho de la no reivindicación; pero si quedará a salo el del tercer poseedor contra el vendedor y contra el Agente que intervino en la operación.

VER NOTA AL ARTÍCULO ANTERIOR.

Artículo 561. En el término de nueve días, el que hubiere denunciado el robo, hurto o extravío de los títulos deberá obtener el auto correspondiente de juez o Tribunal, ratificando la prohibición de negociar o enajenar los expresados títulos.

Si este auto no se notificase o pusiere en conocimiento de la Junta sindical en el plazo de los nueve días, anulará la Junta el anuncio y será válida la enajenación de los títulos que se hiciere posteriormente.

VER NOTA AL ARTÍCULO 14.

Artículo 562. Transcurridos cinco años a contar desde las publicaciones hechas en virtud de lo dispuesto en los Artículos 550 y 559 y de la ratificación del juez o Tribunal a que se refiere el 561, sin haber hecho oposición a la denuncia, el juez o Tribunal declarará la nulidad del título sustraído o extraviado y lo comunicará al centro directivo oficial, Compañía o particular de que proceda, ordenando la emisión de un duplicado a favor de la persona que resultare ser su legítimo dueño.

Si, dentro de los cinco años, se presentare un tercer opositor, el término quedará en suspenso hasta que los Jueces o Tribunales resuelvan.

VER NOTA AL ARTÍCULO 14.

Artículo 563. El duplicado llevará el mismo número que el título primitivo, expresará que se expidió por duplicado, producirá los mismos efectos que aquel, y será negociable con iguales condiciones.

La expedición del duplicado anulará el título primitivo y se hará constar así en los asientos o registros relativos a éste.

Artículo 564. Si la denuncia del desposeído tuviere por objeto, no solo el pago del capital, dividendos o cupones, sino también impedir la negociación o transmisión en Bolsa de los efectos cotizables, se observarán, según los casos, las reglas establecidas para cada uno en los artículos anteriores.

Artículo 565. No obstante lo dispuesto en esta sección, si el desposeído hubiese adquirido los títulos en Bolsa y, a la denuncia acompañara el certificado del Agente en el cual se fijasen y determinasen los títulos o efectos de manera que apareciese su identidad, antes de acudir al juez o Tribunal podrá hacerlo al establecimiento o persona deudora y aun a la Junta Sindical del Colegio de Agentes, oponiéndose al pago y solicitando las publicaciones oportunas.

En tal caso, el establecimiento o casa deudora y la Junta sindical estarán obligados a proceder como si el Juzgado o Tribunal les hubiere hecho la notificación de estar admitida y estimada la denuncia,

Si el juez o Tribunal, dentro del término de un mes, no ordenase la retención o publicación, quedará sin efecto la denuncia hecha por el desposeído; el establecimiento o persona deudora y la Junta sindical estarán libres de toda responsabilidad.

VER NOTA AL ARTÍCULO 14.

Artículo 566. Las disposiciones que precede no serán aplicables a los Billetes del Banco Nacional de Cuba ni a los de la misma clase emitidos por establecimientos sujetos a igual régimen, ni a los títulos al portador emitidos por el Estado que se rijan por Leyes, Decretos o Reglamentos especiales,

LA MODIFICACIÓN DE ESTE ARTÍCULO CONSISTE EN QUE SE HA SUSTITUIDO «BILLETES DEL BANCO DE ESPAÑA» POR «BILLETES DEL BANCO NACIONAL DE CUBA».

VER LEY 1298 DE 4 DE OCTUBRE DE 1975.

Título XIII. De las cartas-órdenes de crédito

Artículo 567. Son cartas-órdenes de crédito las expedidas de comerciante a comerciante o para atender a una operación mercantil.

Artículo 568. Las condiciones esenciales de las cartas órdenes de crédito serán:

1. Expedirse a favor de persona determinada y no, a la orden.

2. Contraerse a una cantidad fija y específica, o a una o más cantidades indeterminadas, pero todas comprendidas en un máximum cuyo límite se ha de señalar precisamente.

Las que no tengan alguna de estas últimas circunstancias serán consideradas como simples cartas de recomendación.

Artículo 569. El dador de una carta de crédito quedará obligado hacia la persona a cuyo cargo la dio por la cantidad pagada en virtud de ella, dentro del máximum fijado en la misma.

Las cartas-órdenes de crédito no podrán ser protestadas aun cuando no fuere pagada; ni el portador de ellas adquirirá acción alguna por aquella falta contra el que se la dio.

El pagador tendrá derecho a exigir la comprobación de la identidad de la persona a cuyo favor se expidió la carta de crédito.

Artículo 570. El dador de una carta de crédito podrá anularla, poniendo en conocimiento del portador y de aquel a quien fuere dirigida.

Artículo 571. El portador de una carta de crédito reembolsar, sin demora, al dador la cantidad recibida.

Si no lo hiciere, podrá exigírsele por acción ejecutiva, con el interés legal y el cambio corriente en la plaza en que se hizo el pago, sobre el lugar en que se verifique el reembolso.

Artículo 572. Si el portador de una Carta de crédito no hubiere hecho uso de ella en el término convenido con el dador de la misma o, en defecto de fijación de plazo, en el de seis meses, contados desde su fecha en cualquier punto de Europa; y de doce, en los de fuera de ella, quedará nula de hecho y derecho.

LA REFERENCIA QUE EN ÉSTE ARTÍCULO SE HACÍA «EUROPA», DEBE ENTENDERSE REFERIDA A «AMÉRICA».

Libro tercero. Del comercio marítimo

Título primero. De los buques

Artículo 573. Los buques mercantes constituirán una propiedad que se podrá adquirir y transmitir por cualquiera de los medios reconocidos en el derecho, La adquisición de un buque deberá constar en documento escrito, el cual no producirá efecto, respecto a tercero, si no se inscribe en el Registro Mercantil,

También se adquirirá la propiedad de un buque por la posesión de buena fe, continuada por tres años, con justo título debidamente registrado.

Faltando alguno de estos requisitos, se necesitará la posesión continuada de diez años para adquirir la propiedad.

El capitán no podrá adquirir por prescripción el buque que mande.

VER LEYES 1247 DE 21 DE MAYO DE 1973 Y 1275 DE 13 DE JULIO DE 1974 QUE AUTORIZAN AL MINISTRO DE MARINA MERCANTE Y DE PUERTOS Y AL DIRECTOR DEL INSTITUTO NACIONAL DE LA PESCA RESPECTIVAMENTE A LA VENTA DE LOS BUQUES PERTENECIENTES A ESAS FLOTAS, LEY 1229 DE 21 DE AGOSTO DE 1970, CREADORA DEL MINISTERIO DE MARINA MERCANTE Y DE PUERTOS. LA CIRCULAR DE LA SECRETARÍA DE HACIENDA 276, DE 5 DE JULIO DE 1904.

Artículo 574. Los constructores de buques podrán emplear materiales y seguir, en lo relativo a su construcción y aparejos, los sistemas que más convengan a sus intereses. Los navieros y la gente de mar se sujetarán a lo que las leyes y reglamentos de Administración pública dispongan sobre navegación, aduanas, sanidad, seguridad de las naves y demás objetos análogos.

EL CONVENIO INTERNACIONAL DE 17 DE JUNIO DE 1950, DE LONDRES, QUE ENTRÓ EN VIGOR EN CUBA EL 26 DE MAYO DE 1965 REEMPLAZA LA CONVENCIÓN INTERNACIONAL PARA LA SEGURIDAD DE LA VIDA HUMANA EN EL MAR, FIRMADA EN GINEBRA EL 10 DE JUNIO DE 1948. (G. O. 29 DE ENERO DE 1965.)

EL CONVENIO INTERNACIONAL SOBRE LÍNEAS DE CARGA, DE 5 DE ABRIL DE 1966 FIRMADO EN LONDRES, RATIFICADO POR EL CONSEJO DE MINISTROS EL 24 DE AGOSTO DE 1968. (G. O. 6 DE JULIO DE 1969.)

EN JUNIO DE 1969 SE CELEBRÓ EN LONDRES UNA CONFERENCIA INTERNACIONAL SOBRE ARQUEO DE BUQUES BAJO LOS AUSPICIOS DE LA ORGANIZACIÓN INTERGUBERNAMENTAL CONSULTIVA DE LA NAVEGACIÓN MARÍTIMA (IMCO), LA CUAL APROBÓ EL CONVENIO INTERNACIONAL SOBRE ARQUEO DE BUQUES. NUESTRO PAÍS NO SE ENCUENTRA ADHERIDO A ESE CONVENIO.

EN CUBA EL ARQUEO SE DETERMINA CONFORME A LO DISPUESTO EN EL REGLAMENTO PARA EL ARQUEO DE LAS EMBARCACIONES MERCANTES ESTABLECIDO EN LA ISLA POR REAL DECRETO ESPAÑOL DE 1874.

EL DECRETO-LEY 1100 DE 30 DE SEPTIEMBRE DE 1943, DEROGÓ EL DECRETO PRESIDENCIAL 3283 DE 6 DE DICIEMBRE DE 1933 Y LA ORDEN GENERAL 5, DE LA EXTINGUIDA COMISIÓN MARÍTIMA CUBANA DE 13 DE ABRIL DE 1942 SOBRE CAMBIO DE BANDERAS EN BUQUES MERCANTES.

Artículo 575. Los partícipes en la propiedad de un buque gozan de derecho de tanteo y retracto en las ventas hechas a extraños; pero solo podrán utilizarlo dentro de los nueve días siguientes a la inscripción de la venta en el Registro y consignando el precio en el acto.

Artículo 576. Se entenderán siempre comprendidos en la venta del buque aparejo, respetos, pertrechos y máquinas si fuere de vapor, pertenecientes a él, que se hallen a la sazón en el dominio del vendedor.

No se considerarán comprendidos en la venta las armas, las municiones de guerra, los víveres ni el combustible.

El vendedor tendrá la obligación de entregar al comprador la certificación de la hoja de inscripción del buque en el Registro hasta la fecha de la venta.

Artículo 577. Si la enajenación del buque se verificase estando en viaje, corresponderán al comprador íntegramente los fletes que devengare en él desde que recibió el último cargamento, y será de su cuenta el pago de la tripulación y demás individuos que componen su dotación, correspondiente al mismo viaje.

Si la venta se realizare después de haber llegado el buque al puerto de su destino, pertenecerán los fletes al vendedor y será de su cuenta el pago de la tripulación y demás individuos que componen su dotación, salvo en uno y otro caso el pacto en contrario.

Artículo 578. Si hallándose el buque en viaje o en puerto extranjero, su dueño o dueños lo enajenaren voluntariamente, bien a cubanos o a extranjeros, con domicilio en capital o puerto de otra nación, la escritura de venta se otorgará ante el cónsul de Cuba del puerto en que rinda el viaje, y dicha escritura no surtirá efecto respecto de tercero, si no se inscribe en el Registro del consulado. El cónsul transmitirá inmediatamente copia auténtica de la escritura de compra y venta de la nave al Registro Mercantil del puerto en que se hallare inscrita y matriculada.

En todos los casos la enajenación del buque debe hacerse constar con la expresión de si el vendedor recibe en todo o en parte su precio o si, en parte o en todo, conserva algún crédito sobre el mismo buque. Para el caso en que la venta se haga a ciudadano cubano, se consignará el hecho en la patente de navegación.

Cuando, hallándose el buque en viaje, se inutilizare para navegar, acudirá el capitán al juez o Tribunal competente del puerto de arribada, si éste fuere cubano; si fuere extranjero, al cónsul de Cuba, si lo hubiere, al juez o Tribunal o la autoridad local, donde aquél no exista; y el cónsul o el juez o Tribunal, o, en su defecto, la autoridad local, mandará proceder al reconocimiento del buque.

Si residieren en aquel punto el consignatario o el asegurador o tuvieren allí representantes, deberán ser citados para que intervengan en las diligencias por cuenta de quien corresponda.

LA CONVENCIÓN SOBRE LA ALTA MAR DE 1958 APROBADA POR LA CONFERENCIA DE LAS NACIONES UNIDAS SOBRE EL DERECHO DEL MAR PROCLAMA EL DERECHO DE CADA ESTADO PARA ESTABLECER LOS REQUISITOS NECESARIOS PARA CONCEDER SU NACIONALIDAD A LOS BUQUES. VER NOTAS A LOS ARTÍCULOS 14 Y 573.

Artículo 579. Comprobado el daño del buque y la imposibilidad de su rehabilitación para continuar el viaje, se decretará la venta en pública subasta con sujeción a las reglas siguientes:

1. Se tasarán, previo inventario, el casco del buque, su aparejo, máquinas, pertrechos y demás objetos, facilitándose el conocimiento de estas diligencias a los que deseen interesarse en la subasta.

2. El auto o Decreto que ordene la subasta se fijará en los sitios de costumbre, insertándose su anuncio en los diarios del puerto donde se verifique el acto, si los hubiese, y en los demás que determine el Tribunal.

El plazo que se señale para la subasta no podrá ser menor de veinte días.

3. Estos anuncios se repetirán de diez en diez días y se harán constar su publicación en el expediente.

4. Se verificará la subasta el día señalado con las formalidades prescritas en el derecho común para las ventas judiciales.

5. Si la venta se verificase estando la nave en el extranjero, se observarán las prescripciones especiales que rijan para estos casos.

Artículo 580. En toda venta judicial de un buque para pago de acreedores tendrán prelación por el orden en que se enumeran:

1. Los créditos a favor del Estado que se justifiquen mediante certificación oficial de autoridad competente.

2. Las costas judiciales del procedimiento, según tasación aprobada por el Tribunal.

3. Los derechos de pilotaje, tonelaje y los de mar u otros de puertos, justificados con certificaciones bastantes de los jefes encargados de la recaudación.

4. Los salarios de los depositarios y guardas del buque y cualquier otro gasto aplicado a su conservación, desde la entrada en el puerto hasta la venta que resulten satisfechos o

adeudados en virtud de cuenta justificada y aprobada por el juez o Tribunal.

5. El alquiler del almacén donde se hubieren custodiado el aparejo y pertrechos del buque, según contrato.

6. Los sueldos debidos al capitán y tripulación en su último viaje, los cuales se comprobarán mediante liquidación que se haga en vista de los roles y de los libros de cuenta y razón del buque, aprobada por el jefe del ramo de marina mercante, donde lo hubiere, y, en su defecto, por el cónsul o Tribunal.

7. El reembolso de los efectos del cargamento que hubiere vendido el capitán para reparar el buque, siempre que la venta conste ordenada por auto judicial, celebrado con las formalidades exigidas en tales casos y anotada en la certificación de inscripción del buque.

8. La parte del precio que no hubiere sido satisfecho al último vendedor, los créditos pendientes de pago por materiales y mano de obra de la construcción del buque, cuando lo hubiere navegado, y los proveniente de reparar y equipar el buque y de proveerle de víveres y combustible en el último viaje.

Para gozar de esta preferencia, los créditos contenidos en el presente número deberán constar por contrato, inscripto en el Registro Mercantil o si fueren de los contraídos para el buque estando en viaje, y, no habiendo regresado al puerto de su matricula, estarlo con la autorización requerida para tales casos y anotados en la certificación de inscripción del mismo buque.

9. Las cantidades tomadas a la gruesa sobre el casco, quilla, aparejo y pertrechos del buque antes de su salida, justificadas con los contratos otorgados según derecho y anotados en el Registro Mercantil; las que hubiere tomado durante el

viaje, con la autorización expresada en el número anterior, llenando iguales requisitos; y la prima del seguro acreditada con la póliza del contrato o certificación sacada de los libros del Corredor.

10. La indemnización debida a los cargadores por el valor de los géneros embarcados que no se hubieren entregado a los consignatarios, o por averías sufridas de que sea responsable el buque, siempre que una y otras consten en sentencia judicial o arbitral.

VER NOTA AL ARTÍCULO 14. VER LEY-DECRETO 420, DE 12 DE MAYO DE 1954 QUE REGULA LA HIPOTECA NAVAL EN CUBA Y EL ARTÍCULO 1, DE LA LEY DECRETO 1559, DE 1.º DE AGOSTO DE 1954.

Artículo 581. Si el producto de la venta no alcanzare a pagar a todos los acreedores comprendidos en un mismo número o grado, el remanente se repartirá entre ellos a prorrata.

Artículo 582. Otorgada e inscrita en el Registro Mercantil la escritura de venta judicial hecha en pública subasta, se reputarán extinguidas todas las demás responsabilidades del buque en favor de los acreedores.

Pero si la venta fuere voluntaria y se hubiere hecho estando en viaje, los acreedores conservarán sus derechos contra el buque hasta que regrese al puerto de matrícula y tres meses después de la inscripción de la venta en el Registro o del regreso.

VER LEY 1229, DE 21 DE AGOSTO DE 1970 QUE CREÓ EL MINISTERIO DE MARINA MERCANTE Y DE PUERTOS.

Artículo 583. Si, encontrándose en viaje, necesitare el capitán contraer alguna o algunas de las obligaciones expresadas en los números 8 y 9 del Artículo 580, acudirá al juez o Tribunal, si fuese en territorio cubano, o si no, al cónsul de

Cuba, caso de haberlo, y en su defecto, al juez o Tribunal o Autoridad local correspondiente, presentando la certificación de la hoja de inscripción de que trata el Artículo 612 y los documentos que acrediten la obligación contraída.

El juez o Tribunal, el cónsul o la Autoridad local en su caso, en vista del resultado del expediente instruido, harán en la certificación la anotación provisional de su resultado para que se formalice en el Registro, cuando el buque llegue al puerto de su matricula, o para ser admitida, como legal y preferente obligación, en el caso de venta antes de su regreso, por haberse vendido el buque a causa de la declaración de incapacidad para navegar.

La omisión de esta formalidad impondrá al capitán la responsabilidad personal de los créditos perjudicados por su causa.

VER NOTA AL ARTÍCULO 14.

Artículo 584. Los buques afectos a la responsabilidad de los créditos expresados en el Artículo 580 podrán ser embargados y vendidos judicialmente, en la forma prevenida en el Artículo 579, en el puerto en que se encuentren, a instancia de cualquiera de los acreedores; pero si estuvieren cargados y despachados para hacerse a la mar, no podrá verificarse el embargo sino por deudas contraídas para aprestar y avitualllar el buque en aquel mismo viaje, y aún entonces cesará el embargo si cualquier interesado en la expedición diese fianza de que regresará el buque dentro del plazo fijado en la patente, obligándose, en caso contrario, aunque fuere fortuito, a satisfacer la deuda en cuanto sea legítima.

Por deudas de otra clase cualquiera, no comprendidas en el citado Artículo 580, solo podrá ser embargado el buque en el puerto de su matrícula.

Artículo 585. Para todos los efectos del derecho sobre los que no se hiciere modificación o restricción por los preceptos de este Código, seguirán los buques su condición de bienes muebles.

VIGENTE LA SOBERANÍA ESPAÑOLA SE PROMULGÓ EN ESPAÑA LA LEY DE HIPOTECA NAVAL, DE 21 DE AGOSTO DE 1893, PERO NO FUE HECHA EXTENSIVA A CUBA.

VÉASE CONVENIO INTERNACIONAL FIRMADO EN BRUSELAS EL 10 DE ABRIL DE 1926 SOBRE HIPOTECA NAVAL Y EL ARTÍCULO 2, DE LA LEY-DECRETO N.º 1420, DE 1954 SOBRE HIPOTECA NAVAL.

Título II. De las personas que intervienen en el comercio marítimo

Sección primera. De los propietarios del buque y de los navieros

Artículo 586. El propietario del buque y el naviero serán civilmente responsables de los actos del capitán y de las obligaciones contraídas por éste para reparar, habilitar y avituallar el buque, siempre que el acreedor justifique que la cantidad reclamada se invirtió en beneficio del mismo.

Se entiende por naviero la persona encargada de avituallar o representar el buque en el puerto en que se halle.

VÉASE CONVENIO INTERNACIONAL FIRMADO EN BRUSELAS EN 24 DE AGOSTO DE 1924 SOBRE RESPONSABILIDAD DE PROPIETARIOS DE BUQUES (SE COMPLETÓ EL DEPÓSITO DE LAS RATIFICACIONES EL 2 DE JUNIO DE 1930). NO SUSCRITO POR CUBA.

Artículo 587. El naviero será también civilmente responsable de las indemnizaciones en favor de tercero a que diere lugar la conducta del capitán en la custodia de los efectos que cargó en el buque; pero podrá eximirse de ella haciendo abandono del buque con todas sus pertenencias y de los fletes que hubiere devengado en el viaje.

Artículo 588. Ni el propietario del buque ni el naviero responderán de las obligaciones que hubiere contraído el capitán, si éste se excediere de las atribuciones y facultades que le corresponda por razón de su cargo, o le fueron conferidas por aquellos.

No obstante, si las cantidades reclamadas se invirtieron en beneficio del buque, la responsabilidad será de su propietario o naviero.

Artículo 589. Si dos o más personas fueren partícipes en la propiedad de un buque mercante, se presumirá constituida una Compañía por los copropietarios.

Esta Compañía se regirá por los acuerdos de la mayoría de sus socios.

Constituirá mayoría la relativa de los socios votantes.

Si los partícipes no fueren más de dos, decidirá la divergencia de parecer, en su caso, el voto del mayor partícipe. Si son iguales las participaciones, decidirá la suerte.

La representación de la parte menor que haya en la propiedad, tendrá derecho a un voto, y, proporcionalmente, los demás copropietarios tantos votos como partes iguales a la menor.

Por las deudas particulares de un partícipe en el buque no podrá ser éste detenido, embargado ni ejecutado en su totalidad, sino que el procedimiento se contraerá a la porción que en el buque tuviere el deudor, sin poner obstáculo a la navegación.

Artículo 590. Los copropietarios de un buque serán civilmente responsables, en la proporción de su haber social, a las resultas de los actos del capitán de que habla el Artículo 587.

Cada copropietario podrá eximirse de esta responsabilidad por el abandono, ante Notario, de la parte de propiedad del buque que le corresponda.

Artículo 591. Todos los copropietarios quedarán obligados, en la proporción de su respectiva propiedad, a los gastos de reparación del buque y a los demás que se lleven a cabo en virtud de acuerdo de la mayoría.

Asimismo responderán, en igual proporción, a los gastos de mantenimiento, equipo y pertrechamiento del buque necesarios para la navegación.

Artículo 592. Los acuerdos de la mayoría respecto a la reparación, equipo y avituallamiento del buque en el puerto de salida, obligarán a la minoría, a no ser que los socios en minoría renuncien a su participación que deberán adquirir los demás copropietarios, previa tasación judicial del valor de la parte o partes cedidas.

También serán obligatorios para la minoría los acuerdos de la mayoría sobre disolución de la Compañía y venta del buque.

La venta del buque deberá verificarse en pública subasta, con sujeción a las prescripciones de la Ley de Enjuiciamiento civil, a no ser que, por unanimidad, convengan en otra cosa los copropietarios, quedando siempre a salvo los derechos de tanteo y retracto consignados en el Artículo 575.

EL ÚLTIMO PÁRRAFO DE ESTE ARTÍCULO HA SIDO MODIFICADO POR HABER SIDO DEROGADA LA LEY DE ENJUICIAMIENTO CIVIL POR LA LEY DE PROCEDIMIENTO CIVIL Y ADMINISTRATIVO.

Artículo 593. Los propietarios de un buque tendrán preferencia en su fletamento sobre los que no lo sean, en igualdad de condiciones y precio. Si concurriesen dos o más de ellos a reclamar este derecho, será preferido el que tenga mayor participación; y si tuvieren la misma, decidirá la suerte.

Artículo 594. Los socios copropietarios elegirán el gestor que haya de representarlos con el carácter de naviero.

El nombramiento de director o naviero será revocable, a voluntad de los asociados.

Artículo 595. El naviero, ya sea al mismo tiempo propietario del buque o ya gestor de un propietario o de una asociación de copropietarios, deberá tener aptitud para comerciar y hallarse inscrito en la matrícula de comerciantes de la provincia (circunscripción).

El naviero representará la propiedad del buque y podrá, en nombre propio y con tal carácter, gestionar judicial y extrajudicialmente cuanto interese al comercio.

VER ARTÍCULOS 78 AL 87 DEL DECRETO 3278 DE 5 DE FEBRERO DE 1963; CONSIGNATARIOS.

Artículo 596. El naviero podrá desempeñar las funciones de capitán del buque con sujeción, en todo caso, a lo dispuesto en el Artículo 609.

Si dos o más copropietarios solicitaren para sí el cargo de capitán, decidirá la discordia el voto de los asociados; y si de la votación resultare empate, se resolverá en favor del copropietario que tuviere mayor participación en el buque.

Si la participación de los pretendientes fuere igual y hubiere empate, decidirá la suerte.

Artículo 597. El naviero elegirá y ajustará al capitán y contratará en nombre de los propietarios, los cuales quedarán obligados en todo lo que se refiera a reparaciones, pormenor de la dotación, armamento, provisiones de víveres y combustibles y fletes del buque y, en general, a cuanto concierna a las necesidades de la navegación.

Artículo 598. El naviero no podrá ordenar un nuevo viaje ni ajustar para él nuevo flete ni asegurar el buque sin autorización de su propietario o acuerdo de la mayoría de los copropietarios, salvo si en el acta de su nombramiento se le hubieren concedido estas facultades.

Si contratare el seguro sin autorización para ello, responderá subsidiariamente de la solvencia del asegurador.

Artículo 599. El naviero gestor de una asociación rendirá cuenta a sus asociados del resultado de cada viaje del buque, sin perjuicio de tener siempre a disposición de los mismos los libros y la correspondencia relativa al buque y a sus expediciones.

Artículo 600. Aprobada la cuenta del naviero gestor por mayoría relativa, los copropietarios satisfarán la parte de gastos proporcional a su participación, sin perjuicio de las acciones civiles o criminales que la minoría crea deber entablar posteriormente.

Para hacer efectivo el pago, los navieros gestores tendrán la acción ejecutiva que se despachará en virtud del acuerdo de la mayoría y sin otro trámite que el reconocimiento de las firmas de los que votaron el acuerdo.

Artículo 601. Si hubiera beneficios, los copropietarios podrán reclamar del naviero gestor el importe correspondiente a su participación por acción ejecutiva, sin otro requisito que el reconocimiento de las firmas del acta de aprobación de la cuenta.

Artículo 602. El naviero indemnizará al capitán de todos los gastos que, con fondos propios o ajenos, hubiera hecho en utilidad del buque.

Artículo 603. Antes de hacerse el buque a la mar, podrá el naviero despedir a su arbitrio al capitán e individuos de la tripulación cuyo ajuste no tenga tiempo o viaje determinado, pagándoles los sueldos devengados según sus contratas, y sin indemnización alguna, a no mediar sobre ellos pacto exceso y determinado.

VER LEY 1166, DE 23 DE SEPTIEMBRE DE 1964. LEY DE JUSTICIA LABORAL.

CONVENIO N.º 9, DE 10 DE JULIO DE 1920 CONCERNIENTE A LA COLOCACIÓN DE LOS MARINOS, ADOPTADO EN LA SEGUNDA REUNIÓN DE LA CONFERENCIA INTERNACIONAL DEL TRABAJO. PROMULGADO EL 20 DE AGOSTO DE 1928. (G. O. DE 19 DE OCTUBRE DE 1928.)

CONVENIO N.º 22 DE 2 DE JUNIO DE 1926, GINEBRA CONCERNIENTE AL CONTRATO DE SERVICIOS DE MARINOS ADOPTADO EN LA NOVENA REUNIÓN DE LA CONFERENCIA INTERNACIONAL DEL TRABAJO CELEBRADA EN GINEBRA. PROMULGADO EL 4 DE AGOSTO DE 1928. (G. O. DE 7 DE SEPTIEMBRE DE 1928.)

DECRETO-LEY 592, DE 16 DE OCTUBRE DE 1934. PROHIBICIÓN DE TRABAJO DE MENORES EN LOS BUQUES.

DECRETO-LEY 659, DE 6 DE NOVIEMBRE DE 1934. CONTRATACIÓN DE TRIPULANTES DE BUQUES. (G. O. DE 7 DE NOVIEMBRE.)

DECRETO-LEY 660, DE 6 DE NOVIEMBRE DE 1934. REPATRIACIÓN DE MARINOS POR CESE DE CONTRATO. MODIFICADO POR LA LEY-DECRETO 882, DE 27 DE MAYO DE 1953.

Artículo 604. Si el capitán u otro individuo de la tripulación fueren despedidos durante el viaje, percibirán su salario hasta que regresen al puerto donde se hizo el ajuste, a menos que hubiere justo motivo para la despedida; todo con arreglo a los Artículos 636 y siguientes de este Código.

Artículo 605. Si los ajustes del capitán e individuos de la tripulación con el naviero tuvieren tiempo o viaje determinado, no podrán ser despedidos hasta el cumplimiento de sus contratos, sino por causa de insubordinación en materia grave, robo, hurto, embriaguez habitual o perjuicio causado al buque o a su cargamento por malicia o negligencia manifiesta o probada.

EL CONVENIO N.º 72 RELATIVO A LAS VACACIONES PAGADAS A LA GENTE DE MAR, FUE APROBADO POR LA CONFERENCIA GENERAL DE LA ORGA-

NIZACIÓN INTERNACIONAL DEL TRABAJO EN LA SESIÓN DEL 6 DE JUNIO DE 1946; APROBADO POR EL CONSEJO DE MINISTROS DE CUBA EL 20 DE OCTUBRE DE 1953, RATIFICADO POR EL PODER EJECUTIVO EL 18 DE NOVIEMBRE DEL PROPIO AÑO. (G. O. E. DE 12 DE MARZO, DE 1954.)

Artículo 606. Siendo copropietario del buque el capitán no podrá ser despedido sin que el naviero le reintegre del valor de su porción social que, en defecto de convenio de las partes, se estimará por peritos nombrados en la forma que establece la Ley de Enjuiciamiento Civil.

EL TEXTO DE ESTE ARTÍCULO HA SIDO MODIFICADO POR HABER SIDO DEROGADA LA LEY DE ENJUICIAMIENTO CIVIL POR LA LEY DE PROCEDIMIENTO CIVIL Y ADMINISTRATIVO.

Artículo 607. Si el capitán copropietario hubiere obtenido el mando del buque por pacto especial expreso en el Acta de la Sociedad, no podrá ser privado de su cargo sino por las causas comprendidas en el Artículo 605.

Artículo 608. En caso de venta voluntaria del buque, caducará todo contrato entre el naviero y el capitán, reservándose a éste su derecho a la indemnización que le corresponda, según los pactos celebrados con el naviero.

El buque vendido quedará afecto a la seguridad del pago de dicha indemnización si, después de haberse dirigido la acción contra el vendedor, resultare este insolvente.

Sección segunda. De los capitanes y de los patrones de los buques

Artículo 609. Los capitanes y patrones deberán ser cubanos, tener aptitud legal para obligarse con arreglo a este Código, hacer constar la pericia, capacidad y condiciones necesarias para mandar y dirigir el buque, según establezcan las Leyes, Ordenanzas o Reglamentos de Marina o navegación y no estar inhabilitados con arreglo a ellos para el ejercicio del cargo.

Si el dueño de un buque quiere ser su capitán, careciendo de aptitud legal para ello, se limitará a la administración económica del buque, y encomendará la navegación a quien tenga la aptitud que exigen dichas Ordenanzas y Reglamentos.

VER ARTÍCULOS 83 AL 90 DEL DECRETO PRESIDENCIAL 3278 DE 5 DE FEBRERO DE 1963, REGLAMENTO DE LA LEY DE PROCEDIMIENTO ADUANAL. LEY 1229 DE 21 DE AGOSTO DE 1970.

EL CONSEJO DE MINISTROS APROBÓ CON FECHA 15 DE DICIEMBRE DE 1965 EL CONVENIO RELATIVO AL MÍNIMO DE CAPACIDAD PROFESIONAL DE LOS CAPITANES Y OFICIALES DE LA MARINA MERCANTE DE 24 DE OCTUBRE DE 1936, VIGENTE DESDE EL 5 DE FEBRERO DE 1962. (G. O. 17 DE MARZO DE 1962.)

MEDIANTE EL DECRETO 2003, DE 18 DE DICIEMBRE DE 1929 SE CREÓ LA ESCUELA NAVAL DEL MARIEL PARA PREPARAR LOS MARINOS MERCANTES.

LA ORDEN GENERAL 11, DE 15 DE JUNIO DE 1943 DE LA DESAPARECIDA COMISIÓN MARÍTIMA CUBANA, AUTORIZA A COMPLETAR A LOS ESTUDIANTES DE LA ESCUELA ANEXA DEL MARIEL LA PREPARACIÓN A BORDO DE LOS BUQUES.

Artículo 610. Serán inherentes al cargo de capitán o patrón del buque las facultades siguientes:

1. Nombrar o contratar la tripulación en ausencia del naviero, y hacer la propuesta de ella estando presente, pero sin que el naviero pueda imponerle ningún individuo contra su expresa negativa.

2. Mandar la tripulación y dirigir el buque al puerto de su destino, conforme a las instrucciones que hubiese recibido del naviero.

3. Imponer, con sujeción a los contratos y a las Leyes y Reglamentos de la marina mercante y estando a bordo, penas correccionales a los que dejen de cumplir sus órdenes o falten a la disciplina, instruyendo, sobre los delitos cometidos a bordo en la mar, la correspondiente sumaria, que entregará a las autoridades que de ella deban conocer en el primer puerto a que arribe.

4. Contratar el fletamento del buque en ausencia del naviero o su consignatario, obrando conforme a las instrucciones recibidas y procurando, con exquisita diligencia por los intereses del propietario.

5. Tomar todas las disposiciones convenientes para conservar el buque bien provisto y pertrechado, comprando, al efecto, lo que fuere necesario, siempre que no haya tiempo de pedir instrucciones al naviero.

6. Disponer, en iguales casos de urgencia, estando en viaje, las reparaciones en el casco y máquinas del buque y su aparejo y pertrechos que sean absolutamente precisos para que pueda continuar y concluir su viaje, pero si llegase a un punto en que existiese consignatario del buque, obrará de acuerdo con éste.

Artículo 611. Para atender a las obligaciones mencionadas en el Artículo anterior, el capitán, cuando no tuviere fondos ni esperase recibirlos del naviero, se los procurará según el orden sucesivo que se expresa:

1. Pidiéndolos a los consignatarios del buque o corresponsales del naviero.

2. Acudiendo a los consignatarios de la carga o a los interesados en ella.

3. Librando sobre el naviero.

4. Tomando la cantidad precisa por medio de préstamo a la gruesa.

5. Vendiendo la cantidad de carga que bastare a cubrir la suma absolutamente indispensable para reparar el buque y habilitarle para seguir su viaje.

En estos dos últimos casos habrá de acudir a la Autoridad judicial del puerto, siendo en Cuba, y al cónsul cubano, hallándose en el extranjero; y en donde no lo hubiere, a la Autoridad Local, procediendo con arreglo a lo dispuesto en el Artículo 583 y a lo establecido en la Ley de Enjuiciamiento Civil.

EL TEXTO DE ESTE ARTÍCULO HA SIDO MODIFICADO POR HABER SIDO DEROGADA LA LEY DE ENJUICIAMIENTO CIVIL POR LA LEY DE PROCEDIMIENTO CIVIL Y ADMINISTRATIVO.

EN CUBA LA FUNCIÓN DE AGENTE CONSIGNATARIO LA REALIZA LA EMPRESA DE CONSIGNATARIAS MAMBISAS, QUE TIENE AGENCIAS EN TODO LOS PUERTOS DE LA REPÚBLICA PARA ATENDER POR IGUAL A LOS BUQUES CUBANOS Y EXTRANJEROS.

Artículo 612. Serán inherentes al cargo de capitán las obligaciones que siguen:

1. Tener a bordo antes de emprender el viaje, un inventario detallado del casco, máquinas, aparejo, pertrechos, respetos y demás pertenencias del buque; la patente de navegación; el rol de los individuos que componen la dotación del buque y las contratas con ellos celebradas; la listas de pasajeros; la patente de sanidad; la certificación del Registro que acredite la propiedad del buque y todas las obligaciones que hasta aquella fecha pesaron sobre él; los contratos de fletamento o copias autorizadas de ellos; los conocimientos o guías de

la carga y el acta de la visita o reconocimiento pericial, si se hubiere practicado en el puerto de salida.

2. Llevar a bordo un ejemplar de este Código.

3. Tener tres libros foliados y sellados debiendo poner al principio de cada uno nota expresiva del número de folios que contenga, firmada por la autoridad de marina, y en su defecto, por la Autoridad competente.

En el primer libro, que se denominará «Diario de navegación», anotará día por día el estado de la atmósfera, los vientos que reinen, los rumbos que se hacen, el aparejo que se lleva, la fuerza de las máquinas con que se navegue, la distancias navegadas, las maniobras que se ejecuten y demás accidentes de la navegación; anotará también las averías que sufra el buque en su casco, máquinas, aparejo y pertrechos, cualquiera que sea la causa que las origine, así como los desperfectos y averías que experimente la carga y los efectos e importancia de la echazón, si ésta ocurriera; y en los casos de resolución grave que exija asesorarse o reunirse en junta a los oficiales de la nave y aún a la tripulación y pasajeros, anotará los acuerdos que se tomen. Para las noticias indicadas, se servirá del cuaderno de bitácora y del de vapor o máquinas que lleva el maquinista.

En el segundo libro, denominado «de Contabilidad», registrará todas las partidas que recaude y pague por cuenta del buque, anotando con toda especificación, Artículo por Artículo, la procedencia de lo recaudado y lo invertido en vituallas, reparaciones, adquisición de pertrechos o efectos, víveres, combustibles, aprestos, salarios y demás gastos, de cualquiera clase que sean. Además, insertará la lista de todos los individuos de la tripulación, expresando sus domicilios, sus sueldos y salarios y lo que hubieren recibido a cuenta, así directamente, como por entrega a sus familias.

En el tercer libro, titulado «de Cargamentos», anotará la entrada y salida de todas las mercaderías con expresión de las marcas y bultos, nombres de los cargadores y consignatarios, puertos de carga y descarga y los fletes que devenguen. En este mismo libro inscribirá los nombres y procedencia de los pasajeros, el número de bultos de sus equipajes y el importe de los pasajes.

4. Hacer, antes de recibir carga, con los oficiales de la tripulación y dos peritos, si lo exigieren los cargadores y pasajeros, un reconocimiento del buque, para conocer si se halla estanco, con el aparejo y máquinas en buen estado y con los pertrechos necesarios para una buena navegación, conservando certificación del acta de esta visita, firmada por todos los que la hubieren hecho bajo su responsabilidad.

Los peritos serán nombrados uno por el capitán del buque y otro, por los que pidan su reconocimiento, y en caso de discordia, nombrará un tercero la Autoridad de marina del puerto.

5. Permanecer constantemente en su buque con la tripulación mientras se recibe a bordo la carga y vigilar cuidadosamente su estiba; no consentir que se embarque ninguna mercancía o materia de carácter peligroso, como las substancias inflamantes o explosivas, si las precauciones que están recomendadas para sus envases y manejo y aislamiento; no permitir que se lleve sobre cubierta carga alguna que, por su disposición, volumen o peso, dificulte las maniobras marineras y pueda comprometer la seguridad de la nave, y en el caso de que la naturaleza de la mercancías, la índole especial de la expedición y principalmente la estación favorable en que aquella se emprenda, permitieran conducir sobre cubierta alguna carga deberá oír la opinión de los oficiales del buque y contar con la anuencia de los cargadores y del naviero.

6. Pedir práctico, a costa del buque, en todas las circunstancias que lo requieran las necesidades de la navegación, y más principalmente cuando haya de entrar en puerto, canal o río o tomar una rada o fondeadero que ni él ni los oficiales y tripulantes del buque conozcan.

7. Hallarse sobre cubierta en las recaladas y tomar el mando en las entradas y salidas de puertos, canales, ensenadas y ríos, a menos de no tener a bordo práctico en el ejercicio de sus funciones. No deberá pernoctar fuera del buque, sino por motivo grave o por razón de oficio.

8. Presentarse, así que tome puerto por arribada forzosa, a la Autoridad marítima, siendo en Cuba y al cónsul cubano; siendo en el extranjero, antes de las veinticuatro horas, y hacerle una declaración del nombre, matricula y procedencia del buque, de su carga y motivo de arribada, cuya declaración visarán la Autoridad o el cónsul si, después de examinarla, la encontraren aceptable, dándole la certificación oportuna para acreditar su arribo y los motivos que lo originaron. A falta de Autoridad marítima o de cónsul, la declaración deberá hacerse ante la Autoridad local.

9. Practicar las gestiones necesarias ante la Autoridad competente, para hacer constar en la certificación del Registro Mercantil del buque las obligaciones que contraiga conforme al Artículo 583.

10. Poner a buen recaudo y custodia todos los papeles y pertenencias del individuo de la tripulación que falleciere en el buque, formando inventario detallado, con asistencia de los testigos pasajeros o, en su defecto, tripulantes.

11. Ajustar su conducta a las reglas y preceptos contenidos en las instrucciones del naviero, quedando responsable de cuanto hiciere en contrario.

12. Dar cuenta al naviero desde el puerto donde arribe el buque, del motivo de su llegada, aprovechando la ocasión que le presten los semáforos, telégrafos, correos, etc., según los casos; poner en su noticia la carga que hubiere recibido, con especificación del nombre y domicilio de los cargadores, fletes que devengue y cantidades que hubiere tomado a la gruesa, avisarle su salida y cuantas operaciones y datos pueda interesar a aquél.

13. Observar las reglas sobre luces de situación y maniobras para evitar abordajes.

14. Permanecer a bordo en caso de peligro del buque, hasta perder la última esperanza de salvarlo, y, antes de abandonarlo, oír a los oficiales de la tripulación, estando a lo que decida la mayoría; y si tuviere que refugiarse en el bote, procurará, ante todo, llevar consigo los libros y papeles, y luego, los objetos de más valor, debiendo justificar en caso de pérdida de libros y papeles, que hizo cuanto pudo para salvarlos.

15. En caso de naufragio, presentar protesta en forma, en el primer puerto de arribada, ante la Autoridad competente o cónsul cubano, antes de las veinticuatro horas, especificando en ella todos los accidentes del naufragio, conforme al caso 8 de este Artículo.

16. Cumplir las obligaciones que impusieren las Leyes y los Reglamentos de navegación, Aduanas, Sanidad u otros.

VER ARTÍCULO 90 DEL DECRETO 3278 DE 5 DE FEBRERO DE 1963, DOMICILIO LEGAL DEL CAPITÁN. ARTÍCULO 88, OBLIGACIONES DEL CAPITÁN. ARTÍCULO 1 DE LA LEY 1190 DE 25 DE ABRIL DE 1966, SUPRIMIÓ EL DESPACHO CONSULAR DE LAS NAVES Y AERONAVES QUE DESDE EL EXTRANJERO SE DIRIJAN A NUESTRO PAÍS.

EL REGLAMENTO DE LA LEY 1092 DE 5 DE FEBRERO DE 1963, DISPONE QUE CUANDO SE REALICE LA INSPECCIÓN DE VISITA PARA DESPACHAR UN BUQUE RECIÉN LLEGADO A PUERTO, LOS FUNCIONARIOS QUE EFECTÚEN LA INSPECCIÓN DE VISITA DEBERÁN SOLICITAR LOS SIGUIENTES DOCUMENTOS:

1) DESPACHO O DESPACHOS DEL PUERTO O PUERTOS DE PROCEDENCIA.

2) PATENTE DEL BUQUE O EL DOCUMENTO QUE LO SUSTITUYA.

3) MANIFIESTO DE LA CARGA.

4) LISTA DE TRIPULANTES.

5) LISTA DE PERTENENCIAS DE LA TRIPULACIÓN.

6) LISTA DE PROVISIONES DEL BUQUE.

7) LISTA DE PASAJEROS.

8) LISTA DE EQUIPAJE.

9) MANIFIESTO DE PACOTILLA.

EN RELACIÓN A LOS PORMENORES DEL MANIFIESTO DE LA CARGA, VÉASE LA LEY DE PROCEDIMIENTO ADUANAL DE 5 DE FEBRERO DE 1963.

DOCUMENTOS EXIGIDOS A LOS BUQUES POR LA COMISIÓN PARA LA SEGURIDAD DE LA VIDA HUMANA EN EL MAR 1960.

1) CERTIFICADO DE SEGURIDAD PARA BUQUES DE PASAJE.

2) CERTIFICADO DE SEGURIDAD DE CONSTRUCCIÓN PARA BUQUES DE CARGA.

3) CERTIFICADO DE SEGURIDAD DE ARMAMENTOS PARA BUQUES DE CARGA.

4) CERTIFICADO DE SEGURIDAD RADIOTELEGRÁFICA PARA BUQUES DE CARGA.

5) CERTIFICADO DE SEGURIDAD RADIO TELEFÓNICA PARA BUQUES DE CARGA.

6) CERTIFICADO DE ARQUEO.

7) CERTIFICADO INTERNACIONAL DE FRANCOBORDO CONFORME A LO DISPUESTO SOBRE LÍNEAS DE CARGA DE 1966.

8) CERTIFICADO DE NAVEGABILIDAD.

Artículo 613. El capitán que navegare a flete común o al tercio no podrá hacer por su cuenta negocio alguno separado, y si lo hiciere, la utilidad que resulte pertenecerá a los desinteresados y las pérdidas cederán en su perjuicio particular.

Artículo 614. El capitán que habiendo concertado un viaje, dejare de cumplir su empeño sin mediar accidente fortuito o caso de fuerza mayor que se lo impida, indemnizará todos los daños que, por esta causa, irrogue, sin perjuicio de las sanciones penales a que hubiere lugar.

Artículo 615. Sin consentimiento del naviero, el capitán no podrá hacerse sustituir por otra persona, y si lo hiciere, además de quedar responsable de todos los actos del sustituto y obligado a las indicaciones expresadas en el **Artículo** anterior, podrán ser uno y otro destituidos por el naviero.

Artículo 616. Si se consumieran las provisiones y combustibles del buque antes de llegar al puerto de su destino, el capitán dispondrá de acuerdo con los Oficiales del mismo, arribar al más inmediato para reponerse de uno y otro; pero si hubiera a bordo personas que tuviesen víveres de su cuenta, podrá obligarse a que los entregue para el consumo común de cuantos se hallen a bordo, abonando su importe en el acto, o a lo más, en el primer puerto donde arribare.

Artículo 617. El capitán no podrá tomar dinero a la gruesa sobre el cargamento; y si lo hiciere, será ineficaz el contrato.

Tampoco podrá tomarlo para sus propias negociaciones sobre el buque, sino por la parte de que fuere propietario, siempre que anteriormente no hubiere tomado gruesa alguna sobre la totalidad, ni exista otro género de empeño u obligación a cargo del buque. Pudiendo tomarlo, deberá expresar necesariamente cuál sea su participación en el buque.

En caso de contravención a este **Artículo**, serán de cargo privativo del capitán el capital, créditos y costas, y el naviero podrá además despedirlo.

Artículo 618. El capitán será responsable civilmente para que el naviero y éste, para con los terceros que hubieren contratado con él:

1. De todos los daños que sobrevienen al buque y su cargamento por impericia o descuido de su parte. Si hubiere mediado delito o falta, lo será con arreglo al Código de Defensa Social.

2. De las sustracciones y latrocinios que se cometieren por la tripulación, salvo su derecho a repetir contra los culpables.

3. De las pérdidas, multas y confiscaciones que se impusieren por contravenir a las leyes y reglamentos de Aduanas, Policía, Sanidad y Navegación.

4. De los daños y perjuicios que se causaren por discordias que se susciten en el buque o por faltas cometidas por la tripulación en el servicio y defensa del mismo, si no probare que usó oportunamente de toda la extensión de su autoridad para prevenirlas o evitarlas.

5. De los que sobrevengan por el mal uso de las facultades y falta en el cumplimiento de las obligaciones que le corresponden conforme a los Artículos 610 y 612.

6. De los que se originen por haber tomado derrota contraria a la que debía, o haber variado de rumbo sin justa cau-

sa, a juicio de la junta de oficiales del buque, con asistencia de los cargadores o sobrecargos que se hallaren a bordo,

No le eximirá de esta responsabilidad excepción alguna.

7. De los que resulten por entrar voluntariamente en puerto distinto del de su destino, fuera de los casos o sin las formalidades de que habla el Artículo 612.

8. De los que resulten por inobservancia de las prescripciones del Reglamento de situaciones de luces y maniobras para evitar abordajes.

Artículo 619. El capitán responderá del cargamento desde que se hiciere entrega de él en el muelle o al costado a flote en el puerto en donde se cargue, hasta que lo entrega a la orilla o en el muelle del puerto de la descarga, a no haberse pactado expresamente otra cosa.

Artículo 620. No será responsable el capitán de los daños que sobreviniere al buque o al cargamento por fuerza mayor; pero lo será siempre, sin que valga pacto en contrario, de los que se ocasionen por sus propias faltas.

Tampoco será personalmente responsable el capitán de las obligaciones que hubiere contraído para atender a la reparación, habilitación y avituallamiento del buque, las cuales recaerán sobre el naviero, a no ser que aquel hubiere comprometido terminantemente su propia responsabilidad o suscrito letra o pagaré a su nombre.

Artículo 621. El capitán que tome dinero sobre el casco, máquina, aparejo o pertrechos del buque, o empeñe o venda mercaderías o provisiones fuera de lo casos y sin las formalidades prevenidas en este Código, responderá del capital, créditos y costas e indemnizar los perjuicios que ocasione.

El que cometa fraude en sus cuentas reembolsará la cantidad defraudada y quedará sujeto a lo que disponga el Código de Defensa Social.

Artículo 622. Si, estando en viajes, llegare la noticia del capitán que habían aparecido corsarios o buques de guerra contra su pabellón, estará obligado a arribar al puerto neutral más inmediato, dar cuenta a su naviero o cargadores y esperar la ocasión de navegar en conserva o a que pase el peligro o a recibir órdenes terminantes del naviero o de los cargadores.

VER LEY 1226 DE 16 DE SEPTIEMBRE DE 1969 SOBRE SECUESTRO DE NAVES AÉREAS Y MARÍTIMAS.

Artículo 623. Si se viere atacado por algún corsario y después de haber procurado evitar el encuentro y de haber resistido la entrega de los efectos del buque o su cargamento, le fueren tomados violentamente o se viere en la necesidad de entregarlos, formalizará de ello asiento en el libro de cargamento y justificará el hecho ante la autoridad competente en el primer puerto donde arribe.

Justificada la fuerza mayor, quedará exento de responsabilidad.

Artículo 624. El capitán que hubiese corrido temporal o considerase haber sufrido la carga daño o avería, hará sobre ello propuesta ante la autoridad competente en el primer puerto donde arribe, dentro de las veinticuatro horas siguientes a su llegada, y la ratificará dentro del mismo término, luego que llegue al punto de su destino, procediendo enseguida a la justificación de los hechos, sin poder abrir las escotillas hasta haberla verificado,

Del mismo modo habrá de proceder el capitán si, habiendo naufragado su buque, se salvase solo o con parte de su tripulación, en cuyo caso se presentará a la autoridad más inmediata, haciendo relación jurada de los hechos.

La autoridad o el cónsul en el extranjero, comprobará los hechos referidos, recibiendo declaración jurada a los individuos de la tripulación y pasajeros que se hubieren salvado; y, tomando las demás disposiciones que conduzcan para averiguar el caso, pondrá testimonio de lo que resulte del expediente en el libro de navegación y en el del piloto, y entregará al capitán el expediente original, sellado y foliado, con notas de los folios que deberá rubricar para que lo presente al juez o Tribunal del puerto de su destino.

La declaración del capitán hará fe si estuviere conforme con las de la tripulación y pasajeros; si discordare, se estará a lo que resulte de éstas, salvo siempre la prueba en contrario.

VER NOTA AL ARTÍCULO 14.

Artículo 625. El capitán, bajo su responsabilidad personal así que llegue al puerto de su destino, obtenga el permiso necesario de las oficinas de Sanidad y Aduanas, y cumpla las demás formalidades que los reglamentos de la Administración exijan, hará entrega del cargamento, sin desfalco a los consignatarios y, en su caso, del buque, aparejos y fletes al naviero.

Si por ausencia del consignatario, o por no presentarse portador legítimo de los conocimientos, ignorase el capitán a quien debiera hacer legítimamente la entrega del cargamento, lo pondrá a disposición del juez o Tribunal o Autoridad a quien corresponda a fin de que resuelva lo conveniente a su depósito, conservación y custodia.

Sección tercera. De los oficiales y tripulación del buque

Artículo 626. Para ser piloto será necesario:

1. Reunir las condiciones que exijan las Leyes o Reglamentos de Marina o Navegación.
2. No estar inhabilitado con arreglo a ellos para el desempeño de su cargo.

LA RESOLUCIÓN DEL MINISTERIO DEL TRABAJO DE 6 DE AGOSTO DE 1947, DISPONE QUE EL MAQUINISTA NAVAL TIENE EL CONCEPTO LEGAL DE OFICIAL.

Artículo 627. El piloto, como segundo jefe del buque y mientras el naviero no acuerde otra cosa, sustituirá al capitán en los casos de ausencia, enfermedad o muerte, y entonces asumirá todas sus atribuciones, obligaciones y responsabilidades.

Artículo 628. El piloto deberá ir provisto de las cartas de los mares en que va a navegar, de las tablas e instrumentos de reflexión que estén en uso y son necesarios para el desempeño de su cargo, siendo responsable de los accidentes a que diere lugar por su omisión en esa parte.

Artículo 629. El piloto llevará particularmente y por sí, un libro foliado y sellado en todas sus hojas, denominado «Cuaderno de bitácora», con nota al principio expresiva del número de las que contenga, firmado por la Autoridad competente, y en él registrará diariamente las distancias, los rumbos navegados, la variación de la aguja, el abatimiento, la dirección y fuerza del viento, el estado de la atmósfera y del mar, el aparejo que se lleve largo, la latitud y longitud observada, el número de hornos encendidos, la presión del vapor, el número de revoluciones y, bajo el nombre de «Acaecimientos», las maniobras que se ejecuten, los encuentros con otros buques, y todos los particulares y accidentes que ocurran durante la navegación.

Artículo 630. Para variar de rumbo y tomar el más conveniente al buen viaje del buque, se pondrán de acuerdo el piloto con el capitán. Si éste se opusiere, el piloto le expondrá las observaciones convenientes, en presencia de los demás Oficiales de mar. Si todavía insistiere el capitán en su resolución negativa, el piloto hará la oportuna protesta, firmada por él y por otro de los Oficiales en el libro de navegación, y, obedecerá al capitán, quien será el único responsable de las consecuencias de su disposición.

Artículo 631. El piloto responderá de todos los perjuicios que se causaren al buque y al cargamento por su descuido e impericia, sin perjuicio de la responsabilidad criminal a que hubiere lugar, si hubiere mediado delito o falta.

Artículo 632. Serán obligaciones del contramaestre:

1. Vigilar la conservación del casco y aparejo del buque y encargarse de la de los enseres y pertrechos que forman su pliego de cargo, proponiendo al capitán las reparaciones necesarias y el reemplazo de los efectos y pertrechos que se inutilicen y excluyan.

2. Cuidar del buen orden del cargamento, manteniendo el buque expedito para la maniobra.

3. Conservar el orden, la disciplina y el buen servicio de la tripulación, pidiendo al capitán las órdenes e instrucciones convenientes y dándole pronto aviso de cualquier ocurrencia en que fuere necesaria la intervención de su autoridad.

4. Designar a cada marinero el trabajo que deba hacer a bordo, conforme a las instrucciones recibidas, y velar sobre su ejecución con puntualidad y exactitud.

5. Encargarse por inventario del aparejo y de todos los pertrechos del buque, si se procediere a desarmarlo, a no ser que el naviero hubiere dispuesto otra cosa.

Respecto de los maquinistas, regirán las reglas siguientes:

1. Para poder ser embarcado como maquinista naval formando parte de la dotación de un buque mercante, será necesario reunir las condiciones que las Leyes y Reglamentos exijan, y no estar inhabilitado con arreglo a ellas para el desempeño de su cargo. Los maquinistas serán considerados

como oficiales de la nave; pero no ejercerán mando ni intervención sino en lo que se refiere al aparato motor.

2. Cuando existan dos o más maquinistas embarcados en un buque, hará uno de ellos de jefe, y estarán a sus órdenes los demás maquinistas y todo el personal de las máquinas, tendrá, además, a su cargo el aparato motor, las piezas de repuesto, instrumentos y herramientas que al mismo conciernen, el combustible, las materias lubricadoras y cuanto, en fin, constituye a bordo el cargo del maquinista.

3. Mantendrá las máquinas y calderas en buen estado de conservación y limpieza, y dispondrá lo conveniente a fin de que estén siempre dispuestas para funcionar con regularidad, siendo responsable de los accidentes o averías que, por su descuido o impericia, se causen al aparato motor, al buque y al cargamento, sin perjuicio de la responsabilidad criminal a que hubiere lugar si resultase probado haber mediado delito o falta.

4. No emprenderá ninguna modificación en el aparato motor, ni procederá a remediar las averías que hubiese notado en el mismo, ni alterará el régimen normal de su marcha, sin la autorización previa del capitán, al cual, si se opusiera a que se verificasen, le expondrá las observaciones convenientes en presencia de los demás maquinistas u oficiales; y, si, a pesar de esto, el capitán insistiese en su negativa, el maquinista jefe hará la oportuna protesta, consignándola en el cuaderno de máquinas, y obedecerá al capitán, que será el único responsable de las consecuencias de su disposición.

5. Dará cuenta al capitán de cualquier avería que ocurra en el aparato motor; y le avisará cuando haya que parar las máquinas por algún tiempo, u ocurra algún accidente en su departamento del que deba tener noticia inmediata el capitán

enterándole, además, con frecuencia acerca del consumo de combustible y materias lubricadoras.

6. Llevará un libro o registro titulado «Cuaderno de máquinas», en el cual se anotarán todos los datos referentes al trabajo de las maquinas; como son, por ejemplo: el número de hornos encendidos, las presiones del vapor en las calderas y cilindros, el vacío en el condensador, las temperaturas, el grado de saturación del agua en las calderas, el consumo del combustible y de materias lubricadoras, y, bajo el epígrafe de «Ocurrencias notables», las averías y descomposiciones que ocurran en máquinas y calderas, las causas que las produjeron y los medios empleados para repararlas; también se indicarán, tomando los datos del cuaderno de bitácora, la fuerza y dirección del viento, el aparejo largo y el andar del buque.

Artículo 633. El contramaestre tomará el mando del buque en caso de imposibilidad o inhabilitación del capitán y piloto, asumiendo entonces sus atribuciones y responsabilidad.

Artículo 634. El capitán podrá componer la tripulación de su buque con el número de hombres que considere conveniente, y, a falta de marineros cubanos, podrá embarcar extranjeros avecindados en el país, sin que su número pueda exceder de la quinta parte de la tripulación. Cuando en puertos extranjeros no encuentre el capitán suficiente número de tripulantes nacionales, podrá completar la tripulación con extranjeros, con anuencia del cónsul o Autoridad de Marina.

Las contratas que el capitán celebre con los individuos de la tripulación y demás que componen la dotación del buque, y a que se hace referencia en el Artículo 612, deberán constar por escrito en el libro de Contabilidad, sin intervención de Notario o secretario Judicial, firmadas por los otorgantes y visadas por la Autoridad de Marina, si se extiende en territorio cubano (en los demonios españoles, dice el texto original), o por los cónsules o Agentes Consulares de Cuba si se verifica en el extranjero enumerando en ellas todas las obligaciones que cada uno contraiga y todos los derechos que adquiera cuidando aquellas Autoridades de que estas obligaciones y derechos se consignen de un modo claro y terminante que no de lugar a dudas ni reclamaciones.

El capitán cuidará de leerles los artículos de este Código que les conciernen, haciendo expresión de la lectura en el mismo documento.

Teniendo el libro los requisitos prevenidos en el Artículo 612 y no apareciendo indicio de alteración en sus partidas, hará fe en las cuestiones que ocurran entre el capitán y la tripulación sobre las contratas extendidas en él y las cantidades entregadas a cuenta de las mismas. Cada individuo de la tripulación podrá exigir al capitán una copia, firmada por éste, de la contrata de la liquidación de sus haberes, tales como resulten del libro.

EL ARTÍCULO 3, INCISO E) DE LA LEY 1229, DE 21 DE AGOSTO DE 1970, FACULTA AL MINISTRO DE MARINA MERCANTE Y DE PUERTOS PARA DESIGNAR, TRASLADAR Y SEPARAR AL PERSONAL DEL MINISTERIO DE ACUERDO CON LA LEGISLACIÓN VIGENTE.

LA RESOLUCIÓN DEL MINISTERIO DEL TRABAJO N.° 8, DE 2 DE ENERO DE 1975, DISPONE QUE SE CONSIDERA PERÍODO DE PRUEBA PARA LOS TRABAJADORES QUE INGRESEN EN LOS BUQUES DE LA MARINA MERCANTE EL TÉRMINO DE DURACIÓN DE LA TRAVESÍA.

VER LEY 1166 DE 23 DE SEPTIEMBRE DE 1964.

CONVENIO N.º 7 DE 10 DE JULIO DE 1920, GÉNOVA, CONCERNIENTE A FIJAR LA EDAD MÍNIMA PARA LA ADMISIÓN DE LOS NIÑOS EN TRABAJOS MARÍTIMOS, ADOPTADO EN LA SEGUNDA REUNIÓN DE LA CONFERENCIA INTERNACIONAL DEL TRABAJO CELEBRADA EN GÉNOVA, ITALIA. PROMULGADO EL 20 DE AGOSTO DE 1928. (G. O. 19 DE OCTUBRE DE 1928.)

CONVENIO ADOPTADO POR LA CONFERENCIA GENERAL DE LA ORGANIZACIÓN INTERNACIONAL DEL TRABAJO DE GINEBRA DE 1926.

Artículo 635. El hombre de mar contratado para servir en un buque, no podrá rescindir su empeño ni dejar de cumplirlo, sino por impedimento legítimo que le hubiere sobrevenido.

Tampoco podrá pasar del servicio de un buque al de otro sin obtener permiso escrito del capitán de aquel en que estuviere.

Si, no habiendo obtenido esta licencia, el hombre de mar contratado en un buque se contratare en otro, será nulo el segundo contrato, y el capitán podrá elegir entre obligarle a cumplir el servicio a que primeramente se hubiera obligado, o buscar, a expensas de aquél, quien le sustituya.

Además, perderá los salarios que hubiere devengado en su primer empeño a beneficio del buque en que estaba contratado.

El capitán que, sabiendo que el hombre de mar está al servicio de otro buque, le hubiere nuevamente contratado sin exigirle el permiso de que tratan los párrafos anteriores, responderá subsidiariamente al del buque a que primero pertenezca el hombre de mar, por la parte que éste no pudiere satisfacer, de la indemnización de que trata el párrafo tercero de este Artículo.

Artículo 636. No constando el tiempo determinado por el cual se ajustó un hombre de mar, no podrá ser despedido hasta la terminación del viaje de ida y vuelta al puerto de su matrícula.

CONVENIO N.º 22 DE 23 DE JUNIO DE 1926 GINEBRA CONCERNIENTE A LA REPATRIACIÓN DE MARINOS, ADOPTADO EN LA NOVENA REUNIÓN DE LA CONFERENCIA INTERNACIONAL DEL TRABAJO CELEBRADA EN GINEBRA, SUIZA. PROMULGADO EL 4 DE AGOSTO DE 1928. (G. O. DE 7 DE SEPTIEMBRE DE 1928.)

Artículo 637. El capitán tampoco podrá despedir al hombre de mar durante el tiempo de su contrata sino por justa causa, reputándose tal cualquiera de las siguientes:

1. Perpetración de delito que perturbe el orden en el buque.
2. Reincidencia en faltas de subordinación, disciplina o cumplimiento del servicio.
3. Ineptitud y negligencia reiteradas en el cumplimiento del servicio que deba prestar.
4. Embriaguez habitual.
5. Cualquier suceso que incapacite al hombre de mar para ejecutar el trabajo de que estuviere encargado, salvo lo dispuesto en el Artículo 644.
6. La deserción.

Podrá, no obstante, el capitán, antes de emprender el viaje y sin expresar razón alguna, rehusar que vaya a bordo el hombre de mar que hubiese ajustado, y dejarlo en tierra, en cuyo caso habrá de pagarle su salario como si hiciese servicio.

Esta indemnización saldrá de la masa de los fondos del buque, si el capitán hubiera obrado por motivos de prudencia y en interés de la seguridad y buen servicio de aquél. No siendo así, será de cargo particular del capitán.

Comenzada la navegación, durante ésta y hasta concluido el viaje, no podrá el capitán abandonar a hombre alguno de su tripulación en tierra ni en mar, a menos de que, como reo de algún delito, proceda su prisión y entrega a la Autoridad competente en el primer puerto de arribada, caso para el capitán obligatorio.

Artículo 638. Si contratada la tripulación, se revocare el viaje por voluntad del naviero o de los fletadores, antes o después de haberse hecho el buque a la mar, o se diere al buque por igual causa distinto destino de aquel que estaba determinado en el ajuste de la tripulación, será ésta indemnizada por la rescisión del contrato, según los casos, a saber:

1. Si la revocación del viaje se acordase antes de salir el buque del puerto, se dará a cada uno de los hombres de mar ajustados una mesada de sus respectivos salarios, además del que le corresponda recibir, con arreglo a sus contratos, por el servicio prestado en el buque hasta la fecha de la revocación.

2. Si el ajuste hubiere sido por una cantidad alzada por todo el viaje, se graduará lo que corresponda a dicha mesada y dietas, prorrateándolas en los días que por aproximación debiera aquél durar a juicio de peritos, en la forma establecida por la Ley de Enjuiciamiento Civil y si el viaje proyectado fuere de tan corta duración que se calculase aproximadamente de un mes, la indemnización se fijará en quince días, descontando en todos los casos las sumas anticipadas.

3. Si la revocación ocurriese habiendo salido el buque a la mar, los hombres ajustados en una cantidad alzada por el viaje, devengarán íntegro el salario que se les hubiere ofreci-

do, como si el viaje hubiese terminado; y los ajustados por meses percibirán el haber correspondiente al tiempo que estuvieren embarcados y al que necesiten para llegar al puerto, término del viaje, debiendo además, el capitán proporcionar a unos y a otros pasajes para el mismo puerto, o bien para el de la expedición del buque según les conviniere.

4. Si el naviero o los fletantes del buque dieren a éste destino diferente del que estaba determinado en el ajuste, y los individuos de la tripulación no prestaren su conformidad, se les abonará por indemnización, la mitad de lo establecido en el caso primero además de lo que se les adeudare por la parte del haber mensual correspondiente a los días transcurridos desde sus ajustes.

Si aceptaren la alteración, y el viaje, por la mayor distancia o por otras circunstancias, diere lugar a un aumento de retribución, se regulará ésta privadamente, o por amigables componedores en caso de discordia. Aunque el viaje se limite a punto más cercano, no podrá por ello hacerse baja alguna al salario convenido.

Si la revocación o alteración del viaje procediere de los cargadores o fletadores, el naviero tendrá derecho a reclamarles la indemnización que corresponda en justicia.

EL TEXTO DE ESTE ARTÍCULO HA SIDO MODIFICADO POR HABER SIDO DEROGADA LA LEY DE ENJUICIAMIENTO CIVIL POR LA LEY DE PROCEDIMIENTO CIVIL ADMINISTRATIVO.

Artículo 639. Si la revocación del viaje procediere de justa causa independiente de la voluntad del naviero y cargadores, y el buque no hubiere salido del puerto, los individuos de la tripulación no tendrán otro derecho que el de cobrar los salarios devengados hasta el día en que se hizo la revocación.

Artículo 640. Serán causas justas para la revocación del viaje:

1. La declaración de guerra o interdicción del comercio con la Potencia a cuyo territorio hubiera de dirigirse el buque.

2. El estado de bloqueo del puerto de su destino, o peste que sobreviniere después del ajuste.

3. La prohibición de recibir en el mismo puerto los géneros que compongan el cargamento del buque.

4. La detención o embargo del mismo por orden del Gobierno, o por otra causa independiente de la voluntad del naviero.

5. La inhabilitación del buque para navegar.

Artículo 641. Si, después de emprendido el viaje, ocurriere alguna de las tres primeras causas expresadas en el Artículo anterior, serán pagados los hombres de mar en el puerto a donde el capitán creyere conveniente arribar en beneficio del buque y cargamento, según el tiempo que hayan servido en él, pero si el buque hubiere de continuar su viaje, podrán el capitán y la tripulación exigirse mutuamente el cumplimiento del contrato.

En el caso de ocurrir la causa cuarta, se continuará pagando a la tripulación la mitad de su haber, si el ajuste hubiera sido por meses, pero si la detención excediere de tres, quedará rescindido el empeño, abonando a los tripulantes la cantidad que les habría correspondido percibir, según su contrato, concluido el viaje. Y si el ajuste hubiere sido por un tanto el viaje, deberá cumplirse el contrato, en los términos convenidos.

En el caso quinto, la tripulación no tendrá más derecho que el de cobrar los salarios devengados; más si la inhabilitación del buque procediere de descuido o impericia del capitán, del maquinista o del piloto, indemnizarán a la tripulación de los perjuicios sufridos, salvo siempre la responsabilidad criminal a que hubiere lugar.

Artículo 642. Navegando la tripulación a la parte, no tendrá derecho, por causa de revocación, demora o mayor extensión de viaje, más que a la parte proporcional que le corresponda en la indemnización que hagan al fondo común del buque las personas responsables de aquellas ocurrencias.

Artículo 643. Si el buque y su carga se perdieren totalmente por apresamiento o naufragio, quedará extinguido todo derecho, así por parte de la tripulación para reclamar salario alguno, como por la del naviero para el reembolso de las anticipaciones hechas.

Si se salvare alguna parte del buque o del cargamento, o de uno y otro, la tripulación ajustada a sueldo, incluso el capitán, conservará su derecho sobre el salvamento hasta donde alcancen, así los restos del buque, como el importe de los fletes de la carga salvada; más los marineros que naveguen a la parte del flete, no tendrán derecho alguno sobre el salvamento del casco, sino sobre la parte del flete salvado. Si hubieran trabajado para recoger los restos del buque naufrago, se les abonará, sobre el valor de lo salvado, una gratificación proporcionada a los esfuerzos hechos y a los riesgos arrostrados para conseguir el salvamento.

CONVENIO N.º 8 DE 10 DE JULIO DE 1920, GÉNOVA, REFERENTE A LA INDEMNIZACIÓN POR PARO FORZOSO EN CASO DE PÉRDIDA POR NAUFRAGIO DE BUQUES, ADOPTADO EN LA SEGUNDA REUNIÓN DE TRABAJO CELEBRADA EN LA CIUDAD DE GÉNOVA, ITALIA. PROMULGADO EL 20 DE AGOSTO DE 1928. (G. O. DE 19 DE OCTUBRE DE 1928.)

Artículo 644. El hombre de mar que enfermare no perderá su derecho al salario durante la negación, a no proceder la enfermedad de un acto suyo culpable. De todos modos, se suplirá del fondo común el gasto de la asistencia y curación a calidad de reintegro.

Si la dolencia procediere de herida recibida en servicio o defensa del buque, el hombre de mar será asistido y curado por cuenta del fondo común, deduciéndose ante todo de los productos del flete los gastos de asistencia y curación.

VER LEY 1100 DE 27 DE MARZO DE 1963.

Artículo 645. Si el hombre de mar muriese durante la navegación, se abonará a sus herederos lo ganado y no percibido de su haber, según su ajuste y la ocasión de su muerte, a saber:

Si hubiere fallecido de muerte natural y estuviere ajustado a sueldo, se le abonará lo devengado hasta el día de su fallecimiento.

Si el ajuste hubiere sido a un tanto por viaje, le corresponderá la mitad de lo devengado, si el hombre de mar falleció en la travesía a la ida, y el todo, si navegando a la vuelta.

Y si el ajuste hubiere sido a la parte y la muerte hubiere ocurrido después de emprendido el viaje, se abonará a los herederos toda la parte correspondiente al hombre de mar; pero habiendo éste fallecido, antes de salir el buque del puerto, no tendrán los herederos derecho a reclamación alguna.

Si la muerte hubiere ocurrido en defensa del buque, el hombre de mar será considerado vivo y se abonará a sus herederos, concluido el viaje, la totalidad de los salarios o la parte íntegra de utilidades que le correspondieren, como a los demás de su clase.

En igual forma se considerará presente al hombre de mar apresado defendiendo el buque, para gozar de los mismos beneficios que los demás; pero habiéndolo sido por descuido u otro accidente sin relación con el servicio, solo percibirá los salarios devengados hasta el día de su apresamiento.

VER LEY 1100 DE 27 DE MARZO 1963. CONVENIO N.º 16, DE 19 DE NOVIEMBRE DE 1921, GINEBRA. CONCERNIENTE AL EXAMEN MÉDICO OBLIGATORIO DE LOS NIÑOS Y JÓVENES EMPLEADOS A BORDO DE LOS BUQUES ADOPTADO EN LA TERCERA REUNIÓN DE LA CONFERENCIA INTERNACIONAL DEL TRABAJO CELEBRADA EN GINEBRA, SUIZA. PROMULGADO EL 4 DE AGOSTO DE 1928. (G. O. DE 7 DE SEPTIEMBRE DE 1928.)

Artículo 646. El buque con sus máquinas, aparejo, pertrechos y fletes, estará afecto a la responsabilidad de los salarios devengados por la tripulación ajustada a sueldo o por viaje, debiéndose hacer la liquidación y pago en el intermedio de una expedición a otra.

Emprendida una nueva expedición, perderán la preferencia los créditos de aquella clase procedentes de la anterior.

Artículo 647. Los oficiales y la tripulación del buque quedarán libres de todo compromiso, si lo estiman oportuno, en los casos siguientes:

1. Si antes de comenzar el viaje intentare el capitán variarlo, o si sobreviniere una guerra marítima con la Nación a donde el buque estaba destinado.

2. Si sobreviniere y se declarase oficialmente una enfermedad epidémica en el puerto de destino.

3. Si el buque cambiase de propietario o de capitán.

Artículo 648. Se entenderá por dotación de un buque el conjunto de todos los individuos embarcados, de capitán a paje, necesarios para su dirección, maniobras y servicio y, por lo tanto, estarán comprendidos en la dotación la tripulación, los pilotos maquinistas, fogoneros y demás cargos de a bordo no especificados; pero no lo estarán los pasajeros ni los individuos que el buque llevare de transporte.

VER CONVENIO N.º 91, RELATIVO A LAS VACACIONES PAGADAS A LOS MARINOS. N.º 92, RELATIVO AL ALOJAMIENTO DE LA TRIPULACIÓN A BORDO Y N.º 93 RELATIVO AL SALARIO Y DURACIÓN DEL TRABAJO A BORDO. RATIFICADOS POR EL EJECUTIVO CON FECHA 18 DE ABRIL DE 1952. (G. O. E. N.º 72 DE 6 DE AGOSTO DE 1952.)

EL CONVENIO N.º 72 DE GINEBRA, RELATIVO A LAS VACACIONES PAGADAS A LA GENTE DE MAR, APROBADO POR LA CONFERENCIA GENERAL DE LA ORGANIZACIÓN INTERNACIONAL DEL TRABAJO. RATIFICADO POR EL EJECUTIVO EL DÍA 18 DE NOVIEMBRE DE 1953.

Sección cuarta. De los sobrecargos

Artículo 649. Los sobrecargos desempeñarán a bordo las funciones administrativas que les hubieren conferido el naviero o los cargadores; llevarán la cuenta y razón de sus operaciones en un libro que tendrá las mismas circunstancias y requisitos exigidos al de contabilidad del capitán, y respetarán a éste en sus atribuciones como jefe de la embarcación.

Las facultades y responsabilidades del capitán cesan con la presencia del sobrecargo, en cuanto a la parte de administración legítimamente conferida a éste, subsistiendo para todas las gestiones que son inseparables de su autoridad y empleo.

Artículo 650. Serán aplicables a los sobrecargos todas las disposiciones contenidas en la sección segunda del título III, libro II, sobre capacidad, modo de contratar y responsabilidad de los factores.

Artículo 651. Los sobrecargos no podrán hacer, sin autorización o pacto expreso, negocio alguno por cuenta propia durante su viaje, fuera del de la pacotilla que, por costumbre del puerto donde se hubiere despachado el buque, les sea permitido.

Tampoco podrán invertir en el viaje de retorno más que el producto de la pacotilla, a no mediar autorización expresa de los comitentes.

Título III. De los contratos especiales del comercio marítimo

Sección primera. De las formas y efectos del contrato de fletamento

Artículo 652. El contrato de fletamento deberá extenderse por duplicado en póliza firmada por los contratantes, y cuando alguno no sepa o no pueda por dos testigos a su ruego.

La póliza de fletamento contendrá, además de las condiciones libremente estipuladas, las circunstancias siguientes:

1. La clase, nombre y porte del buque.
2. Su pabellón y puerto de matrícula.
3. El nombre, apellido y domicilio del capitán.
4. El nombre, apellido y domicilio del naviero, si éste contratare el fletamento.
5. El nombre, apellido y domicilio del fletador; y si manifestare obrar por comisión, el de la persona por cuya cuenta hace el contrato.
6. El puerto de carga y descarga.
7. La cabida, número de toneladas o cantidad de peso o medida que se obliguen respectivamente a cargar y a conducir, o si es total el fletamento.
8. El flete que se haya de pagar, expresando si ha de ser una cantidad alzada por el viaje, o un tanto al mes, o por las cabidas que se hubieren de ocupar, o por el peso o la medida de los efectos en que consista el cargamento o de cualquiera otro modo que se hubiere convenido.
9. El tanto de capa que se haya de pagar al capitán.
10. Los días convenidos para la carga y descarga.
11. Las estadías y sobreestadías que habrán de contarse, y lo que, por cada una de ellas, se hubiere de pagar,

EL TÉRMINO FLETAMENTO ES PROPIO DE UN TIPO DE CONTRATO DE TRANSPORTE MARÍTIMO POR EL CUAL UN PROPIETARIO O ARMADOR PONE LOS ESPACIOS DE SU BUQUE DISPONIBLES PARA TRANSPORTAR CARGA AL SERVICIO DE OTRA PERSONA BAJO DETERMINADAS CONDICIONES Y A CAMBIO DE UN PRECIO LLAMADO FLETE O ALQUILER, BIEN PARA TRANSPORTAR CARGAS A UNO O VARIOS PUERTOS DE DESTINO EN UNO O MÁS VIAJES O POR TIEMPO DETERMINADO.

«EL TANTO DE CAPA DEL CAPITÁN» SIGNIFICABA EL TANTO POR CIENTO DE INTERÉS QUE EL CAPITÁN LLEVABA EN EL FLETE POR EL CUIDADO Y HONRADEZ QUE TUVIERA CON LA MERCANCÍA; HOY ESA TRADICIÓN SE HA CONVERTIDO EN LIMITADOS CASOS EN UNA GANANCIA O PRIMA POR EL AHORRO DE TIEMPO QUE SE HAGA EN LA TRAVESÍA.

VER ARTÍCULO 90, DECRETO PRESIDENCIAL 3278 DE 5 DE FEBRERO DE 1962.

Artículo 653. Si se recibiere el cargamento sin haber firmado la póliza, el contrato se entenderá celebrado con arreglo a lo que resulte del conocimiento, único título, en orden a la carga, para fijar los derechos y obligaciones del naviero, del capitán y del fletador.

Artículo 654. Las pólizas de fletamento contratado con intervención del Corredor que certifique la autenticidad de las firmas de los contratantes por haberse puesto en su presencia, harán prueba plena en juicio; y si resultare entre ellas discordancia, se estará a la que concuerde con la que el Corredor deberá conservar en su registro, si éste estuviere con arreglo a derecho.

También harán fe las pólizas, aún cuando no haya intervenido Corredor, siempre que los contratantes reconozcan como suyas las firmas puestas en ellas.

No habiendo intervenido Corredor en el fletamento ni desconociéndose las firmas, se decidirán las dudas por lo que resulte del conocimiento, y, a falta de éste, por las pruebas que suministren las partes.

Artículo 655. Los contratos de fletamento celebrados por el capitán en ausencia del naviero serán válidos y eficaces, aun cuando al celebrarlos hubiera obrado en contravención a las órdenes e instrucciones del naviero o fletante, pero quedará a éste expedida la acción contra el capitán para el resarcimiento de perjuicios.

Artículo 656. Si en la póliza de fletamento no constare el plazo en que hubieren de verificarse la carga y la descarga, se seguirá el uso del puerto donde se ejecuten estas operaciones. Pasado el plazo estipulado o el de costumbre y no constando en el contrato de fletamento cláusula expresa que fije la indemnización de la demora, tendrá derecho el capitán a exigir las estadías y las sobreestadías que hayan transcurrido en cargar y descargar.

Artículo 657. Si durante el viaje quedare el buque inservible, el capitán estará obligado a fletar a su costa otro en buenas condiciones que reciba la carga y la portee a su destino, a cuyo efecto tendrá obligación de buscar buque, no solo en el puerto de arribada, sino en los inmediatos hasta la distancia de 150 kilómetros.

Si el capitán no proporcionare, por indolencia o malicia, buque que conduzca el cargamento a su destino, los cargadores, previo un requerimiento al capitán para que en término improrrogable procure flete, podrán contratar el fletamento acudiendo a la Autoridad judicial en solicitud de que sumariamente apruebe el contrato que hubieren hecho.

La misma Autoridad obligará por la vía de apremio al capitán a que, por su cuenta y bajo su responsabilidad, se lleve a efecto el fletamento hecho por los cargadores.

Si el capitán, a pesar de su diligencia, no encontrare buque para el flete, depositará la carga a disposición de los cargadores, a quienes dará cuenta de lo ocurrido en la primera ocasión que se le presente, regulándose en estos casos el flete por la distancia recorrida por el buque, sin que haya lugar a indemnización alguna.

Artículo 658. El flete se devengará según las condiciones estipuladas en el contrato, y si no estuvieren expresas o fueren dudosas, se observarán las reglas siguientes;

1. Fletado el buque por meses o por días, empezará a correr el flete desde el día en que se ponga el buque a la carga.

2. En los fletamentos hechos por un tiempo determinado, empezará a correr el flete desde el mismo día.

3. Si los fletes se ajustaran por peso, se hará el pago por el peso bruto, incluyendo los envases, como barricas o cualquier otro objeto en que vaya contenida la carga.

Artículo 659. Devengarán flete las mercancías vendidas por el capitán para atender a la reparación indispensable del casco, maquinaria o aparejo, o para necesidades imprescindibles y urgentes.

El precio de estas mercaderías se fijará según el éxito de la expedición a saber:

1. Si el buque llegare a salvo al puerto de destino, el capitán las abonará al precio que obtengan las de la misma clase que en él se vendan.

2. Si el buque se perdiere, al que hubieran obtenido en venta las mercaderías.

La misma regla se observará en el abono del flete que será entero si el buque llegare a su destino, y en proporción de la distancia recorrida, si se hubiere perdido antes.

Artículo 660. No devengarán flete las mercaderías arrojadas al mar por razón de salvamento común, pero su importe será considerado como avería gruesa, contándose aquel en proporción a la distancia recorrida cuando fueron arrojadas.

Artículo 661. Tampoco devengarán flete las mercaderías que se hubieren perdido por naufragio o varada, ni las que fueren presa de piratas o enemigos.

Si se hubiere recibido el flete por adelantado, se devolverá, a no mediar pacto en contrario.

Artículo 662. Rescatándose el buque o las mercaderías o salvándose los efectos del naufragio, se pagar el flete que corresponda a la distancia recorrida por el buque porteando la carga; y si, separado, la llevare hasta el puerto de destino, se abonará el flete por entero, sin perjuicio de lo que corresponda sobre la avería.

Artículo 663. Las mercaderías que sufran deterioro o disminución por vicio propio o mala calidad y condición de los envases, o por caso fortuito, devengarán el flete íntegro y tal como se hubiere estipulado en el contrato de fletamento.

Artículo 664. El aumento natural que en peso o medida tengan las mercaderías cargadas en el buque, cederá en beneficio del dueño y devengará el flete correspondiente fijado en el contrato para las mismas.

Artículo 665. El cargamento estará especialmente afecto al pago de los fletes, de los gastos y derechos causados por el mismo que deban reembolsar los cargadores y de la parte que pueda corresponderle en avería gruesa; pero no será lícito al capitán dilatar la descarga por recelo de que deje de cumplirse esta obligación.

Si existiere motivo de desconfianza, el juez o Tribunal a instancia del capitán, podrá acordar el depósito de las mercaderías hasta que sea completamente reintegrado.

Artículo 666. El capitán podrá solicitar la venta del cargamento en la proporción necesaria para el pago del flete, gastos y averías que le correspondan, reservándose el derecho de reclamar el resto de lo que por estos conceptos le fuere debido, si lo realizado por la venta no bastase a cubrir su crédito.

Artículo 667. Los efectos cargados estarán obligados preferentemente a la responsabilidad de sus fletes y gastos durante veinte días, a contar desde su entrega o depósito. Durante este plazo, se podrá solicitar la venta de los mismos, aunque haya otros acreedores y ocurra el caso de quiebra del cargador o del consignatario.

Este derecho no podrá ejercitarse, sin embargo sobre los efectos que, después de la entrega, hubiesen pasado a una tercera persona sin malicia de ésta y por título oneroso.

Artículo 668. Si el consignatario no fuese hallado o se negare a recibir el cargamento, deberá el juez o Tribunal, a instancia del capitán, decretar su depósito y disponer la venta de lo que fuere necesario para el pago de los fletes y demás gastos que pesaren sobre él.

Asimismo tendrá lugar la venta cuando los efectos depositados ofrecieren riesgo de deterioro o por sus condiciones u otras circunstancias, los gastos de conservación y custodia fueren desproporcionados.

VER NOTA AL ARTÍCULO 14.

2. De los Derechos y Obligaciones del Fletante

Artículo 669. El fletante o el capitán se atendrá en los contratos de fletamento a la cabida que tenga el buque, o a la expresamente designada en su matricula, no tolerándose más diferencia que la de 2 por 100 entre la manifestada y la que tenga en realidad.

Si el fletante o el capitán contrataren mayor carga que la que el buque puede conducir, atendido su arqueo, indemnizarán a los cargadores a quienes dejen de cumplir su contrato, los perjuicios que por su falta de cumplimiento les hubieren sobrevenido, según los casos, a saber:

Si ajustado el fletamento de un buque por un solo cargador, resultare error o engaño en la cabida de aquél y no optare el fletador por la rescisión, cuando le corresponda este derecho, se reducirá el flete en proporción de la carga que el buque deje de recibir, debiendo, además, indemnizar el fletante al fletador de los perjuicios que le hubiere ocasionado.

Si, por el contrario, fueren varios los contratos de fletamento y, por falta de cabida, no pudiere embarcarse toda la carga contratada, y ninguno de los fletadores optare por la rescisión, se dará la preferencia al que tenga ya introducida y colocada la carga en el buque, y los demás obtendrán el lugar que les corresponda, según el orden de fechas de sus contratos.

No apareciendo est*a priori*dad, podrán cargar, si les conviniere, a prorrata de las cantidades de peso o extensión que cada uno haya contratado, y quedará el fletante obligado al resarcimiento de daños y perjuicios.

Artículo 670. Si recibida por el fletante una parte de carga, no encontrare la que falte para formar al menos las tres quintas partes de las que puede portear el buque, al precio que hubiere fijado, podrá sustituir para el transporte otro buque visitado y declarado a propósito para el mismo viaje, siendo de su cuenta los gastos de trasbordo y el aumento, si lo hubiere, en el precio de flete. Si no le fuere posible esta sustitución, emprenderá el viaje en el plazo convenido; y no habiéndolo, a los quince días de haber comenzado la carga, si no se ha estipulado otra cosa.

Si el dueño de la parte embarcada le procurase carga a los mismos precios y con iguales o proporcionadas condiciones a las que aceptó en la recibida, no podrá el fletante o capitán negarse a aceptar el resto del cargamento, y si lo resistiese, tendrá derecho el cargador a exigir que se haga a la mar el buque con la carga que tuviera a bordo.

Artículo 671. Cargadas las tres quintas partes del buque, el fletante no podrá, sin consentimiento de los fletadores o cargadores, sustituir con otro el designado en el contrato, so pena de constituirse por ello responsable de todos los daños y perjuicios que sobrevengan durante el viaje al cargamento de los que no hubieren consentido la sustitución.

Artículo 672. Fletado un buque por entero, el capitán no podrá, sin consentimiento del fletador, recibir carga de otra persona; y si lo hiciere, podrá dicho fletador obligarle a desembarcarla y a que le indemnice los perjuicios que por ello se le sigan.

Artículo 673. Serán de cuenta del fletante todos los perjuicios que sobrevengan al fletador por retardo voluntario del capitán en emprender el viaje, según las reglas que van prescritas, siempre que fuera requerido notarial o judicialmente a hacerse a la mar en tiempo oportuno.

Artículo 674. Si el fletador llevase al buque más carga que la contratada, podrá admitírsele el exceso de flete con arreglo al precio estipulado en el contrato, pudiendo colocarse con buena estiba sin perjudicar a los demás cargadores; pero si para colocarla hubiere de faltarse a las buenas condiciones de estiba, deberá el capitán rechazarla o desembarcarla, a costa del propietario.

Del mismo modo, el capitán podrá antes de salir del puerto, echar en tierra las mercaderías introducidas a bordo clandestinamente o portearlas, si pudiera hacerlo con buena estiba, exigiendo, por razón de flete, el precio más alto que hubiere pactado en aquel viaje.

Artículo 675. Fletado el buque para recibir la carga en otro puerto, se presentará el capitán al consignatario designado en su contrato; y si no le entregare la carga dará aviso al fletador, cuyas instrucciones esperará, corriendo entre tanto las estadías convenidas, o las que fueren de uso en el puerto, si no hubiere sobre ello pacto expreso en contrario.

No recibiendo el capitán contestación en el término necesario para ello, hará diligencias para encontrar flete; y si no lo hallare después de haber corrido las estadías y sobreestadías, formalizará protesta y regresará al puerto donde contrató el fletamento.

El fletador pagará el flete por entero, descontando el que haya devengado por las mercaderías que se hubiesen transportado a la ida y a la vuelta, si se hubieran cargado por cuenta de terceros.

Lo mismo se observará cuando el buque, fletado de ida y vuelta, no sea habilitado de carga para su retorno.

VER LOS ARTÍCULOS 73 Y 74, DE LA LEY 1092, DE 5 DE FEBRERO DE 1963; FLETES NO SATISFECHOS.

Artículo 676. Perderá el capitán el flete e indemnizará a los cargadores, siempre que éstos prueben, aun contra el acta de reconocimiento, si se hubiere practicado en el puerto de salida, que el buque no se hallaba en disposición para navegar al recibir la carga.

Artículo 677. Subsistirá el contrato de fletamento si, careciendo el capitán de instrucciones del fletador, sobreviniere, durante la navegación, declaración de guerra o bloqueo.

En tal caso, el capitán deberá dirigirse al puerto neutral y seguro más cercano, pidiendo y aguardando órdenes del cargador, y los gastos y salarios devengados en la detención se pagarán como avería común.

Si, por disposición del cargador, se hiciere la descarga en el puerto de arribada, se devengará por entero el flete de ida.

Artículo 678. Si transcurrido el tiempo necesario, a juicio del juez o Tribunal, para recibir las órdenes del cargador, el capitán continuase careciendo de instrucciones, se depositará el cargamento, el cual quedará afecto al pago del flete y gasto de su cargo en la demora, que se satisfarán con el producto de la parte que primero se venda.

3. De las Obligaciones del fletador

Artículo 679. El fletador de un buque por entero podrá subrogar el flete, en todo o en parte, a los plazos que más le conviniere, sin que el capitán pueda negarse a recibir a bordo la carga entregada por los segundos fletadores, siempre que no se alteren las condiciones del primer fletamento y que se pague al fletante la totalidad del precio convenido, aun cuando no se embarque toda la carga, con la limitación que se establece en el Artículo siguiente.

Artículo 680. El fletador que no completare la totalidad de la carga que se obligó a embarcar, pagará el flete de la que deje de cargar, a menos que el capitán no hubiere tomado otra carga para completar el cargamento del buque, en cuyo caso abonará el primer fletador las diferencias si las hubiere.

Artículo 681. Si el fletador embarcare efectos diferentes de los que manifestó al tiempo de contratar el fletamento, sin conocimiento del fletante o capitán, y por ello sobrevinieren perjuicios, por confiscación, embargo, detención u otras causas al fletante o a los cargadores, responderá el causante con el importe de su cargamento y además con sus bienes, de la indemnización completa a todos los perjudicados por su culpa.

Artículo 682. Si las mercaderías embargadas lo fueren con un fin de ilícito comercio y hubiesen sido llevadas a bordo a sabiendas del fletante o del capitán, éstos, mancomunadamente con el dueño de ellas, serán responsables de todos los perjuicios que se originen a los demás cargadores, y aunque se hubiere pactado, no podrán exigir del fletador indemnización alguna por el daño que resulte al buque.

Artículo 683. En caso de arribada para reparar el casco del buque, maquinaria o aparejos, los cargadores deberán esperar a que el buque se repare, pudiendo descargarlo a su costa si lo estimaren conveniente.

Si en beneficio del cargamento expuesto a deterioro dispusieren los cargadores o el Tribunal o el cónsul o la Autoridad competente en país extranjero, hacer la descarga de las mercaderías, serán de cuenta de aquellos los gastos de descarga y recarga.

Artículo 684. Si el fletador, sin concurrir alguno de los caso de fuerza mayor expresados en el Artículo precedente, quisiere descargar sus mercaderías antes de llegar al puerto de su destino, pagará el flete por entero, los gastos de la arribada que se hiciere a su instancia y los daños y perjuicios que se causare a los demás cargadores, si los hubiere.

Artículo 685. En los fletamentos a carga general, cualquiera de los cargadores podrá descargar las mercaderías antes de emprender su viaje, pagando medio flete, el gasto de estibar y reestibar y cualquier otro perjuicio que, por esta causa se origine a los demás cargadores.

Artículo 686. Hecha la descarga y puesto el cargamento a disposición del consignatario, éste deberá pagar inmediatamente al capitán el flete devengado y los demás gastos de que fuere responsable dicho cargamento.

La capa deberá satisfacerse en la misma proporción y tiempo que los fletes, rigiendo en cuanto a ella, todas las alteraciones y modificaciones a que éstas estuvieren sujetos.

Artículo 687. Los fletadores y cargadores no podrán hacer para el pago del flete y demás gastos, abandono de las mercaderías averiadas por vicio propio o caso fortuito.

Procederá, sin embargo, el abandono si el cargamento consistiere en líquidos y se hubieren derramado, no quedando en los envases sino una cuarta parte de su contenido.

4. De la Rescisión Total o Parcial del Contrato de Fletamento

Artículo 688. A petición del fletador podrá rescindirse el contrato de fletamento:

1. Si antes de cargar el buque abandonare el fletamento, pagado la mitad del flete convenido.

2. Si la cabida del buque no se hallase conforme con la que figura en el certificado de arqueo o si hubiere error en la designación del pabellón con que navega.

3. Si no se pusiere el buque a disposición del fletador en el plazo y forma convenidos.

4. Si, salido el buque a la mar, arribare al puerto de salida por riesgo de piratas, enemigos o tiempo contrario, y los cargadores convinieren en su descarga.

En el segundo y tercer caso, el fletante indemnizará al fletador de los perjuicios que se le irroguen.

En el caso 4, el fletante tendrá derecho al flete por entero del viaje de ida.

Si el fletamento se hubiere ajustado por meses, pagarán los fletadores el importe libre de una mesada, siendo el viaje a un puerto del mismo mar, y dos, si fuere a mar distinto.

De un puerto a otro de la Península e Islas adyacentes, no se pagará más que una mesada.

5. Si para reparaciones urgentes arribase el buque durante el viaje a un puerto, y prefirieren los fletadores disponer de las mercaderías.

Cuando la dilación no exceda de treinta días, pagarán los cargadores por entero, el flete de ida.

Si la dilación excediere de treinta días, solo pagarán el flete proporcional a la distancia recorrida por el buque.

EL INCISO 4, ÚLTIMO PÁRRAFO DEBE ENTENDERSE REFERIDO A PUERTOS DE LA «ISLA DE CUBA».

Artículo 689. A petición del fletante podrá rescindirse el contrato de fletamento:

1. Si el fletador, cumplido el término de las sobreestadías, no pusiere la carga al costado.

En este caso, el fletador deberá satisfacer la mitad del flete pactado, además de las estadías y sobreestadías devengadas.

2. Si el fletante vendiere el buque antes de que el fletador hubiere empezado a cargarlo y el comprador lo cargare por su cuenta.

En este caso, el vendedor indemnizará al fletador de los perjuicios que se irroguen.

Si el nuevo propietario del buque no lo cargare por su cuenta, se respetará el contrato de fletamento, indemnizando el vendedor al comprador si aquél no le instruyó del fletamento pendiente al tiempo de concertar la venta.

Artículo 690. El contrato de fletamento se rescindirá y se extinguirán todas las acciones que de él se originen si, antes de hacerse a la mar el buque desde el puerto de salida, ocurriere alguno de los casos siguientes:

1. La declaración de guerra o interdicción del comercio con la potencia a cuyos puertos debía el buque hace su viaje.

2. El estado de bloqueo del puerto adonde iba aquél destinado o peste que sobreviniere después del ajuste.

3. La prohibición de recibir en el mismo punto las mercaderías del cargamento del buque.

4. La detención indefinida, por embargo del buque de orden del Gobierno o por otra causa independiente de la voluntad del naviero.

5. La inhabilitación del buque para navegar sin culpa del capitán o naviero.

La descarga se hará por cuenta del fletador.

Artículo 691. Si el buque no pudiera hacerse a la mar por cerramiento del puerto de salida u otra causa pasajera, el fletamento subsistirá, sin que ninguna de las partes tenga derecho a reclamar perjuicios.

Los alimentos y salarios de la tripulación serán considerados avería común.

Durante la interrupción, el fletador podrá, por su cuenta descargar y cargar a su tiempo las mercaderías, pagando estadías si demorare la recarga después de haber cesado el motivo de la detención.

Artículo 692. Quedará rescindido parcialmente el contrato de fletamento, salvo pacto en contrario, y no tendrá derecho el capitán más que al flete de ida, si, por ocurrir durante el viaje la declaración de guerra, cerramiento de puertos o interdicción de relaciones comerciales, arribare el buque al puerto que se le hubiere designado para este caso en las instrucciones del fletador.

5. De los Pasajeros en los Viajes por Mar

Artículo 693. No habiéndose convenido el precio del pasaje, el juez o Tribunal le fijará sumariamente, previa declaración de peritos.

LA CREACIÓN DE MODERNAS EMPRESAS PARA EL TRANSPORTE DE PASAJEROS POR MAR DEBIDO AL AUGE DEL TRÁFICO MARÍTIMO HA LLEVADO A DETERMINAR DE FORMA PREVIA Y CONTRACTUAL EL PRECIO DEL PASAJE. VÉASE NOTA AL ARTÍCULO 14.

CONVENIO INTERNACIONAL DE BRUSELAS, ABRIL 29 DE 1961 PARA LA UNIFICACIÓN DE DETERMINADAS REGLAS REFERENTES AL TRANSPORTE DE PASAJEROS POR MAR QUE ENTRÓ EN VIGOR EN CUBA EL 4 DE JUNIO DE 1965. (G. O. DE 17 DE SEPTIEMBRE DE 1965.)

Artículo 694. Si el pasajero no llegare a bordo a la hora prefijada o abandonare el buque sin permiso del capitán cuando éste estuviere pronto a salir del puerto, el capitán podrá emprender el viaje y exigir el precio por entero.

Artículo 695. El derecho al pasaje, si fuere nominativo, no podrá transmitirse sin la aquiescencia del capitán o consignatario.

Artículo 696. Si, antes de emprender el viaje, el pasajero muriese, sus herederos no estarán obligado a satisfacer sino la mitad del pasaje convenido.

Si estuvieren comprendidos en el precio convenido los gastos de manutención, el juez o Tribunal oyendo a los peritos, si lo estimare conveniente, señalará la cantidad que ha de quedar en beneficio del buque.

En el caso de recibirse otro pasajero en lugar del fallecido, no se deberá abono alguno por dichos herederos.

Artículo 697. Si, antes de emprender el viaje, se suspendiese por culpa exclusiva del capitán o naviero, los pasajeros tendrán derecho a la devolución del Pasaje y al resarcimiento de daños y perjuicios; pero si la suspensión fuera debido a caso fortuito o de fuerza mayor o a cualquier causa independiente del capitán o naviero, los pasajeros solo tendrán derecho a la devolución del pasaje.

Artículo 698. En caso de interrupción del viaje comenzado, los pasajeros solo estarán obligados a pagar el pasaje en proporción a la distancia recorrida y sin derecho a resarcimiento de daños y perjuicios si la interrupción fuere debida a caso fortuito o de fuerza mayor; pero con derecho a indemnización si la interrupción consistiese exclusivamente en el capitán. Si la interrupción procediese de la inhabilitación del buque y el pasajero se conformase con esperar la reparación, no podrá exigírsele ningún aumento de precio del pasaje, pero será de su cuenta la manutención durante la estadía.

En caso de retardo de la salida del buque, los pasajero tienen derecho a permanecer a bordo y a la alimentación por cuenta del buque, a menos que el retardo sea debido a caso fortuito o de fuerza mayor. Si el retardo excediera de diez días, tendrán derecho los pasajeros que lo soliciten a la devolución del pasaje y si fuera debido exclusivamente a culpa del capitán o naviero, podrán, además, reclamar resarcimiento de daños y perjuicios.

El buque exclusivamente destinado al transporte de pasajeros debe conducirlos directamente al puerto o puertos de su destino, cualquiera que sea el numero de pasajeros, haciendo todas las escalas que tenga marcadas en su itinerario.

Artículo 699. Rescindido el contrato antes o después de emprendido el viaje, el capitán tendrá derecho a reclamar lo que hubiere suministrado a los pasajeros.

Artículo 700. En todo lo relativo a la conservación del orden y policía a bordo, los pasajeros se someterán a las disposiciones del capitán, sin distinción alguna.

Artículo 701. La conveniencia o el interés de los viajeros no obligarán ni facultarán al capitán para recalar ni para entrar en puntos que separe al buque de su derrota, ni para detenerse, en los que deba o tuviese precisión de tocar, más tiempo que el exigido por las atenciones de la navegación.

Artículo 702. No habiendo pacto en contrario se supondrá comprendida en el precio del pasaje la manutención de los pasajeros durante el viaje; pero si fuese de cuenta de estos, el capitán tendrá la obligación, en caso de necesidad, de suministrarles los víveres precisos para su sustento por un precio razonable.

Artículo 703. El pasajero será reputado cargador en cuanto a los efectos que lleve a bordo y el capitán no responderá de lo que aquél conserve bajo su inmediata y peculiar custodia, a no ser que el daño provenga de hecho del capitán o de la tripulación.

Artículo 704. El capitán para cobrar el precio del pasaje y gastos de manutención, podrá retener los efectos pertenecientes al pasajero y, en caso de venta de los mismos, gozará de preferencia sobre los demás acreedores, procediéndose en ello como si se tratase del cobro de los fletes.

Artículo 705. En caso de muerte de un pasajero durante el viaje, el capitán estará autorizado para tomar, respecto del cadáver, las disposiciones que exijan las circunstancias, y guardará cuidadosamente los papeles y efectos que hallare a bordo pertenecientes al pasajero, observando cuanto dispone el caso 10 del Artículo 612 a propósito de los individuos de la tripulación.

6. Del conocimiento

Artículo 706. El capitán y el cargador del buque tendrán obligación de extender el conocimiento, en el cual se expresará:

1. El nombre, matrícula y porte del buque.

2. El del capitán y su domicilio.

3. El puerto de carga y el de descarga.

4. El nombre del cargador.

5. El nombre del consignatario, si el conocimiento fuere nominativo.

6. La cantidad, calidad, número de los bultos y marcas de las mercaderías.

7. El flete y la capa contratados.

El conocimiento podrá ser al portador, a la orden o a nombre de persona determinada, y habrá de firmarse dentro de las veinticuatro horas de recibida la carga a bordo, pudiendo el cargador pedir la descarga a costa del capitán, si éste no lo suscribiese, y, en todo caso, los daños y perjuicios que por ello le sobrevinieren.

VÉASE CONVENCIÓN INTERNACIONAL FIRMADO EN BRUSELAS EL 25 DE AGOSTO DE 1924 SOBRE UNIFICACIÓN DE CIERTAS REGLAS EN MATERIA DEL CONOCIMIENTO DE EMBARQUE. (SE COMPLETÓ EL DEPÓSITO DE RATIFICACIONES EN BRUSELAS EL 2 DE JUNIO DE 1930.)

EL «MANIFIESTO» ES EL DOCUMENTO BÁSICO PARA EFECTUAR LAS OPERACIONES ADUANALES Y CONTIENE LA RELACIÓN DETALLADA QUE HA CARGADO EL BUQUE CON DESTINO A UNO O MÁS PUERTOS. VER ARTÍCULOS 70 Y 71 DEL DECRETO 3278 DE 1963 EN RELACIÓN CON LOS DOCUMENTOS COMPLEMENTARIOS DEL MANIFIESTO.

Artículo 707. Del conocimiento primordial se sacarán cuatro ejemplares de igual tenor y los firmarán todos el capitán y el cargador. De éstos, el cargador conservará uno y remitirá otro al consignatario; el capitán tomará dos; uno para sí y otro para el naviero.

Podrán extenderse, además, cuantos conocimientos estimen necesarios los interesados; pero cuando fueren a la orden o al portador, se expresará en todos los ejemplares, ya sean de los cuatro primeros o de los ulteriores, el destino de cada uno, consignando si es para el naviero, para el capitán, para el cargador o para el consignatario. Si el ejemplar destinado a este último se duplicare, habrá de expresarse en él esta circunstancia y la de no ser valedero sino en defecto del primero.

Artículo 708. Los conocimientos al portador destinados al consignatario serán transferibles por la entrega material del documento; y en virtud de endoso, los extendidos a la orden.

En ambos casos, aquel a quien se transfiera el conocimiento adquirirá sobre las mercaderías expresadas en él todos los derechos y acciones del cedente o del endosante.

Artículo 709. El conocimiento formalizado con arreglo a las disposiciones de este título, hará fe entre todos los interesados en la carga y entre éstos y los aseguradores, quedando a salvo para los últimos la prueba en contrario.

Artículo 710. Si no existiere conformidad entre los conocimientos y en ninguno se advirtiere enmienda o raspadura, harán fe contra el capitán o el naviero y en favor del cargador o consignatario, los que éstos posean extendidos y firmados por aquel, y en contra del cargador o consignatario y en favor del capitán o por el cargador.

Artículo 711. El portador legítimo de un conocimiento que deje de presentárselo al capitán del buque antes de la descarga, obligando a éste, por tal omisión, a que haga el desembarco y ponga la carga en depósito, responderá de los gastos de almacenaje y demás que por ello se originen.

Artículo 712. El capitán no puede variar por sí el destino de las mercaderías. Al admitir esta variación a instancia del cargador, deberá recoger antes los conocimientos que hubiere expedido, so pena de responder del cargamento al portador legítimo de éstos.

Artículo 713. Si antes de hacer la entrega del cargamento se exigiere al capitán nuevo conocimiento, alegando que la no presentación de los anteriores consiste en haberse extraviado o en alguna otra causa justa, tendrá la obligación de darlo, siempre que se le afiance, a su satisfacción, el valor del cargamento, pero sin variar la consignación, y expresando en él las circunstancias prevenidas en el último párrafo del Artículo 707, cuando se trate de los conocimientos a que el mismo se refiere, bajo la pena, en otro caso, de responder de dicho cargamento si por su omisión fuese entregado indebidamente.

Artículo 714. Si antes de hacerse el buque a la mar falleciere el capitán o cesare en su oficio por cualquier accidente, los cargadores, tendrán derecho a pedir al nuevo capitán la ratificación de los primeros conocimientos, y éste deberá darla siempre que le sean presentados o devueltos todos los ejemplares que se hubieran expedido anteriormente y resulte del reconocimiento de la carga, que se halla conforme con los mismos.

Los gastos que se originen del reconocimiento de la carga serán de cuenta del naviero, sin perjuicio de repetirlos éste contra el primer capitán; si dejó de serlo por culpa suya. No haciéndose tal reconocimiento, se entenderá que el nuevo capitán acepta la carga como resulte de los conocimientos expedidos.

Artículo 715. Los conocimientos producirán acción sumarísima o de apremio, según los casos, para la entrega del cargamento y el pago de los fletes y gastos que hayan producido.

Artículo 716. Si varias personas presentaren conocimientos al portador o a la orden, endosados a su favor, en reclamación de las mismas mercaderías, el capitán preferirá, para su entrega, a la que presente el ejemplar que hubiere expedido primeramente, salvo el caso de que el posterior lo hubiera sido por justificación del extravío de aquél y aparecieren ambos en manos diferentes.

En este caso, como en el de presentarse solo segundos o ulteriores ejemplares que se hubieran expedido sin esa justificación, el capitán acudirá al juez o Tribunal para que verifique el depósito de las mercaderías y se entreguen por su mediación a quien sea procedente.

VER NOTA AL ARTÍCULO 14.

Artículo 717. La entrega del conocimiento producirá la cancelación de todos los recibos provisionales de fecha anterior dados por el capitán o sus subalternos en resguardo de las entregas parciales que les hubieren hecho del cargamento.

Artículo 718. Entregado el cargamento, se devolverán al capitán los conocimientos que firmó o, al menos, el ejemplar bajo el cual se haga la entrega, con el recibo de las mercaderías consignadas en el mismo.

La morosidad del consignatario le hará responsable de los perjuicios que la dilación pueda ocasionar al capitán.

Sección segunda. Del contrato a la gruesa o préstamo a riesgo marítimo

Artículo 719. Se reputará préstamo a la gruesa o a riesgo marítimo aquel en que, bajo cualquiera condición dependa el reembolso de la suma prestada y el premio por ella convenido, del feliz arribo a puerto de los efectos sobre que esté hecho o del valor que obtengan en caso de siniestro.

LA NATURALEZA DEL CONTRATO DE PRÉSTAMO A LA GRUESA Y SUS EFECTOS EN CUANTO A LA CELEBRACIÓN Y CUMPLIMIENTO FUE MUY UTI-

LIZADO EN LOS TIEMPOS ANTIGUOS ANTES DEL PODERÍO ECONÓMICO DE LAS COMPAÑÍAS DE NAVEGACIÓN EN LA ACTUALIDAD TIENE MUY POCA APLICACIÓN EN LOS MEDIOS MARÍTIMOS.

Artículo 720. Los contratos a la gruesa podrán celebrarse:

1. Por escritura pública.
2. Por medio de póliza firmada por las partes y el Corredor que interviniere.
3. Por documento privado.

De cualquiera de estas maneras que se celebre el contrato, se anotará en el certificado de inscripción del buque y se tomará de él razón en el Registro Mercantil, sin cuyos requisitos, los créditos de este origen no tendrán, respecto a los demás, la preferencia que, según su naturaleza, les corresponda, aunque la obligación será eficaz entre los contratantes.

Los contratos celebrados durante el viaje se regirán por lo dispuesto en los Artículos 583 y 611, y surtirán efecto, respecto de terceros, desde su otorgamiento, si fueren inscritos en el Registro Mercantil del puerto de la matrícula del buque antes de transcurrir los ocho días siguientes a su arribo. Si transcurrieran los ocho días sin haberse hecho la inscripción en el Registro Mercantil, los contratos celebrados durante el viaje de un buque no surtirán efecto respecto de terceros, sino desde el día y fecha de la inscripción.

Para que las pólizas de los contratos celebrados con arreglo al número 2 tengan fuerza ejecutiva deberán guardar conformidad con el Registro del Corredor que intervino en ellos. En los celebrados con arreglo al número 3, precederá el reconocimiento de la firma.

Los contratos que no consten por escrito no producirán acción en juicio.

Artículo 721. En el contrato a la gruesa se deberá expresar:

1. La clase, nombre y matrícula del buque.
2. El nombre, apellido y domicilio del capitán.
3. Los nombres, apellidos y domicilio del que da y del que toma el préstamo.
4. El capital del préstamo y el premio convenido.
5. El plazo del reembolso.
6. Los objetos pignorados a su reintegro.
7. El viaje por el cual se corra el riesgo

Artículo 722. Los contratos podrán extenderse a la orden, en cuyo caso serán transferirles por endoso y adquirirá el cesionario todos los derechos y correrá todos los riesgos que correspondieran al endosante.

Artículo 723. Podrán hacerse préstamos en efectos y mercaderías, fijándose su valor para determinar el capital del préstamo.

Artículo 724. Los préstamos podrá constituirse conjunta o separadamente:

1. Sobre el casco del buque.
2. Sobre el aparejo.
3. Sobre los pertrechos, víveres y combustibles.
4. Sobre la máquina siendo el buque de vapor.
5. Sobre mercaderías cargadas.

Si se constituyesen sobre el casco del buque, se entenderán, además, afectos a la responsabilidad del préstamo, el aparejo, pertrechos y demás efectos, víveres, combustible, máquinas de vapor y los fletes ganados en el viaje del préstamo.

Si se hiciere sobre la carga, quedara afecto al reintegro todo cuanto la constituya; y si sobre un objeto particular del buque o de la carga, solo afectará la responsabilidad al que concreta y determinadamente se especifique.

Artículo 725. No se podrá prestar a la gruesa sobre los salarlos de la tripulación ni sobre las ganancias que se esperen.

Artículo 726. Si el prestador probare que prestó mayor cantidad que la del valor del objeto sobre que recae el préstamo a la gruesa, por haber empleado el prestatario medios fraudulentos, el préstamo será válido solo por la cantidad en que dicho objeto se tase pericialmente.

El capital sobrante se devolverá con el interés legal por todo el tiempo que durase el desembolso.

Artículo 727. Si el importe total del préstamo para cargar el buque no se empleare en la carga, el sobrante se devolverá antes de la expedición.

Se procederá, de igual manera, con los efectos tomados a préstamo, si no se hubieren podido cargar.

Artículo 728. El préstamo que el capitán tomare en el punto de residencia de los propietarios del buque, solo afectará a la parte de éste que pertenezca al capitán, si no hubieren dado su autorización expresa o intervenido en la operación los demás propietarios o sus apoderados.

Si alguno o algunos de los propietarios fueren requeridos para que entreguen la cantidad necesaria a la reparación o aprovisionamiento del buque y no lo hicieren dentro de veinticuatro horas, la parte que los negligentes tengan en la propiedad quedará afectas en la debida proporción, a la responsabilidad del préstamo.

Fuera de la residencia de los propietarios, el capitán podrá tomar préstamos conforme a lo dispuesto en los Artículos 583 y 611.

Artículo 729. No llegando a ponerse en riesgo los efectos sobre que se toma dinero, el contrato quedara reducido a un préstamo sencillo, con obligación en el prestatario de devolver capital e intereses al tipo legal, si no fuere menor el convenido.

Artículo 730. Los préstamos hechos durante el viaje tendrán preferencia sobre los que se hicieron antes de la expedición del buque y se graduarán por el orden inverso al de sus fechas.

Los préstamos para el último viaje tendrán preferencia sobre los préstamos anteriores.

En concurrencia de varios préstamos hechos en el mismo puerto de arribada forzosa y con igual motivo, todos se pagarán a prorrata.

Artículo 731. Las acciones correspondientes al prestador se extinguirán con la pérdida absoluta de los efectos sobre que se hizo el préstamo, si procedió de accidente de mar en el tiempo y durante el viaje designados en el contrato y constando la existencia de la carga a bordo; pero no sucederá lo mismo si la pérdida provino de vicio propio de la cosa o sobrevino por culpa o malicia del prestatario o por baratería del capitán o si fue causada por daños experimentados en el buque a consecuencia de emplearse en el contrabando o si procedió de cargar las mercaderías en buque diferente del que se designó en el contrato, salvo si este cambio se hubiera hecho por causa de fuerza mayor.

La prueba de la pérdida incumbe al que recibió el préstamo, así como también la de la existencia en el buque de los efectos declarados al prestador como objeto de préstamo.

Artículo 732. Los prestadores a la gruesa soportarán a prorrata de su interés respectivo las averías comunes que ocurran en las cosas sobre que se hizo el préstamo.

En las averías simples, a falta de convenio expreso de los contratantes, contribuirá también por su interés respectivo el prestador a la gruesa no perteneciendo a las especies de riesgos exceptuados en el Artículo anterior.

Artículo 733. No habiéndose fijado en el contrato el tiempo el cual el mutuante correrá el riesgo, durará, en cuanto al buque, máquinas, aparejo y pertrechos, desde el momento de hacerse éste a la mar hasta el de fondear en el puerto de su destino, y, en cuanto a las mercaderías, desde que se carguen en la playa o muelle del puerto de la expedición hasta descargarlas en el de consignación.

Artículo 734. En caso de naufragio, la cantidad afecta a la devolución del préstamo se reducirá al producto de los efectos salvados, deducidos los gastos de salvamento.

Si el préstamo fuese sobre el buque o alguna de sus partes, los fletes realizados en el viaje para que aquél se haya hecho, responderán también a su pago en cuanto alcancen para ello.

Artículo 735. Si en un mismo buque o carga concurrieren préstamo a la gruesa y seguro marítimo, el valor de lo que fuere salvado se dividirá, en caso de naufragio, entre el mutuante y el asegurador, en proporción del interés legítimo de cada uno, tomando en cuenta, para esto, únicamente el capital, por lo tocante al préstamo, y sin perjuicio del derecho preferente de otros acreedores, con arreglo al Artículo 580.

Artículo 736. Si en el reintegro del préstamo hubiere demora por el capital y sus premios, solo el primero devengará rédito legal.

Sección tercera. De los seguros marítimos

1. De la Forma de este Contrato

EN LA ACTUALIDAD LAS COMPAÑÍAS DE SEGUROS PARA GARANTIZAR LOS RIESGOS AL ASEGURAR UN BUQUE O MERCANCÍA, SE SIRVEN DE LA INFORMACIÓN QUE LE SUMINISTRAN LAS DENOMINADAS SOCIEDADES DE CLASIFICACIÓN, ORGANIZACIONES QUE DISPONEN DE UN COMPLEJO Y ALTAMENTE CALIFICADO APARATO TÉCNICO PARA CLASIFICAR LOS BUQUES DE CONFORMIDAD CON REGLAS

DE CONSTRUCCIÓN DEL CASCO, SUPERESTRUCTURA, MÁQUINAS, CALDERAS Y EQUIPOS, ELABORADO POR EL COMITÉ TÉCNICO DE UNA SOCIEDAD FORMADA POR EXPERTOS EN CUESTIONES MARÍTIMAS Y DE CONSTRUCCIÓN NAVAL.

Artículo 737. Para ser válido el contrato de seguro marítimo, habrá de constar por escrito en póliza firmada por los contratantes.

Esta póliza se extenderá, y, firmará por duplicado, reservándose un ejemplar cada una de las partes contratantes.

Artículo 738. La póliza del contrato de seguro contendrá, además de las condiciones que libremente consignen los interesados, los requisitos siguientes:

1. Fecha del contrato, con expresión de la hora en que queda convenido.

2. Nombres, apellidos y domicilios del asegurador y asegurado.

3. Concepto en que contrata el asegurado, expresando si obra por sí o por cuenta de otro.

En este caso, el nombre, apellidos y domicilio de la persona en cuyo nombre hace el seguro.

4. Nombre, puerto, pabellón y matrícula del buque asegurado o del que conduzca los efectos asegurados.

5. Nombre, apellido y domicilio del capitán.

6. Puerto o rada en que han sido o deberán ser cargadas las mercaderías aseguradas.

7. Puerto de donde el buque ha partido o debe partir.

8. Puertos o radas en que el buque debe cargar, descargar o hacer escalas por cualquier motivo.

9. Naturaleza y calidad de los objetos asegurados.

10. Número de los fardos o bultos de cualquier clase y sus marcas, si las tuvieren.

11. Época en que deberá comenzar y terminar el riesgo.

12. Cantidad asegurada.

13. Precio convenido por el seguro y lugar, tiempo y forma de su pago.

14. Parte del premio que corresponda al viaje de ida y al de vuelta, si el seguro fuere a viaje redondo.

15. Obligación del asegurador de pagar el daño que sobrevenga a los efectos asegurados.

16. El lugar, plazo y forma en que habrá de realizarse el pago.

Artículo 739. Los contratos y pólizas de seguro que autoricen los Agentes consulares en el extranjero, siendo cubanos los contratantes o alguno de ellos, tendrán igual valor legal que si se hubieren verificado con intervención de Corredor.

Artículo 740. En un mismo contrato y en una misma póliza podrán comprenderse el seguro del buque y el de la carga, señalando el valor de cada cosa y distinguiendo las cantidades aseguradas sobre cada uno de los objetos, sin cuya expresión será ineficaz el seguro.

Se podrá también en la póliza fijar premios diferentes a cada objeto asegurado.

Varios aseguradores podrán suscribir una misma póliza.

Artículo 741. En los seguros de mercaderías podrá omitirse la designación específica de ellas y del buque que haya de transportarlas, cuando no consten estas circunstancias al asegurado.

Si el buque, en estos casos, sufriere accidente de mar, estará obligado el asegurado a probar, además de la pérdida del buque, su salida del puerto de carga, el embarque por su cuenta de los efectos perdidos y su valor, para reclamar la indemnización.

Artículo 742. Las pólizas del seguro podrán extenderse a la orden del asegurado, en cuyo caso serán endosables.

2. De las Cosas que Pueden ser Aseguradas y de su Evaluación

Artículo 743. Podrán ser objeto del seguro marítimo:

1. El casco del buque, en lastre o cargado, en puerto o en viaje.
2. El aparejo.
3. La máquina, siendo el buque de vapor.
4. Todos los pertrechos y objetos que constituyen el armamento.
5. Víveres y combustible.
6. Las cantidades dadas a la gruesa.
7. El importe de los fletes y el beneficio probable.
8. Todos los objetos comerciales sujetos al riesgo de navegación cuyo valor pueda fijarse en cantidad determinada.

Artículo 744. Podrán asegurarse todos o parte de los objetos expresados en el Artículo anterior, junta o separadamente, en tiempo de paz o de guerra, por viaje o a término, por viaje sencillo o por viaje redondo, sobre buenas o malas noticias.

Artículo 745. Si se expresare genéricamente en la póliza que el seguro se hacía sobre el buque, se entenderán comprendidos en él las máquinas, aparejo, pertrechos y cuanto esté adscrito al buque; pero no, su cargamento, aunque pertenezca al mismo naviero.

En el seguro genérico de mercaderías no se reputarán comprendidos los metales amonedados o en lingotes, las piedras preciosas ni las municiones de guerra.

Artículo 746. El seguro sobre flete podrá hacerse por el cargador, por el fletante o el capitán, pero éstos no podrán asegurar el anticipo que hubieren recibido a cuenta de su flete sino cuando hayan pactado expresamente que, en caso de no devengarse aquél por naufragio o pérdida de la carga, devolverán la cantidad recibida.

Artículo 747. En el seguro de flete se habrá de expresar la suma a que asciende, la cual no podrá exceder de lo que aparezca en el contrato de fletamento.

Artículo 748. El seguro de beneficios se regirá por los pactos en que convengan los contratantes, pero habrá de consignarse en la póliza:

1. La cantidad determinada en que fija el asegurado el beneficio, una vez llegado felizmente y vendido el cargamento en el puerto de destino.

2. La obligación de reducir el seguro si, comparado el valor obtenido en la venta, descontados gastos y fletes con el valor de compra, resultare menor que el valuado en el seguro.

Artículo 749. Podrá el asegurador hacer reasegurar por otros los efectos por el asegurados en todo o en parte, con el mismo o diferente premio, así como el asegurado podrá también asegurar el coste del seguro y el riesgo que pueda correr en la cobranza del primer asegurador.

Artículo 750. Si el capitán contratare el seguro o el dueño de las cosas aseguradas fuere en el mismo buque que las porteare, se dejará siempre un 10 % a su riesgo, no habiendo pacto expreso en contrario.

Artículo 751. En el seguro del buque se entenderá que solo cubre el seguro las cuatro quintas partes de su importe o valor y que el asegurado corre el riesgo por la quinta parte restante, a no hacerse constar expresamente en la póliza pacto en contrario.

En este caso y en el del Artículo anterior, habrá de descontarse del seguro el importe de los préstamos tomados a la gruesa.

Artículo 752. La suscripción de la póliza creará una presunción legal de que los aseguradores admitieron como exacta la evaluación hecha en ella de los efectos asegura dos, salvo los casos de fraude y malicia.

Si apareciese exagerada la evaluación, se procederá según las circunstancias del caso, a saber:

Si la exageración hubiere procedido de error y no de malicia imputable al asegurado, se reducirá el seguro a su verdadero valor fijado por las partes de común acuerdo o por juicio pericial. El asegurador devolverá el exceso de prima recibida, reteniendo, sin embargo, medio por 100 de este exceso.

Si la exageración fuere por fraude del asegurado y el asegurador lo probare, el seguro será nulo para el asegurado, y el asegurador ganará la prima, sin perjuicio de la acción criminal que le corresponda.

Artículo 753. La reducción del valor de la moneda nacional cuando se hubiere fijado en extranjera, se hará al curso corriente en el lugar y en el día en que se firmó la póliza.

Artículo 754. Si al tiempo de realizarse el contrato no se hubiere fijado con especificación el valor de las cosas aseguradas, se determinará éste:

1. Por las facturas de consignación.

2. Por declaración de Corredores o peritos, que procederán tomando por base de su juicio el precio de los efectos en el puerto de salida, con más los gastos de embarque, flete y aduanas.

Si el seguro recayere sobre mercaderías de retorno de un país en que el comercio se hiciere solo por permuta, se arreglará el valor por el que tuvieren los efectos permutados en el puerto de salida, con todos los gastos.

3. Obligaciones entre el Asegurador y el Asegurado

Artículo 755. Los aseguradores indemnizarán los daños y perjuicios que los objetos asegurados experimenten por algunas de las causas siguientes:

1. Varada o empeño del buque, con rotura o sin ella.
2. Temporal.
3. Naufragio.
4. Abordaje fortuito.
5. Cambio de derrota durante el viaje o de buque.
6. Echazón.
7. Fuego o explosión, si aconteciere en mercaderías, tanto a bordo como si estuviesen depositadas en tierra, siempre que se hayan alijado por orden de la Autoridad competente, para reparar el buque o beneficiar el cargamento; o fuego por combustión espontánea en las carboneras de los buques de vapor.
8. Apresamiento.
9. Saqueo.
10. Declaración de guerra.
11. Embargo por orden del Gobierno.
12. Retención por orden de Potencia extranjera.
13. Represalias.
14. Cualesquiera otros accidentes o riesgos de mar.

Los contratantes podrán estipular las excepciones que tengan por conveniente, mencionándolas en la póliza, sin cuyo requisito no surtirán efecto.

Artículo 756. No responderán los aseguradores de los daños y perjuicios que sobrevengan a las cosas aseguradas por cualquiera de las causas siguientes, aunque no se hayan excluido en la póliza:

1. Cambio voluntario de derrotero de viaje o de buque sin expreso consentimiento de los aseguradores.

2. Separación espontánea de un convoy, habiéndose estipulado que iría en conserva con él.

3. Prolongación de viaje a un puerto más remoto que el designado en el seguro.

4. Disposiciones arbitrarias y contrarias a la póliza de fletamento o al conocimiento tomadas por orden de fletante, cargadores y fletadores.

5. Baratería del patrón, a no ser que fuera objeto del seguro.

6. Mermas, derramas y dispendios procedentes de la naturaleza de las cosas aseguradas.

7. Falta de los documentos prescritos en este Código, en las Ordenanzas y Reglamentos de marina o de navegación, u omisiones de otra clase del capitán, en contravención de las disposiciones administrativas, a no ser que se haya tomado a cargo del asegurador la baratería del patrón.

En cualquiera de estos casos, los aseguradores harán suyo el premio, siempre que hubieren empezado a correr el riesgo.

Artículo 757. En los seguros de carga contratados por viaje redondo, si el asegurado no encontrare cargamento para el retorno, o solamente encontrare menos de las dos terceras partes, se rebajará el premio de vuelta proporcionalmente al cargamento que trajere, abonándose, además, al asegurador medio por ciento de la parte que dejare de conducir.

No procederá, sin embargo rebaja alguna en el caso de que el cargamento se hubiere perdido en la ida, salvo pacto especial que modifique la disposición de este Artículo.

Artículo 758. Si el cargamento fuere asegurado por varios aseguradores en distintas cantidades, pero sin designar señaladamente los objetos del seguro, se pagará la indemnización, en caso de pérdida o avería, por todos los aseguradores, a prorrata de la cantidad asegurada por cada uno.

Artículo 759. Si fueren designados diferentes buques para cargar las cosas aseguradas, pero sin expresar la cantidad que ha de embarcarse en cada buque, podrá el asegurado distribuir el cargamento como mejor le convenga, o conducirlo a bordo de uno solo, sin que por ello se anule la responsabilidad del asegurador. Mas si hubiere hecho expresa mención de la cantidad asegurada sobre cada buque y el cargamento se pusiere a bordo en cantidades diferentes de aquellas que se hubieren señalado para cada uno, el asegurador no tendrá más responsabilidad que la que hubiere contratado en cada buque. Sin embargo, cobrará medio por ciento del exceso que se hubiere cargado en ellos sobre la cantidad contratada.

Si quedare algún buque sin cargamento, se entenderá anulado el seguro en cuanto a él, mediante el abono antes expresado de medio por ciento sobre el excedente embarcado en los demás.

Artículo 760. Si, por inhabilitación del buque antes de salir del puerto, la carga se trasbordase a otro, tendrán los aseguradores opción entre continuar o no el contrato, abonando las averías que hubieren ocurrido; pero si la inhabilitación sobreviniere después de empezado el viaje, correrán los aseguradores el riesgo, aun cuando el buque fuere de diferente porte y pabellón que el designado en la póliza.

Artículo 761. Si no se hubiere fijado en la póliza el tiempo durante el cual hayan de correr los riesgos por cuenta del asegurador, se observará lo prescrito en el Artículo 733 sobre los préstamos a la gruesa.

Artículo 762. En los seguros a término fijo, la responsabilidad del asegurador cesará en la hora en que cumpla el plazo estipulado.

Artículo 763. Si por conveniencia del asegurado las mercaderías se descargaren en un puerto más próximo que el designado para rendir el viaje, el asegurador hará suyo sin rebaja alguna el premio contratado.

Artículo 764. Se entenderán comprendidas en el seguro, si expresamente no se hubieran excluido en la póliza, las escalas que, por necesidad se hicieren para la conservación del buque o de su cargamento.

Artículo 765. El asegurado comunicará al asegurador por el primer correo siguiente al en que él las recibiere y por telégrafo si lo hubiere, las noticias referentes al curso de la navegación del buque asegurado y los daños o pérdidas que sufrieren las cosas aseguradas, y responderá de los daños y perjuicios que, por su omisión se ocasionaren.

Artículo 766. Si se perdieren mercaderías aseguradas por cuenta del capitán que mandare el buque en que estaban embarcadas, habrá aquél de justificar a los aseguradores la compra por medio de las facturas de los vendedores, y el embarque y conducción en el buque por certificación del cónsul cubano o Autoridad competente, donde no lo hubiere, del puerto donde las cargó, y por los demás documentos de habilitación y expedición de la Aduana.

La misma obligación tendrán todos los asegurados que naveguen con sus propias mercaderías, salvo pacto en contrario.

Artículo 767. Si se hubiere estipulado en la póliza aumento de premio en caso de sobrevenir guerra y no se hubiere fijado el tanto del aumento, se regulará éste, a falta de conformidad entre los mismos interesados, por peritos nombrados en la forma que establece la Ley de Enjuiciamiento civil, teniendo en consideración las circunstancias del seguro y los riesgos corridos.

ESTE ARTÍCULO HA SIDO MODIFICADO POR LA LEY DE PROCEDIMIENTO CIVIL Y ADMINISTRATI-

VO QUE DEROGÓ LA LEY DE ENJUICIAMIENTO CIVIL.

Artículo 768. La restitución gratuita del buque o su cargamento al capitán por los apresadores cederá en beneficio de los propietarios respectivos, sin obligación, de parte de los aseguradores, de pagar las cantidades que aseguraron.

Artículo 769. Toda reclamación procedente del contrato de seguro habrá de ir acompañada de los documentos que justifiquen:

1. El viaje del buque con la protesta del capitán o copia certificada del libro de navegación.
2. El embarque de los objetos asegurados: con el conocimiento y documentos de expedición de Aduanas.
3. El contrato del seguro: con la póliza.
4. La pérdida de las cosas aseguradas con los mismos documentos del n.º 1 y declaración de la tripulación, si fuere preciso.

Además, se fijará el descuento de los objetos asegurados, previo el reconocimiento de peritos.

Los aseguradores podrán contradecir la reclamación y se les admitirá sobre ello prueba en juicio.

Artículo 770. Presentados los documentos justificativos, el asegurador deberá, hallándolos conformes y justificada la pérdida, pagar la indemnización al asegurado dentro del plazo estipulado en la póliza y, en su defecto, a los diez días de la reclamación.

Mas, si el asegurador la rechazare y contradijere judicialmente, podrá depositar la cantidad que resultare de los justificantes o entregarla al asegurado mediante fianza suficiente, decidiendo lo uno o lo otro el juez o Tribunal, según los casos.

Artículo 771. Si el buque asegurado sufriere daño por accidente de mar, el asegurador pagará únicamente las dos terceras partes de los gastos de reparación, hágase o no. En el primer caso, el importe de los gastos se justificará por los medios reconocidos en el derecho; en el segundo, se apreciará por peritos.

Solo el naviero o el capitán autorizado para ello, podrán optar por la no reparación del buque.

Artículo 772. Si por consecuencia de la reparación, el valor del buque aumentare en más de una tercera parte del que se le hubiere dado en el seguro, el asegurador pagará los dos tercios del importe de la reparación, descontando el mayor valor que éste hubiere dado al buque.

Mas, si el asegurado probase que el mayor valor del buque que no procedía de la reparación, sino de ser el buque nuevo y haber ocurrido la avería en el primer viaje o que lo eran las máquinas o aparejo y pertrechos destrozados, no se hará la deducción del aumento de valor, y el asegurador pagará los dos tercios de la reparación, conforme a la regla 6 del Artículo 854.

Artículo 773. Si las reparaciones excedieren de las tres cuartas partes del valor del buque, se entenderá que está inhabilitado para navegar y procederá el abandono; y no haciendo esta declaración, abonarán los aseguradores el importe del seguro deducido el valor del buque averiado o de sus restos.

Artículo 774. Cuando se trate de indemnizaciones procedentes de avería gruesa, terminadas las operaciones de arreglo, liquidación y pago de la misma, el asegurado entregará al asegurador todas las cuentas y documentos justificativos en reclamación de la indemnización de las cantidades que le hubieren correspondido. El asegurador examinará, a su vez, la liquidación, y hallándola conforme a las condiciones de la póliza, estará obligado a pagar al asegurado la cantidad correspondiente, dentro del plazo convenido, o en su defecto, en el de ocho días.

Desde esa fecha comenzará a devengar interés la suma debida.

Si el asegurador no encontrare la liquidación conforme con lo convenido en la póliza, podrá reclamar ante el juez o Tribunal competente en el mismo plazo de ocho días, constituyendo en depósito la cantidad reclamada.

VER NOTA AL ARTÍCULO 14.

Artículo 775. En ningún caso podrá exigirse al asegurador una suma mayor que la del importe total del seguro; sea que el buque salvado, después de una arribada forzosa para reparación de avería, se pierda; sea que la parte que haya de pagarse por la avería gruesa importe más que el seguro, o que el coste de diferentes averías y reparaciones en un mismo viaje o dentro del plazo del seguro, excedan de la suma asegurada.

Artículo 776. En los casos de avería simple respecto a las mercaderías aseguradas, se observarán las reglas siguientes:

1. Todo lo que hubiere desaparecido por robo, pérdida, venta en viaje, por causa de deterioro o por cualquiera de los accidentes marítimos comprendidos en el contrato del seguro, será justificado con arreglo al valor de factura o en su defecto, por el que se le hubiese dado en el seguro, y el asegurador pagará su importe.

2. En el caso de que, llegado el buque a buen puerto, resulten averiadas las mercaderías en todo o en parte, los peritos harán constar el valor que tendrían si hubieren llegado en estado sano, y el que tengan en su estado de deterioro.

La diferencia entre ambos valores líquidos, hecho, además, el descuento de los derechos de aduanas, fletes y cualesquiera otros análogos, constituirá el valor o importe de la avería, sumándole los gastos causados por los peritos y otros, si los hubiere.

Habiendo recaído la avería sobre todo el cargamento asegurado, el asegurador pagará en su totalidad el demérito que resulte, mas, si solo alcanzare a una parte, el asegurado será reintegrado en la proporción correspondiente.

Si hubiere sido objeto de un seguro especial el beneficio probable del cargador, se liquidará separadamente.

Artículo 777. Fijada por los peritos la avería simple del buque, el asegurado justificará su derecho con arreglo a lo dispuesto en el final del n.º 9 del Artículo 580, y el asegurador pagará en conformidad a lo dispuesto en los Artículos 858 y 859.

Artículo 778. El asegurador no podrá obligar al asegurado a que venda el objeto del seguro para fijar su valor.

Artículo 779. Si la valuación de las cosas aseguradas hubiere de hacerse en país extranjero, se observarán las leyes, usos y costumbres del lugar en que haya de realizarse, sin perjuicio de someterse a las prescripciones de este Código para la comprobación de los hechos.

Artículo 780. Pagada por el asegurador la cantidad asegurada, se subrogará en el lugar del asegurado para todos los derechos y acciones que correspondan contra los que, por malicia o culpa, causaron la pérdida de los efectos asegurados.

4. De los casos en que se anula, rescinde o modifica el contrato de seguro.

Artículo 781. Será nulo el contrato de seguro que recayere:

1. Sobre los buques o mercaderías afectos anteriormente a un préstamo a la gruesa por todo su valor.

Si el préstamo a la gruesa no fuere por el valor entero del buque o de las mercaderías, podrá subsistir el seguro en la parte que exceda al importe del préstamo.

2. Sobre la vida de tripulantes y pasajeros.

3. Sobre los sueldos de la tripulación.

4. Sobre géneros de ilícito comercio en el país del pabellón del buque.

5. Sobre buque dedicado habitualmente al contrabando, ocurriendo el daño o pérdida por haberlo hecho, en cuyo caso se abonará al asegurador el medio por ciento de la cantidad asegurada.

6. Sobre un buque que, sin mediar fuerza mayor que lo impida, no se hiciere a la mar en los seis meses siguientes a la fecha de la póliza, en cuyo caso, además de la anulación, procederá el abono de medio por ciento al asegurador de la suma asegurada.

7. Sobre buque que deje de emprender el viaje contratado o se dirija a punto distinto del estipulado; en cuyo caso procederá también el abono al asegurador del medio por ciento de la cantidad asegurada.

8. Sobre cosas en cuya valoración se hubiere cometido falsedad a sabiendas.

Artículo 782. Si se hubieren realizado sin fraude diferentes contratos de seguro sobre un mismo objeto, subsistirá únicamente el primero, con tal que cubra todo su valor.

Los aseguradores de fecha posterior quedarán libres de responsabilidad y percibirán un medio por ciento de la cantidad asegurada.

No cubriendo el primer contrato el valor íntegro del objeto asegurado, recaerá la responsabilidad del exceso sobre los aseguradores que contrataron con posterioridad, siguiendo el orden de fechas.

Artículo 783. El asegurado no se libertará de pagar los premios íntegros a los diferentes aseguradores, si no hiciere saber a los postergados la rescisión de sus contratos antes de haber llegado el objeto asegurado al puerto de destino.

Artículo 784. El seguro hecho con posterioridad a la pérdida, avería o feliz arribo del objeto asegurado al puerto de destino, será nulo siempre que pueda presumirse racionalmente que la noticia de lo uno o de lo otro había llegado a conocimiento de alguno de los contratantes.

Existirá esta presunción cuando se hubiere publicado la noticia en una plaza, mediante el tiempo necesario para comunicarlo por el correo o el telégrafo al lugar donde se contrató el seguro, sin perjuicio de las demás pruebas que puedan practicar las partes.

Artículo 785. El contrato de seguro sobre buenas o malas noticias no se anulará si no se prueba el conocimiento del suceso esperado o temido por alguno de los contratantes al tiempo de verificarse el contrato.

En caso de probarlo, abonará el defraudador a su coobligado una quinta parte de la cantidad asegurada, sin perjuicio de la responsabilidad criminal a que hubiere lugar.

Artículo 786. Si el que hiciere el seguro, sabiendo la pérdida total o parcial de las cosas aseguradas, obrare por cuenta ajena, será personalmente responsable del hecho como si hubiere obrado por cuenta propia, y si por el contrario, el comisionado estuviere inocente del fraude cometido por el propietario asegurado, recaerán sobre éste todas las responsabilidades, quedando siempre a su cargo pagar a los aseguradores el premio convenido.

Igual disposición regirá respecto al asegurador cuando contratare el seguro por medio de comisionado y supiere el salvamento de las cosas aseguradas.

Artículo 787. Si, pendiente el riesgo de las cosas aseguradas, fueren declarados en quiebra el asegurador o el asegurado, tendrán ambos derecho a exigir fianza, éste para cubrir la responsabilidad del riesgo, y aquél para obtener el pago del premio; y si los representantes de la quiebra se negaren a prestarla dentro de los tres días siguientes al requerimiento, se rescindirá el contrato.

En caso de ocurrir el siniestro dentro de los dichos tres días sin haber prestado la fianza, no habrá derecho a la indemnización ni al premio del seguro.

Artículo 788. Si, contratado un seguro fraudulentamente por varios aseguradores, alguno o algunos hubieren procedido de buena fe, tendrán éstos derecho a obtener el premio íntegro de su seguro de los que hubieren procedido con malicia, quedando el asegurado libre de toda responsabilidad.

De igual manera se procederá respecto a los asegurados con los aseguradores, cuando fueren algunos de aquellos los autores del seguro fraudulento.

5. Del abandono de las cosas aseguradas

Artículo 789. Podrá el asegurado abandonar por cuenta del asegurador las cosas aseguradas, exigiendo del asegurador el importe de la cantidad estipulada en la póliza:

1. En el caso de naufragio.

2. En el de inhabilitación del buque para navegar, por varada, rotura o cualquier otro accidente de mar.

3. En el de apresamiento, embargo o detención por orden de Gobierno nacional o extranjero.

4. En el de pérdida total de las cosas aseguradas, entendiéndose por tal la que disminuya en tres cuartas partes el valor asegurado.

Los demás daños se reputarán averías, y se soportarán por quien corresponda, según las condiciones del seguro y las disposiciones de este Código.

No procederá el abandono en ninguno de los dos primeros casos, si el buque náufrago, varado o inhabilitado pudiera desencallarse, ponerse a flote y repararse para continuar el viaje al puerto de su destino, a no ser que el coste de la reparación excediese de las tres cuartas partes del valor en que estuviere el buque asegurado.

Artículo 790. Verificándose la rehabilitación del buque, solo responderán los aseguradores de los gastos ocasionados por la encalladura u otro daño que el buque hubiere recibido.

Artículo 791. En los casos de naufragio y apresamiento el asegurado tendrá la obligación de hacer por si las diligencias que aconsejen las circunstancias, para salvar o recobrar los efectos perdidos, sin perjuicio del abandono que le competa hacer a su tiempo, y el asegurador habrá de reintegrarle los gastos legítimos que, para el salvamento, hiciese, hasta la concurrencia del valor de los efectos salvados, sobre los cuales se harán efectivos en defecto de pago.

Artículo 792. Si el buque quedare absolutamente inhabilitado para navegar, el asegurado tendrá obligación de dar de ello aviso al asegurador, telegráficamente siendo posible, y si no, por el primer correo siguiente al recibo de la noticia. Los interesados en la carga que se hallaren presentes, o, en su ausencia, el capitán, practicarán todas las diligencias posibles para conducir el cargamento al puerto de su destino, con arreglo a lo dispuesto en este Código, en cuyo caso correrán por cuenta del asegurador los riesgos y gastos de descarga, almacenaje, reembarque o trasbordo, excedente de flete y todos los demás, hasta que se alijen los efectos asegurados en el punto designado en la póliza.

Artículo 793. Sin perjuicio de lo dispuesto en el Artículo anterior, el asegurador gozará del término de seis meses para conducir las mercaderías a su destino, si la inhabilitación hubiere ocurrido en los mares que circundan Europa desde el estrecho de Sund hasta Bósforo, y un año, si hubiere ocurrido en otro punto más lejano; cuyo plazo se comenzará a contar desde el día en que el asegurado le hubiere dado aviso del siniestro.

EL TEXTO DE ESTE ARTÍCULO, AUNQUE VIGENTE POR NO HABER SIDO MODIFICADO NI DEROGADO LEGALMENTE, ES DE DUDOSA APLICACIÓN. SIN EMBARGO, LA FIJACIÓN DE LOS PUNTOS GEOGRÁFICOS A LOS EFECTOS DE LA CONDUCCIÓN DE LAS MERCANCÍAS EN CASO DE INHABILITACIÓN DEL BUQUE PARA NAVEGAR, ES UN EXTREMO IMPORTANTE A LOS FINES DEL SEGURO.

Artículo 794. Si, a pesar de las diligencias practicadas por los interesados en la carga —capitán y aseguradores—, para conducir las mercaderías al puerto de su destino, conforme a lo prevenido en los artículos anteriores, no se encontrare buque en que verificar el transporte, podrá el asegurado propietario hacer abandono de las mismas.

Artículo 795. En caso de interrupción del viaje por embargo o detención forzada del buque, tendrá el asegurado obligación de comunicar a los aseguradores tan luego como llegue a su noticia, y no podrá usar de la acción de abandono hasta que hayan transcurrido los plazos fijados en el Artículo 793.

Estará obligado, además, a prestar a los aseguradores cuantos auxilios estén en su mano para conseguir el alzamiento del embargo, y deberá hacer por sí mismo las gestiones convenientes al propio fin, si, por hallarse los aseguradores en país remoto, no pudiere obrar de acuerdo con éstos.

Artículo 796. Se entenderá comprendido en el abandono del buque el flete de las mercaderías que se salven, aun cuando se hubiere pagado anticipadamente, considerándose pertenencia de los aseguradores, a reserva de los derechos que competan a los demás acreedores conforme a lo dispuesto en el Artículo 580.

Artículo 797. Se tendrá por recibida la noticia para la prescripción de los plazos establecidos en el Artículo 793, desde que se haga pública, bien por medio de los periódicos, bien por correr como cierta entre los comerciantes de la residencia del asegurado, o bien porque pueda probarse a éste que recibió aviso del siniestro por carta o telegrama del capitán, del consignatario o de algún corresponsal.

Artículo 798. Tendrá también el asegurado el derecho de hacer abandono después de haber transcurrido un año en los viajes ordinarios y dos en los largos, sin recibir noticia del buque.

En tal caso, podrá reclamar del asegurador la indemnización por el valor de la cantidad asegurada, sin estar obligado a justificar la pérdida; pero deberá probar la falta de noticias con certificación del cónsul o Autoridad marítima del puerto de donde salió, y otra de los cónsules o Autoridades marítimas de los del destino del buque y de su matrícula, que acrediten no haber llegado a ellos durante el plazo fijado.

Para usar de esta acción tendrá el mismo plazo señalado en el Artículo 804, reputándose viajes cortos los que se hicieren a las costas del mar de las Antillas, Golfo de México, Yucatán, Guatemala, Honduras, Nicaragua, y Costa Rica, en su parte oriental, Estados Unidos de Norte América, México, el Brasil y demás puntos de la costa oriental de América, sin doblar el Cabo de Hornos; y respecto de Europa y África, los que se emprendan a puntos situados en las costas de España, Portugal, Francia, Italia, Austria, Inglaterra, Holanda, Alemania, Dinamarca, Suecia y Noruega, Rusia o en las del Mediterráneo y costa occidental de África y las islas intermedias entre las costas de la América oriental y los puntos designados en este Artículo.

TÉNGASE PRESENTE QUE ESTE ARTÍCULO SE ENCUENTRA REDACTADO CONFORME A LA REAL ORDEN DE 28 DE ENERO DE 1886, QUE PUSO EN VIGOR EN NUESTRO PAÍS EL PRESENTE CÓDIGO.

Artículo 799. Si el seguro hubiere sido contratado a término limitado, existirá presunción legal de que la pérdida ocurrió dentro del plazo convenido, salvo la prueba que podrá hacer el asegurador de que la pérdida sobrevino después de haber terminado su responsabilidad.

Artículo 800. El asegurado, al tiempo de hacer el abandono, deberá declarar todos los seguros contratados sobre los efectos abandonados, así como los préstamos tomados a la gruesa sobre los mismos, y hasta que haya hecho esta declaración, no empezará a correr el plazo en que deberá ser reintegrado en el valor de los efectos.

Si cometiere fraude en esta declaración, perderá todos los derechos que le competan por el seguro, sin dejar de responder por los préstamos que hubiere tomado sobre los efectos asegurados, no obstante su pérdida.

Artículo 801. En caso de apresamiento de buque, y no teniendo tiempo el asegurado de proceder de acuerdo con el asegurador, ni de esperar instrucciones suyas, podrá por si o el capitán en su defecto, proceder al rescate de las cosas aseguradas poniéndolo en conocimiento del asegurador en la primera ocasión.

Este podrá aceptar o no el convenio celebrado por el asegurado o el capitán, comunicando su resolución dentro de las veinticuatro horas siguientes a la notificación del convenio.

Si lo aceptase, entregará en el acto la cantidad concertada por el rescate, y quedarán de su cuenta los riesgos ulteriores del viaje, conforme a las condiciones de la póliza. Si no lo aceptase, pagará la cantidad asegurada, perdiendo todo derecho a los efectos rescatados; y si dentro del término prefijado no manifestare su resolución, se entenderá que rechaza el convenio.

Artículo 802. Si, por haberse represado el buque, se reintegrará el asegurado en la posesión de sus efectos, se reputarán avería todos los gastos y perjuicios causados por la pérdida siendo de cuenta del asegurador el reintegro; y si, por consecuencia de la represa, pasaren los efectos asegurados a la posesión de un tercero, el asegurado podrá usar del derecho de abandono.

Artículo 803. Admitido el abandono, o declarado admisible en juicio, la propiedad de las cosas abandonadas, con las mejoras o desperfectos que en ellas sobrevengan desde el momento del abandono, se transmitirá al asegurador, sin que le exonere del pago la reparación del buque legalmente abandonado.

Artículo 804. No será admisible el abandono:

1. Si las pérdidas hubieren ocurrido antes de empezar el viaje.

2. Si se hiciere de una manera parcial o condicional, sin comprender en él todos los objetos asegurados.

3. Si no se pusiere en conocimiento de los aseguradores el propósito de hacerlo, dentro de los cuatro meses siguientes al día en que el asegurado haya recibido la noticia de la pérdida acaecida, y si no se formalizara el abandono dentro de diez, contados de igual manera, en cuanto a los siniestros ocurridos en los puertos del mar de las Antillas, Golfo de México y América Oriental sin doblar el cabo de Hornos, y en los de Europa, costa occidental de África e islas intermedias, citadas en el Artículo 798 y dentro de dieciocho, respecto a los demás.

4. Si no se hiciere por el mismo propietario o persona especialmente autorizada por él o por el comisionado para contratar el seguro.

Artículo 805. En el caso de abandono, el asegurador deberá pagar el importe del seguro en el plazo fijado en la póliza y no habiéndose expresado término en ella, a los sesenta días de admitido el abandono o de haberse hecho la declaración del Artículo 803.

Título IV. De los riesgos, daños y accidentes del comercio marítimo

Sección primera. De las averías

LO CONCERNIENTE A LAS AVERÍAS SE RESUELVE DE ACUERDO CON LO ESTABLECIDO EN LAS REGLAS DE YORK Y AMBERES CUYA REGLAMENTACIÓN INTERNACIONAL DATA DEL AÑO DE 1860. LA REGLAMENTACIÓN DE LA AVERÍA GRUESA ESTÁ CONTENIDA EN LAS REGLAS DE YORK Y AMBERES DE 1950.

EN LA CONFERENCIA DEL COMITÉ MARÍTIMO INTERNACIONAL CELEBRADA EN HAMBURGO ENTRE EL PRIMERO Y EL CINCO DE ABRIL DE 1974 SE ADOPTÓ POR UNANIMIDAD ENMENDAR LAS REGLAS DE YORK Y AMBERES DE 1950 QUE SERÁN CONOCIDAS COMO REGLAS YORK-ANTWERP[4] 1974 TAN PRONTO COMO SEA PRÁCTICO DESPUÉS DEL 1.º DE JULIO DE 1974.

Artículo 806. Para los efectos del Código, serán averías:

1. Todo gasto extraordinario o eventual que, para conservar el buque, el cargamento o ambas cosas, ocurriere durante la navegación.

2. Todo daño o desperfecto que sufriere el buque desde que se hiciere a la mar en el puerto de salida hasta dar fondo y anclar en el de su destino, y los que sufran las mercaderías desde que se cargaren en el puerto de expedición hasta descargarlas en el de su consignación.

Artículo 807. Los gastos menudos y ordinarios propios de la navegación, como los de pilotaje de costas y puertos, los de lanchas y remolques, anclaje, visita, sanidad, cuarentenas,

4 Antwerp es el nombre holandés de Amberes.

lazaretos y demás llamados de puerto, los fletes de gabarras y descarga hasta poner las mercaderías en el muelle y cualquier otro común a la navegación se considerarán gastos ordinarios a cuenta del fletante, a no mediar pacto expreso en contrario.

Artículo 808. Las averías serán:

1. Simples o particulares.

2. Gruesas o comunes.

Artículo 809. Serán averías simples o particulares, por regla general, todos los gastos y perjuicios causados en el buque o en su cargamento que no hayan redundado en beneficio y utilidad común de todos los interesados en el buque y su carga, especialmente los siguientes:

1. Los daños que sobrevinieren al cargamento desde su embarque hasta su descarga, así por vicio propio de la cosa, como por accidente de mar o por fuerza mayor, y los gastos hechos para evitarlos y repararlos.

2. Los daños y gastos que sobrevinieren al buque en su casco, aparejos, armas y pertrechos, por las mismas causas y motivos, desde que se hizo a la mar en el puerto de salida hasta que ancló y fondeó en el de su destino.

3. Los daños sufridos por las mercaderías cargadas sobre cubierta, excepto en la navegación de cabotaje, si las Ordenanzas marítimas lo permiten.

4. Los sueldos y alimentos de la tripulación cuando el buque fuere detenido o embargado por orden legítima o fuerza mayor si el fletamento estuviere contratado por un tanto el viaje.

5. Los gastos necesarios de arribada a un puerto para repararse o aprovisionarse.

6. El menor valor de los géneros vendidos por el capitán en arribada forzosa, para pago de alimentos y salvar a la tri-

pulación, o para cubrir cualquier otra necesidad del buque, a cuyo cargo vendrá el abono correspondiente.

7. Los alimentos y salarios de la tripulación mientras estuviere el buque en cuarentena.

8. El daño inferido al buque o cargamento por el choque o abordaje con otro, siendo fortuito e inevitable.

Si el accidente ocurriere por culpa o descuido del capitán, éste responderá de todo daño causado.

9. Cualquier daño que resultare al cargamento por faltas, descuido o baraterías del capitán o de la tripulación, sin perjuicio del derecho del propietario a la indemnización correspondiente contra el capitán, el buque y el flete.

Artículo 810. El dueño de la cosa que dio lugar al gasto o recibió el daño, soportará las averías simples o particulares.

Artículo 811. Serán averías gruesas o comunes, por regla general, todos los daños y gastos que se causen deliberadamente para salvar el buque, su cargamento o ambas cosas a la vez, de un riesgo conocido y efectivo, y, en particular, las siguientes:

1. Los efectos o metálico invertidos en el rescate del buque o del cargamento apresado por enemigos, corsarios o piratas, y los alimentos, salarios y gastos del buque detenido mientras se hiciere el arreglo o rescate.

2. Los efectos arrojados al mar para aligerar el buque, ya pertenezcan al cargamento, ya al buque o a la tripulación, y el daño que, por tal acto, resulte a los efectos que se conserven a bordo.

3. Los cables y palos que se corten o inutilicen, las anclas y las cadenas que se abandonen para salvar el cargamento, el buque o ambas cosas.

4. Los gastos de alijo o trasbordo de una parte del cargamento para aligerar el buque y ponerlo en estado de tomar

puerto o rada, y el perjuicio que de ellos resulte a los efectos alijados o trasbordados.

5. El daño causado a los efectos del cargamento por la abertura hecha en el buque para desaguarlo e impedir que zozobre.

6. Los gastos hechos para poner a flote un buque encallado de propósito con objeto de salvarlo.

7. El daño causado en el buque que fuere necesario abrir, agujerear o romper para salvar el cargamento.

8. Los gastos de curación y alimento de los tripulantes que hubieren sido heridos o estropeados defendiendo o salvando el buque.

9. Los salarios de cualquier individuo de la tripulación retenido en rehenes por enemigos, corsarios o piratas, y los gastos necesarios que cause en su prisión, hasta restituirse al buque o a su domicilio, si lo prefiriere.

10. El salario y alimentos de la tripulación del buque fletado por meses, durante el tiempo que estuviere embargado o detenido por fuerza mayor u orden del Gobierno, o para reparar los daños causados en beneficio común.

11. El menoscabo que resultare en el valor de los géneros vendidos en arribada forzosa para reparar el buque por causa de avería gruesa.

12. Los gastos de la liquidación de la avería.

Artículo 812. A satisfacer el importe de las averías gruesas o comunes contribuirán todos los interesados en el buque y cargamento existente en él al tiempo de ocurrir la avería.

Artículo 813. Para hacer los gastos y causar los daños correspondientes a la avería gruesa, precederá resolución del capitán, tomada previa deliberación con el piloto y demás oficiales de la nave y audiencia de los interesados en la carga que se hallaren presentes.

Si éstos se opusieren, y el capitán y oficiales, o su mayoría, o el capitán, separándose de la mayoría, estimaren necesarias ciertas medidas, podrán ejecutarse bajo su responsabilidad, sin perjuicio del derecho de los cargadores a ejercitar el suyo contra el capitán ante el juez o Tribunal competente, si pudieren probar que procedió con malicia, impericia o descuido.

Si los interesados en la carga, estando en el buque, no fueren oídos, no contribuirán a la avería gruesa, imputable en esta parte al capitán, a no ser que la urgencia del caso fuere tal, que faltase el tiempo necesario para la previa deliberación.

VER NOTA AL ARTÍCULO 14.

Artículo 814. El acuerdo adoptado para causar los daños que constituyen avería común, habrá de extenderse necesariamente en el libro de navegación, expresando los motivos y razones en que se apoyó, los votos en contrario y el fundamento de la disidencia, si existiere, y las causas irresistibles y urgentes a la que obedeció el capitán, si obró por sí.

En el primer caso, el acta se firmará por todos los presentes que supieren hacerlo, a ser posible, antes de proceder a la ejecución, y cuando no lo sea, en la primera oportunidad. En el segundo, por el capitán y los oficiales del buque.

En el acta, y después del acuerdo, se expresarán circunstanciadamente todos los objetos arrojados y se hará mención de los desperfectos que se causen a los que se conserven en el buque. El capitán tendrá obligación de entregar una copia de esta acta a la Autoridad judicial marítima del primer puerto donde arribe, dentro de las veinticuatro horas de su llegada, y de ratificarla luego con juramento.

Artículo 815. El capitán dirigirá la echazón y mandará arrojar los efectos por el orden siguiente:

1. Los que se hallaren sobre cubierta, empezando por los que embaracen la maniobra o perjudiquen al buque prefiriendo, si es posible, los más pesados y de menos utilidad y valor.

2. Los que estuvieren bajo la cubierta superior, comenzando siempre por los de más peso y menos valor, hasta la cantidad y número que fuese absolutamente indispensable.

Artículo 816. Para que puedan imputarse en la avería gruesa y tengan derecho a indemnización los dueños de los efectos arrojados al mar, será preciso que, en cuanto a la carga, se acredite su existencia a bordo con el conocimiento, y, respecto a los pertenecientes al buque, con el inventario formado antes de la salida, conforme al párrafo 1 del Artículo 612.

Artículo 817. Si, aligerado el buque por causa de tempestad, para facilitar su entrada en el puerto o rada, se trasbordase a lanchas o barcas alguna parte del cargamento y se perdiere, el dueño de esta parte tendrá el derecho a la indemnización, como originada la pérdida de avería gruesa, distribuyéndose su importe entre la totalidad del buque y el cargamento de que proceda.

Si por el contrario, las mercaderías trasbordadas se salvaren y el buque pereciere, ninguna responsabilidad podrá exigirse al salvamento.

Artículo 818. Si, como medida necesaria para cortar un incendio en puerto, rada, ensenada o bahía, se acordase echar a pique algún buque, esta pérdida será considerada avería gruesa, a que contribuirán los buques salvados.

Sección Segunda: De las arribadas forzosas

Artículo 819. Si el capitán, durante la navegación, creyere que el buque no puede continuar viaje al puerto de su destino por falta de víveres, temor fundado de embargo, corsarios o piratas, o por cualquier accidente de mar que lo inhabilite para navegar, reunirá a los oficiales, citará a los interesados en la carga que se hallaren presentes y que pueden asistir a junta sin derecho a votar; y, si examinadas las circunstancias del caso, se considerase fundado el motivo, se acordará la arribada al puerto más próximo y conveniente, levantando y extendiendo en el libro de navegación la oportuna acta que firmarán todos.

El capitán tendrá voto de calidad, y los interesados en la carga podrán hacer las reclamaciones y protestas que estimen oportunas, las cuales se insertarán en el acta para que las utilicen como vieren convenirles.

VER ARTÍCULOS 3 AL 33, LEY 1092 DE 5 DE FEBRERO DE 1963; ARTÍCULOS 132 AL 135. DECRETO PRESIDENCIAL 3278 DE 5 DE FEBRERO DE 1963, REGLAMENTO DE LEY DE PROC. ADUANAL.

Artículo 820. La arribada no se reputará legítima en los casos siguientes:

1. Si la falta de víveres procediere de no haberse hecho el avituallamiento necesario para el viaje según uso y costumbre, o si se hubieren inutilizado o perdido por mala colocación o descuido en su custodia.

2. Si el riesgo de enemigos, corsarios o piratas no hubiere sido bien conocido, manifiesto y fundado en hechos positivos y justificables.

3. Si el desperfecto del buque proviniere de no haberle reparado, pertrechado, equipado y dispuesto convenientemente para el viaje, o de alguna disposición desacertada del capitán.

4. Siempre que hubiere en el hecho causa de la avería, malicia, negligencia, imprevisión o impericia del capitán.

VER ARTÍCULOS 31 AL 33 LEY 1092 DE 5 DE FEBRERO DE 1963; ARTÍCULOS 132 AL 135 DECRETO PRESI-

DENCIAL DE 5 DE FEBRERO DE 1963 REGLAMENTO DE LEY DE PROC. ADUANAL.

Artículo 821. Los gastos de la arribada forzosa serán siempre de cuenta del naviero o fletante; pero éstos no serán responsables de los perjuicios que puedan seguirse a los cargadores por consecuencia de la arribada, siempre que ésta hubiere sido legítima.

En caso contrario, serán responsables mancomunadamente el naviero y el capitán.

Artículo 822. Si para hacer reparaciones en el buque, o porque hubiere peligro de que la carga sufriera avería, fuere necesario proceder a la descarga, el capitán deberá pedir al juez o Tribunal competente, autorización para el alijo, y llevarlo a cabo con conocimiento del interesado, o representante de la carga, si lo hubiere.

En puerto extranjero, corresponderá dar la autorización al cónsul cubano, donde le haya.

En el primer caso, serán los gastos de cuenta del naviero, y en el segundo, correrán a cargo de los dueños de las mercaderías en cuyo beneficio se hizo la operación.

Si la descarga se verifica por ambas causas los gastos se distribuirán proporcionalmente entre el valor del buque y el del cargamento

VER LEY 1092 DE 5 DE FEBRERO DE 1963; DECRETO PRESIDENCIAL 3278, DE 5 DE FEBRERO DE 1963. REGLAMENTO LEY PROC. ADUANAL.

Artículo 823. La custodia y conservación del cargamento desembarcado estará a cargo del capitán, que responderá de él a no mediar fuerza mayor.

Artículo 824. Si apareciere averiado todo el cargamento o parte de él, o hubiere peligro inminente de que se averiase, podrá el capitán pedir al juez o Tribunal competente, o al cónsul, en su caso, la venta del todo o parte de aquél, y el que de esto deba conocer, autorizarla, previo reconocimiento y declaración de peritos, anuncios y demás formalidades del caso, y anotación, en el libro conforme se previene en el Artículo 624.

El capitán justificará en su caso la legalidad de su proceder, so pena de responder al cargador del precio que habrían alcanzado las mercaderías llegando en buen estado al puerto de su destino.

VER NOTA ARTÍCULO 14.

Artículo 825. El capitán responderá de los perjuicios que cause su dilación, si, cesando el motivo que dio lugar a la arribada forzosa no continuase el viaje.

Si el motivo de la arribada hubiere sido el temor de enemigos, corsarios o piratas, precederán a la salida deliberación y acuerdo en Junta de Oficiales del buque e interesados en la carga que se hallaren presentes, en conformidad con lo dispuesto en el Artículo 819.

VER LEY 1092, DE 5 DE FEBRERO DE 1963; DECRETO PRESIDENCIAL 3278, DE 5 DE FEBRERO DE 1963.

Sección tercera. De los abordajes

Artículo 826. Si un buque abordase a otro por culpa, negligencia o impericia del capitán piloto u otro cualquiera individuo de la dotación, el naviero del buque abordador indemnizará los daños y perjuicios ocurridos previa tasación fiscal.

VER LA CIRCULAR 22 DEL MINISTERIO DE HACIENDA DE 26 DE FEBRERO DE 1908, SOBRE EXPEDIENTES DE NAUFRAGIOS Y ABORDAJES.

LEY 1291 DE 13 DE MARZO DE 1975, ORGÁNICA DEL MINISTERIO DEL INTERIOR ARTÍCULO 4, INCISO C.

LEY 66 DE 2 DE ABRIL DE 1935, SOBRE JUNTAS TÉCNICAS DE ABORDAJE.

DECRETO PRESIDENCIAL 2455 DE 29 DE AGOSTO DE 1942, SOBRE JUNTAS TÉCNICAS DE ABORDAJES Y NAUFRAGIOS.

EL ARTÍCULO 3, INCISO 12 DE LA LEY 1091 DE 10 DE FEBRERO DE 1963 (G. O. DE FEBRERO 12 DE 1963) AUTORIZA A LA CÁMARA DE COMERCIO A REALIZAR FUNCIONES DE ARBITRAJE A TRAVÉS DE LA Corte de arbitraje DE COMERCIO EXTERIOR Y LA Corte de arbitraje DE TRANSPORTE MARÍTIMO.

LA LEY 1184, DE 15 DE SEPTIEMBRE DE 1965 (G. O. DE 21 DE SEPTIEMBRE), DICTÓ LOS ESTATUTOS DE LA Corte de arbitraje DE COMERCIO EXTERIOR CUYA DISPOSICIÓN ADICIONAL PRIMERA DICE:

«HASTA TANTO SE ESTABLEZCA LA INTEGRACIÓN, FUNCIONES Y ATRIBUCIONES DE LA Corte de arbitraje DE TRANSPORTE MARÍTIMO A QUE SE REFIERE EL ARTÍCULO 10 DE LA LEY 1091 DE 10 DE FEBRERO DE 1963 LA Corte de arbitraje DE COMERCIO EXTERIOR QUE POR ESTA LEY SE CREA, PODRÁ CONOCER DE LAS CONTROVERSIAS QUE SE ORIGINEN A VIRTUD DEL TRANSPORTE MARÍTIMO INTERNACIONAL.»

CONVENIO DE BRUSELAS DE 23 DE SEPTIEMBRE DE 1910 SOBRE AUXILIO Y SALVAMENTO.

VÉASE EL REGLAMENTO PARA PREVENIR LOS ABORDAJES EN EL MAR DE 1960, LONDRES, QUE ENTRÓ EN VIGOR EN CUBA EL 25 DE NOVIEMBRE DE 1965, SEGÚN LO DISPUESTO EN LA PROCLAMA PRESIDENCIAL DE 8 DE DICIEMBRE DE 1972. (G. O. DE DICIEMBRE DE 1972.)

VER LA PROCLAMA PRESIDENCIAL DE 3 DE FEBRERO DE 1975 POR LA CUAL NUESTRO PAÍS ACORDÓ ADHERIRSE A LA CONVENCIÓN SOBRE RECONOCIMIENTO Y EJECUCIÓN DE LAS SENTENCIAS ARBITRALES EXTRANJERAS ADOPTADA EL 10 DE JUNIO DE 1958 EN LA SEDE DE LA ORGANIZACIÓN DE LAS NACIONES UNIDAS EN NUEVA YORK. (G. O. DE 4 DE FEBRERO DE 1975.)

Artículo 827. Si el abordaje fuese imputable a ambos buques cada uno de ellos soportará su propio daño y ambos responderán solidariamente de los daños y perjuicios causados en sus cargos.

Artículo 828. La disposición del Artículo anterior es aplicable al caso de que no pueda determinarse cual de los dos buques ha sido el causante del abordaje.

Artículo 829. En los casos expresados, quedan a salvo la acción civil del naviero contra el causante del daño, y las responsabilidades criminales a que hubiere lugar.

Artículo 830. Si un buque abordare a otro por causa fortuita o de fuerza mayor, cada nave y su carga soportará sus propios daños.

Artículo 831. Si un buque abordare a otro, obligado por un tercero, indemnizará los daños y perjuicios que ocurrieren el naviero de este tercer buque, quedando el capitán responsable civilmente para con dicho naviero.

Artículo 832. Si por efecto de un temporal o de otra causa de fuerza mayor, un buque que se halla debidamente fondeado y amarrado abordare a los inmediatos a él, causándoles averías, el daño ocurrido tendrá la consideración de avería simple del buque abordado.

Artículo 833. Se presumirá perdido por causa de abordaje el buque que, habiéndolo sufrido, se fuera a pique en el acto, y también el que, obligado a ganar puerto para reparar las averías ocasionadas por el abordaje, se perdiese durante el viaje o se viera obligado a embarrancar para salvarse.

Artículo 834. Si los buques que se abordan tuvieren a bordo práctico ejerciendo sus funciones al tiempo del abordaje, no eximirá su presencia a los Capitanes de las responsabilidades en que incurran; pero tendrán éstos derecho a ser indemnizados por los prácticos, sin perjuicio de la responsabilidad criminal en que éstos pudieran incurrir.

Artículo 835. La acción para el resarcimiento de daños y perjuicios que se deriven de los abordajes, no podrá admitirse si no se presenta dentro de las veinticuatro horas protesta o declaración ante la Autoridad competente del puerto en que tuviere lugar el abordaje, o la del primer puerto de arribada del buque, siendo en Cuba y ante el cónsul de Cuba, si ocurriese en el extranjero.

Artículo 836. Para los daños causados a las personas o al cargamento, la falta de protesta no puede perjudicar a los interesados que no se hallaban en la nave o no estaban en condiciones de manifestar su voluntad.

Artículo 837. La responsabilidad civil que contraen los navieros en los casos prescritos en esta Sección, se entiende limitada al valor de la nave con todas sus pertenencias y fletes devengados en el viaje.

Artículo 838. Cuando el valor del buque y sus pertenencias no alcanzare a cubrir todas las responsabilidades, tendrá preferencia la indemnización debida por muerte o lesiones de las personas.

Artículo 839. Si el abordaje tuviere lugar entre buques cubanos en aguas extranjeras o si, verificándose en aguas libres, los buques arribaren a puertos extranjeros, el cónsul de Cuba en aquel puerto instruirá la sumaria averiguación del suceso, remitiendo el expediente a la «Autoridad correspondiente del puerto» más inmediato para su continuación y conclusión.

Sección cuarta. De los naufragios

Artículo 840. Las pérdidas y desmejoras que sufran el buque y su cargamento a consecuencia de naufragio o encalladura, serán individualmente de cuenta de los dueños, perteneciéndoles en la misma proporción los resto que se salven.

LEY DECRETO 882 DE 27 DE MAYO DE 1953; ARTÍCULO VIII DEL DECRETO LEY 660 DE 6 DE NOVIEMBRE DE 1934.

LA RESOLUCIÓN DEL MINISTERIO DE MARINA MERCANTE Y DE PUERTOS N.° 28, DE 13 DE MAYO DE 1974 CREÓ LA EMPRESA ESTATAL DENOMINADA «EMPRESA ANTILLANA DE SALVAMENTO» QUE TIENE POR OBJETO LA PRESTACIÓN DE LOS SERVICIOS DE SALVAMENTO, ASISTENCIA Y REMOLQUE A BUQUES NACIONALES Y EXTRANJEROS EN AGUAS TERRITORIALES E INTERNACIONALES.

Artículo 841. Si el Naufragio o encalladura procedieren de malicia, descuido o impericia del capitán, o porque el buque salió a la mar no hallándose suficientemente reparado y pertrechado, el naviero o los cargadores podrán pedir al capitán la indemnización de los perjuicios causados al buque o al cargamento por el siniestro, conforme a lo dispuesto en los Artículos 610, 612, 614 y 621.

Artículo 842. Los objetos salvados del naufragio quedarán especialmente afectos al pago de los gastos del respectivo salvamento, y su importe deberá ser satisfecho por los dueños de aquéllos antes de entregárselos, y con preferencia a otra cualquiera obligación si las mercaderías se vendiesen.

VER ARTÍCULOS 222 AL 228 DEL DECRETO PRESIDENCIAL 3278, DE 5 DE FEBRERO DE 1963 Y LOS ARTÍCULOS 56 Y 57 DE LA 1092 DE 5 DE FEBRERO DE 1963. ARTÍCULOS PROCEDENTES DE NAUFRAGIOS.

Artículo 843. Si, navegando varios buques en conserva, naufragare alguno de ellos, la carga salvada se repartirá entre los demás en proporción a lo que cada uno pueda recibir.

Si algún capitán se negase sin justa causa a recibir la que le corresponda, el capitán náufrago protestará contra él ante dos oficiales de mar, los daños y perjuicios que de ello se sigan, ratificando la protesta dentro de las veinticuatro horas de la llegada al primer puerto, e incluyéndola en el expediente que debe instruir con arreglo a lo dispuesto en el Artículo 612.

Si no fuere posible trasladar a los demás buques todo el cargamento náufrago, se salvarán, con preferencia, los objetos de más valor y de menos volumen, haciéndose la designación por el capitán, con acuerdo de los oficiales de su buque.

Artículo 844. El capitán que hubiere recogido los efectos salvados del naufragio continuará su rumbo al puerto de su destino, y en llegando, los depositará con intervención judicial, a disposición de sus legítimos dueños.

En el caso de variar de rumbo, si pudiere descargar en el puerto a que iban consignados el capitán, podrá arribar a él si lo consintieren los cargadores o sobrecargos presentes y los oficiales y pasajeros del buque, pero no lo podrá verificar, aun con este consentimiento, en tiempo de guerra o cuando el puerto sea de acceso difícil y peligroso.

Todos los gastos de esta arribada serán de cuenta de los dueños de la carga, así como el pago de los fletes que, atendidas las circunstancias del caso, se señalen por convenio o por decisión judicial.

Artículo 845. Si en el buque no hubiere interesado en la carga que pueda satisfacer los gastos y los fletes correspondientes al salvamento, el juez o Tribunal competente podrá acordar la venta de la parte necesaria para satisfacerlos con su importe. Lo mismo se ejecutará cuando fuese peligrosa su conservación, o cuando en el término de un año no se hubiese podido averiguar quiénes fueren sus legítimos dueños.

En ambos casos se procederá con la publicidad y formalidades determinadas en el Artículo 579, y el importe líquido de la venta se constituirá en depósito seguro, a juicio del juez o Tribunal, para entregarlo a sus legítimos dueños.

VER NOTA AL ARTÍCULO 14.

Título V. De la Justificación y Liquidación de las Averías

Sección primera. Disposiciones comunes a toda clase de averías

Artículo 846. Los interesados en la justificación y liquidación de las averías podrán convenirse y obligarse mutuamente en cualquier tiempo acerca de la responsabilidad, liquidación y pago de ellas.

A falta de convenios, se observarán las reglas siguientes:

1. La justificación de la avería se verificará en el puerto donde se hagan las reparaciones, si fueren necesarias, o en el de descarga.
2. La liquidación se hará en el puerto de descarga, si fuere cubano.
3. Si la avería hubiere ocurrido fuera de las aguas jurisdiccionales de Cuba o se hubiere vendido la carga en puerto extranjero por arribada forzosa, se hará la liquidación en el puerto de arribada.
4. Si la avería hubiese ocurrido cerca del puerto de destino, de modo que se pueda arribar a dicho puerto, en él se practicarán las operaciones de que tratan las reglas 1 y 2.

VER LEY 1292, DE 26 DE ABRIL DE 1975 SOBRE MAR TERRITORIAL Y 1291 DE 13 DE MARZO DE 1975, ARTÍCULO 4, INCISO C.

Artículo 847. Tanto en el caso de hacerse la liquidación de las averías privadamente en virtud de lo convenido, como en el de intervenir la Autoridad Judicial a petición de cualquiera de los interesados no conformes, todos serán citados y oídos si no hubieren renunciado a ello.

Cuando no se hallaren presentes o no tuvieren legítimo representante, se hará la liquidación por el cónsul en puerto extranjero, y donde no lo hubiere, por el juez o Tribunal competente, según las leyes del país, y por cuenta de quien corresponda.

Cuando el representante sea persona conocida en el lugar donde se haga la liquidación, se admitirá y producirá efecto legal su intervención, aunque solo esté autorizado por carta del naviero, del cargador o del asegurador.

VER NOTA AL ARTÍCULO 14.

Artículo 848. Las demandas sobre averías no serán admisibles si no excedieren del 5 % del interés que el demandante tenga en el buque o en el cargamento, siendo gruesas, y del 1 % del efecto averiado, si fueren simples, deduciéndose, en ambos casos, los gastos de tasación salvo pacto en contrario.

Artículo 849. Los daños, averías, préstamos a la gruesa y sus premios y cualesquiera otras pérdidas no devengarán interés de demora sino pasado el plazo de tres días, a contar desde el en que la liquidación haya sido terminada y comunicada a los interesados en el buque, en la carga o en ambas cosas a la vez.

Artículo 850. Si, por consecuencia de uno o varios accidentes de mar, ocurrieren en un mismo viaje averías simples y gruesas del buque, del cargamento o de ambos, se determinarán, con separación, los gastos y daños pertenecientes a cada avería, en el puerto donde se hagan las reparaciones, o se descarguen, vendan o beneficien las mercaderías.

Al efecto, los Capitanes estarán obligados a exigir de los peritos tasadores y de los maestros que ejecuten las reparaciones, así como de los que tasen o intervengan en la descarga, saneamiento, venta o beneficio de las mercaderías, que en sus tasaciones o presupuestos y cuentas pongan con toda exactitud y separación los daños y gastos pertenecientes a cada avería; y en los de cada avería los correspondientes al buque y al cargamento, expresando también, con separación, si hay o no daños que procedan de vicio propio de la cosa y no, de accidentes de mar; y en el caso de que hubiere gastos comunes a las diferentes averías y al buque y su carga, se deberá calcular lo que corresponda por cada concepto y expresarlo distintamente.

Sección segunda. De la liquidación de las averías gruesas

Artículo 851. A instancia del capitán se procederá privadamente, mediante el acuerdo de todos los interesados, al arreglo, liquidación y distribución de las averías gruesas.

A este efecto, dentro de las cuarenta y ocho horas siguientes a la llegada del buque al puerto, el capitán convocará a todo los interesados para que resuelvan si el arreglo o liquidación de las averías gruesas habrá de hacerse por peritos y liquidadores nombrados por ellos mismos, en cuyo caso se hará así, habiendo conformidad entre los interesados.

No siendo la avenencia posible, el capitán acudirá al juez o Tribunal competente, que lo será el del puerto donde hayan de practicarse aquellas diligencias, conforme a las disposiciones de este Código, o al cónsul de Cuba, si lo hubiese, y si no, a la Autoridad local, cuando hayan de verificarse en puerto extranjero.

Artículo 852. Si el capitán no cumpliere con lo dispuesto en el Artículo anterior, el naviero o los cargadores reclamarán la liquidación, sin perjuicio de la acción que les corresponda para pedirle indemnización.

Artículo 853. Nombrados los peritos por los interesados o por el juez o Tribunal, procederán, previa la aceptación al reconocimiento del buque y de las reparaciones que necesite y a la tasación de su importe, distinguiendo estas pérdidas y daños de los que provengan de vicio propio de las cosas.

También declararán los peritos si pueden ejecutarse las reparaciones desde luego, o si es necesario descargar el buque para reconocerlo y repararlo.

Respecto a las mercaderías, si la avería fuere perceptible a la simple vista, deberá verificarse su reconocimiento antes de entregarlas. No apareciendo a la vista al tiempo de la descarga, podrá hacerse después de su entrega, siempre que se verifique dentro de las cuarenta y ocho horas de la descarga, y sin perjuicio de las demás pruebas que estimen convenientes los peritos.

VER NOTA AL ARTÍCULO 14.

Artículo 854. La evaluación de los objetos que hayan de contribuir a la avería gruesa y la de los que constituyen la avería, se sujetarán a las reglas siguientes:

1. Las mercaderías salvadas que hayan de contribuir al pago de la avería gruesa, se valuarán al precio corriente en el puerto de descarga, deducidos fletes, derechos de Aduanas y gastos de desembarque, según lo que aparezca de la inspección material de las mismas, prescindiendo de lo que resulte de los conocimientos, salvo pacto en contrario.

2. Si hubiere de hacerse la liquidación en el puerto de salida, el valor de las mercaderías cargadas se fijará por el precio de compra con los gastos hasta ponerlas a bordo, excluido el premio del seguro.

3. Si las mercaderías estuvieren averiadas, se apreciarán por su valor real.

4. Si el viaje se hubiera interrumpido, las mercaderías se hubieren vendido en el extranjero, y la avería no pudiere regularse, se tomará por capital contribuyente el valor de las mercaderías en el puerto de arribada, o el producto líquido obtenido en su venta.

5. Las mercaderías perdidas que constituyeren la avería gruesa se apreciarán por el valor que tengan las de su clase en el puerto de descarga, con tal que consten en los conocimientos sus especies y calidades, y no constando, se estará a lo que resulte de las facturas de compra expedidas en el puerto de embarque, aumentando a su importe los gastos y fletes causados posteriormente.

6. Los palos cortados, las velas, cables y demás aparejos del buque inutilizados con el objeto de salvarlo, se apreciarán según el valor corriente, descontado una tercera parte por diferencia de nuevo a viejo.

Esta rebaja no se hará en las anclas y cadenas.

7. El buque se tasará por su valor real en el estado en que se encuentre.

8. Los fletes representarán el 50 % como capital contribuyente.

Artículo 855. Las mercaderías cargadas en el combés del buque contribuirán a la avería gruesa si se salvaren; pero no darán derecho a indemnización si se perdiere habiendo sido arrojadas al mar por salvamento común, salvo cuando en la navegación de cabotaje permitieren las Ordenanzas marítimas su carga en esa forma.

Lo mismo sucederá con las que existan a bordo y no consten comprendidas en los conocimientos o inventarios, según los casos.

En todo caso, el fletante y el capitán responderán a los cargadores, de los perjuicios de la echazón, si la colocación en el combés se hubiere hecho sin consentimiento de éstos.

Artículo 856. No contribuirán a la avería gruesa las municiones de boca y guerra que lleve el buque, ni las ropas ni vestidos de uso de su capitán, oficiales y tripulación.

También quedarán exceptuados las ropas y vestidos de uso de los cargadores, sobrecargos y pasajeros que, al tiempo de la echazón, se encuentren a bordo.

Los efectos arrojados tampoco contribuirán al pago de las averías gruesas que ocurran a las mercaderías salvadas en riesgo diferente y posterior.

Artículo 857. Terminada por los peritos la valuación de los efectos salvados, y de los perdidos que constituyan la avería gruesa, hechas las reparaciones del buque, si hubiere lugar a ello, y aprobadas en este caso las cuentas de las mismas por los interesados o por el juez o Tribunal, pasará el expediente íntegro al liquidador nombrado para que proceda a la distribución de la avería.

VER NOTA AL ARTÍCULO 14.

Artículo 858. Para verificar la liquidación, examinará el liquidador la protesta del capitán, comprobándola, si fuere necesario, con el libro de navegación y todos los contratos que hubieran mediado entre los interesados en la avería, las tasaciones, reconocimientos periciales y cuentas de reparaciones hechas. Si, por resultado de este examen, hallare en el procedimiento algún defecto que pueda lastimar los derechos de los interesados o afectar la responsabilidad del capitán, llamará sobre ello la atención para que se subsane, siendo posible, y, en otro caso, lo consignará en los preliminares de la liquidación.

Enseguida procederá a la distribución del importe de la avería, para lo cual fijará:

1. El capital contribuyente, que se determinará por el importe del valor del cargamento, conforme a las reglas establecidas en el Artículo 854.

2. El del buque en el estado que tenga, según la declaración de peritos.

3. El 50 % del importe del flete, rebajando el 50 % restante por salarios y alimentos de la tripulación.

Determinada la suma de la avería gruesa conforme a lo dispuesto en este Código, se distribuirá a prorrata entre los valores llamados a costearla.

Artículo 859. Los aseguradores del buque, del flete y de la carga estarán obligados a pagar por la indemnización de la avería gruesa tanto cuanto se exija a cada uno de estos objetos respectivamente.

Artículo 860. Si, no obstante la echazón de mercaderías, rompimiento de palos, cuerdas y aparejos, se perdiere el buque corriendo el mismo riesgo, no habrá lugar a contribución alguna por avería gruesa,

Los dueños de los efectos salvados no serán responsables a la indemnización de los arrojados al mar, perdidos o deteriorados,

Artículo 861. Si, después de haberse salvado el buque del riesgo que dio lugar a la echazón, se perdiere por otro accidente ocurrido durante el viaje, los efectos salvados y subsistentes del primer riesgo continuarán afectos a la contribución de la avería gruesa, según su valor en el estado en que se encuentren, deduciendo los gastos hechos para su salvamento.

Artículo 862. Si, a pesar de haberse salvado el buque y la carga por consecuencia del corte de palos o de otro daño inferido al buque deliberadamente con aquel objeto, luego se perdieron o fueren robadas las mercaderías, el capitán no podrá exigir de los cargadores o cosignatarios que contribuyan a la indemnización de la avería, excepto si la pérdida ocurriere por hecho del mismo dueño o consignatario.

Artículo 863. Si el dueño de las mercaderías arrojadas al mar las recobrase después de haber recibido la indemnización de avería gruesa, estará obligado a devolver al capitán y a los demás interesados en el cargamento, la cantidad que hubiere percibido, deduciendo el importe del perjuicio causado por la echazón y de los gastos hechos para recobrarlas.

En este caso, la cantidad devuelta se distribuirá entre el buque y los interesados en la carga, en la misma proporción con que hubieren contribuido al pago de la avería.

Artículo 864. Si el propietario de los efectos arrojados los recobrare sin haber reclamado indemnización, no estará obligado a contribuir al pago de las averías gruesa que hubieren ocurrido al resto del cargamento después de la echazón.

Artículo 865. El repartimiento de la avería gruesa no tendrá fuerza ejecutiva hasta que haya recaído la conformidad, o, en su defecto, la aprobación de juez o Tribunal, previo examen de la liquidación y audiencia instructiva de los interesados presentes o de sus representantes.

VER NOTA AL ARTÍCULO 14.

Artículo 866. Aprobada la liquidación, corresponderá al capitán hacer efectivo el importe del repartimiento y será responsable a lo dueños de las cosas averiadas de los perjuicios que, por su morosidad o negligencia se les sigan.

Artículo 867. Si los contribuyentes dejaren de hacer efectivo el importe del repartimiento en el término de tercer día después de haber sido a ello requeridos, se procederá, a solicitud del capitán, contra los efectos salvados, hasta verificar el pago con su producto.

Artículo 868. Si el interesado en recibir los efectos salvados no diere fianza suficiente para responder de la parte correspondiente a la avería gruesa, el capitán podrá deferir la entrega de aquéllos hasta que se haya verificado el pago.

Sección tercera. De la liquidación de las averías simples

Artículo 869. Los peritos que el juez o Tribunal o los interesados nombren, según los casos, procederán al reconocimiento y valuación de la averías en la forma prevenida en el Artículo 853 y en el 854, reglas 2 a la 7, en cuanto les sean aplicables.

VER NOTA AL ARTÍCULO 14.

Libro cuarto. De la suspensión de pagos, de las quiebras y de las prescripciones

Título primero. De la suspensión de pagos y de la quiebra en general

Sección primera. De la suspensión de pagos y de sus efectos

Artículo 870. (Derogado.) El comerciante que poseyendo bienes suficientes para cubrir todas sus deudas, prevea la imposibilidad de efectuarlo a la fecha de sus respectivos vencimientos, podrá constituirse en estado de suspensión de pagos, que declarará el juez de Primera Instancia de su domicilio, en los términos y mediante los requisitos que se expresan en esta Ley.

Podrá también constituirse en estado de suspensión de pagos el comerciante que, por circunstancias desgraciadas y ajenas a su voluntad, careciese de recursos para satisfacer íntegramente sus deudas.

En este caso habrá de garantizar que pagará, por lo menos, el 50 % de los créditos no privilegiados ni asegurados con prenda o hipoteca.

La fianza será en metálico, hipotecaria o pignoraticia, pudiendo admitirse la personal si la prestara comerciante o particular con establecimiento o inmueble inscrito, sobre los que se anotará la obligación contraída por el fiador.

El que simplemente solicitara espera prestará una fianza equivalente al 50 % de su pasivo, en garantía del cumplimiento del convenio.

LA LEY DE PROCEDIMIENTO CIVIL Y ADMINISTRATIVO DE 4 DE ENERO DE 1974 DEROGÓ EXPRESAMENTE LA LEY DE 24 DE JUNIO DE 1911 REGULADORA DE LA SUSPENSIÓN DE PAGOS. EL ARTÍCULO 1 DE ÉSTA LEY DABA NUEVA REDACCIÓN A LOS AR-

TÍCULOS 870, 871, 872 Y 873 DEL CÓDIGO POR LO QUE ESTOS PRECEPTOS SE ENCUENTRAN IGUALMENTE DEROGADOS.

Artículo 871. (Derogado.) En los términos a que se refiere el Artículo anterior, podrá, asimismo, el comerciante presentarse en estado de suspensión de pagos dentro de las cuarenta y ocho horas siguientes al vencimiento de una obligación que no haya satisfecho y para cuyo pago hubiere sido requerido en forma judicial o por medio de Notario.

VER NOTA AL ARTÍCULO 870.

Artículo 872. (Derogado.) El comerciante o sociedad que pretenda se le declare en estado de suspensión de pagos, deberá cumplir con los requisitos siguientes:

1. Presentará escrito autorizado con firma de Letrado, solicitando se le declare en estado de suspensión de pagos, explicando los motivos que le obliguen a tomar tal resolución y manifestando hallarse en alguno de los casos expresados en el Artículo 870 u 871 del Código de Comercio.

2. Ofrecerá la correspondiente fianza en los términos que menciona el Artículo 870 del Código de Comercio.

3. Acompañará el inventario detallado de sus bienes y el balance del Activo y Pasivo de su casa o establecimiento.

En el caso del Artículo 871 del Código de Comercio, si por la índole o extensión de sus negocios no pudiese el comerciante presentar un inventario detallado de sus bienes, solicitará, para completarlo, un término que no podrá exceder de cinco días.

4. Presentará la lista de sus acreedores jurando que los que figuran en la relación son los únicos que tiene y señalando claramente sus domicilios, así como la ascendencia de sus créditos.

5. Justificará que se encuentra inscrito en este concepto en el Registro Mercantil correspondiente, y si fuere una socie-

dad quien solicitare la suspensión, acompañará, además, el acuerdo adoptado por la mayoría de los socios para presentar a la misma en estado de suspensión de pagos.

6. Acompañará la proposición de espera que proponga a sus acreedores, la cual no podrá exceder de tres años, salvo acuerdo unánime de los acreedores en contrario; o la de quita, en su caso, y tantas copias de la misma como sea el número de aquéllos.

7. Indicará el comerciante que haya de representarlo en la Comisión comprobadora que menciona el Artículo 7.

8. Consignará, ante el secretario judicial que haya de actuar en el expediente, una cantidad que exceda el 10 %, de la que aproximadamente debe invertirse en el diligenciamiento de los exhortos y cartas rogatorias o despachos y edictos de todas clases que hayan de dirigirse y publicarse para la citación de los acreedores.

VER NOTA AL ARTÍCULO 870.

Artículo 873. (Derogado.) Lo dispuesto en los Artículos 870 al 872 será aplicable a las suspensiones de pagos de las sociedades y empresas no comprendidas en el Artículo 930.

Para que dichas sociedades no comprendidas en el Artículo 930 puedan constituirse en estado de suspensión de pagos, será indispensable el acuerdo de la mayoría de los socios adoptado en Junta general, precisamente convocada al efecto, dentro del término señalado en el Artículo 871. Para la reunión de la junta se fijarán los plazos más breves que consientan los Estatutos o escritura social.

VER NOTA AL ARTÍCULO 870.

Sección segunda. Disposiciones generales sobre las quiebras

LA COMISIÓN ENCARGADA DE REDACTAR EL CÓDIGO DE COMERCIO SOLO SE OCUPÓ DE LA PARTE

DE LA LEGISLACIÓN DE QUIEBRAS QUE EN ÉL DEBÍA INCLUIRSE COMO DECLARATORIA DE DERECHOS, ABSTENIÉNDOSE DE PROPONER REFORMAS EN CUANTO AL PROCEDIMIENTO PARA OBTENER LA DECLARACIÓN DE QUIEBRA Y DEMÁS RESULTADOS A ELLA CONSIGUIENTES. PERO COMO LA REFORMA DE LA LEY PROCESAL PRECEDIÓ EN CINCO AÑOS A LA DEL CÓDIGO DE COMERCIO, EN AQUELLA SE TUVIERON EN CUENTA LOS PRECEPTOS DEL VIGENTE, REFIRIÉNDOSE EXPRESAMENTE A ELLOS, Y MUCHOS DE ESOS PRECEPTOS, POR ESTIMARLOS PROCESALES NO SE INCLUYERON NI TIENEN EQUIVALENCIA EN EL VIGENTE CÓDIGO, POR LO CUAL LA MATERIA DE QUIEBRAS SE HIZO MÁS COMPLICADA EN LA LEGISLACIÓN, YA QUE COEXISTÍAN DISPOSICIONES DEL CÓDIGO ANTIGUO Y DEL ACTUAL CON LA DEROGADA LEY DE ENJUICIAMIENTO CIVIL.

DEBE TENERSE PRESENTE QUE LAS INSTITUCIONES QUE APARECEN REGULADAS EN ESTA SECCIÓN Y LAS SIGUIENTES DE ESTE Título RELATIVA A LA QUIEBRA NO TIENEN APLICACIÓN. VÉASE LA NOTA AL Título PRIMERO DEL LIBRO PRIMERO.

LA LEY DE PROCEDIMIENTO CIVIL Y ADMINISTRATIVO DEROGADORA DE LA LEY DE ENJUICIAMIENTO CIVIL, NO CONTEMPLA EN SUS PRECEPTOS PROCEDIMIENTO PARA REGULAR LA INSTITUCIÓN DE LA QUIEBRA.

Artículo 874. Se considera en estado de quiebra el comerciante que sobresee en el pago corriente de sus obligaciones.

Artículo 875. Procederá la declaración de quiebra:

1. Cuando la pida el mismo quebrado.
2. A solicitud fundada de acreedor legítimo.

Artículo 876. Para la declaración de quiebra a instancia de acreedor, será necesario que la solicitud se funde en título por el cual se haya despachado mandamiento de ejecución o apremio, y que del embargo no resulten bienes libres bastantes para el pago.

También procederá la declaración de quiebra a instancia de acreedores que, aunque no hubieren obtenido mandamiento de embargo, justifiquen sus títulos de crédito y que el comerciante ha sobreseído de una manera general en el pago corriente de sus obligaciones, o que no ha presentado su proposición de convenio, en el caso de suspensión de pagos, dentro del plazo señalado en el Artículo 872.

EL SEGUNDO PÁRRAFO DE ESTE ARTÍCULO HA SIDO DEROGADO TÁCITAMENTE POR LA LEY DE PROCEDIMIENTO CIVIL Y ADMINISTRATIVO. VÉASE NOTA A LA SECCIÓN PRIMERA.

Artículo 877. En el caso de fuga u ocultación de un comerciante, acompañada del cerramiento de sus escritorios, almacenes o dependencias, sin haber dejado persona que en su representación los dirija y cumpla sus obligaciones, bastará para la declaración de quiebra a instancia de acreedor que éste justifique su título y pruebe aquellos hechos por información que ofrezca al juez o Tribunal.

Los Jueces procederán de oficio, además, en caso de fuga notoria o de que tuvieren noticia exacta, a la ocupación de los establecimientos del fugado, y prescribirán las medidas que exija su conservación, entretanto que los acreedores usen de su derecho sobre la declaración de quiebra.

Artículo 878. Declarada la quiebra, el quebrado quedará inhabilitado para la administración de sus bienes.

Todos los actos de dominio y administración posteriores a la época a que se retrotraigan los efectos de la quiebra, serán nulos.

Artículo 879. Las cantidades que el quebrado hubiere satisfecho en dinero, efectos o valores de crédito, en los quince días precedentes a la declaración de quiebra, por deudas y obligaciones directas cuyo vencimiento fuere posterior a ésta, se devolverán a la masa por quienes las percibieron.

El descuento de sus propios efectos, hecho por el comerciante dentro del mismo plazo, se considerará como pago anticipado.

Artículo 880. Se reputarán fraudulentos y serán ineficaces respecto a los acreedores del quebrado, los contratos celebrados por éste en los treinta días precedentes a su quiebra, si pertenecen a alguna de las clases siguientes:

1. Transmisiones de bienes inmuebles hechas a título gratuito.

2. Constituciones dotales hechas de bienes privativos suyos a sus hijas.

3. Concesiones y traspasos de bienes inmuebles en pago de deudas no vencidas al tiempo de declararse la quiebra.

4. Hipotecas convencionales sobre obligaciones de fecha anterior que no tuvieren esta calidad, o por préstamos de dinero o mercaderías cuya entrega no se verificase de presente al tiempo de otorgarse la obligación ante el Notario y testigos que intervinieran en ella.

5. Las donaciones entre vivos que no tengan conocidamente el carácter de remuneratorias, otorgadas después del balance anterior a la quiebra, si de éste resultase un pasivo, superior al activo del quebrado.

VER NOTA AL ARTÍCULO 10.

Artículo 881. Podrán anularse a instancia de los acreedores, mediante la prueba de haber el quebrado procedido con ánimo de defraudarlos en sus derechos:

1. Las enajenaciones a título oneroso de bienes raíces hechas en el mes precedente a la declaración de la quiebra.

2. Las constituciones dotales hechas en igual tiempo, de bienes de la sociedad conyugal en favor de las hijas, o cualquiera otra transmisión de los mismos bienes a título gratuito.

3. Las constituciones dotales o reconocimiento de capitales, hechos por un cónyuge comerciante a favor del otro cónyuge en los seis meses precedentes a la quiebra, siempre que no sean bienes inmuebles del abolengo de éste, o adquiridos o poseídos de antemano por el cónyuge en cuyo favor se hubiere hecho el reconocimiento de dote o capital.

4. Toda confesión de recibo de dinero o de efectos a título de préstamo que, hecha seis meses antes de la quiebra en escritura pública, no se acreditare por la fe de entrega de Notario, o si, habiéndose hecho en documento privado no constare uniformemente en los libros de los contratantes.

5. Todos los contratos, obligaciones y operaciones mercantiles del quebrado que no sean anteriores en diez días, a lo menos, a la declaración de quiebra.

VER NOTA AL ARTÍCULO 10.

Artículo 882. Podrá revocarse a instancia de los acreedores toda donación o contrato celebrado en los dos años anteriores a la quiebra, si llegare a probarse cualquier especie de suposición o simulación hecha en fraude de aquellos.

Artículo 883. En virtud de la declaración de quiebra, tendrán por vencidas a la fecha de la misma las deudas pendientes del quebrado.

Si el pago se verificase antes del tiempo prefijado en la obligación, se hará con el descuento correspondiente.

Artículo 884. Desde la fecha de la declaración de quiebra dejarán de devengar interés todas las deudas del quebrado, salvo los créditos hipotecarios y pignoraticios hasta donde alcance la respectiva garantía.

VER NOTA AL ARTÍCULO 10.

Artículo 885. El comerciante que obtuviere la revocación de la declaración de quiebra solicitada por sus acreedores, podrá ejercitar contra éstos la acción de daños y perjuicios, si hubieren procedido con malicia, falsedad o injusticia manifiesta.

Sección tercera. De las clases de quiebras y de los cómplices de las mismas

Artículo 886. Para los efectos legales se distinguirán tres clases de quiebras a saber:

1. Insolvencia fortuita.
2. Insolvencia culpable.
3. Insolvencia fraudulenta.

Artículo 887. Se entenderá quiebra fortuita la del comerciante a quien sobrevinieren infortunios que, debiendo estimarse casuales en el orden regular y prudente de una buena administración mercantil, reduzcan su capital al extremo de no poder satisfacer en todo o en parte sus deudas.

Artículo 888. Se considerará quiebra culpable la de los comerciantes que se hallaren en alguno de los casos siguientes:

1. Si los gastos domésticos y personales del quebrado hubieren sido excesivos y desproporcionados en relación a su haber líquido, atendidas las circunstancias de su rango y familia.

2. Si hubiere sufrido pérdidas en cualquier especie de juego que excedan de lo que por vía de recreo suele aventurar en esta clase de entretenimiento un cuidadoso padre de familia.

3. Si las pérdidas hubieren sobrevenido a consecuencia de apuestas imprudentes y cuantiosas o de compras y ventas u otras operaciones que tuvieren por objeto dilatar la quiebra.

4. Si en los seis meses precedentes a la declaración de la quiebra hubiere vendido a pérdida o por menos precio del corriente, efectos comprados al fiado y que todavía estuviere debiendo.

5. Si constare que en el período transcurrido desde el último inventario hasta la declaración de la quiebra hubo tiempo en que el quebrado debía, por obligaciones directas, doble cantidad del haber líquido que le resultaba en el inventario.

Artículo 889. Serán también reputados en juicio quebrados culpables, salvo las excepciones que propongan y prueben para demostrar la inculpabilidad de la quiebra:

1. Los que no hubieren llevado los libros de contabilidad en la forma y con todos los requisitos esenciales e indispensables que se prescriben en el título III del libro I, y los que, aun llevándolos con todas estas circunstancias hayan incurrido, dentro de ellos, en falta que hubiere causado perjuicio a tercero.

2. Los que no hubieren hecho su manifestación de quiebra, en el término y forma que se prescribe en el Artículo 871.

3. Los que, habiéndose ausentado al tiempo de la declaración de la quiebra o durante el progreso del juicio, dejaren de presentarse personalmente en los casos en que la Ley impone esta obligación, no mediando legítimo impedimento.

EN RELACIÓN CON EL INCISO 2 DEL PRESENTE ARTÍCULO. VÉASE NOTA A LA SECCIÓN PRIMERA SOBRE LA SUSPENSIÓN DE PAGOS.

Artículo 890. Se reputará quiebra fraudulenta la de los comerciantes en quienes concurra alguna de las circunstancias siguientes:

1. Alzarse con todos o parte de sus bienes.

2. Incluir en el balance, memorias, libros u otros documentos relativos a su giro o negociaciones, bienes, créditos, deudas, pérdidas o gastos supuestos.

3. No haber llevado libros, o llevándolos, incluir en ellos, con daño de tercero, partidas no sentadas en lugar y tiempo oportunos.

4. Rasgar, borrar o alterar de otro modo cualquiera el contenido de los libros en perjuicio de tercero.

5. No resultar de su contabilidad la salida o existencia del activo de su último inventario y del dinero, valores, muebles y efectos, de cualquiera especie que sean, que constare o se justificare haber entrado posteriormente en poder del quebrado.

6. Ocultar en el balance alguna cantidad de dinero, créditos, géneros u otra especie de bienes o derechos.

7. Haber consumido y aplicado para sus negocios propios, fondos o efectos ajenos que le estuvieren encomendados en depósito, administración o comisión.

8. Negociar, sin autorización del propietario, letras de cuenta ajena que obraren en su poder para su cobranza, remisión u otro uso distinto del de la negociación, si no hubiere hecho aquél remesa de su producto.

9. Si, hallándose comisionado para la venta de algunos géneros o para negociar créditos o valores de comercio, hubiere ocultado la operación al propietario por cualquier espacio de tiempo.

10. Simular enajenaciones, de cualquier clase que éstas fueren.

11. Otorgar, firmar, consentir o reconocer deudas supuestas, presumiéndose tales, salvo la prueba en contrario, todas las que no tengan causa de deber o valor determinado.

12. Comprar bienes inmuebles, efectos o créditos, poniéndolos a nombre de tercera persona, en perjuicio de los acreedores.

13. Haber anticipado pagos en perjuicio de los acreedores.

14. Negociar después del último balance, letras de su propio giro a cargo de persona en cuyo poder no tuviere fondos ni crédito abierto sobre ella, o autorización para hacerlo.

15. Si, hecha la declaración de quiebra, hubiere percibido y aplicado a usos personales dinero, efectos o créditos de la masa, o distraído de ésta alguna de sus pertenencias.

Artículo 891. La quiebra del comerciante, cuya verdadera situación no pueda deducirse de sus libros, se presumirá fraudulenta, salvo prueba en contrario.

Artículo 892. La quiebra de los Agentes mediadores del comercio se reputará fraudulenta cuando se justifique que hicieron por su cuenta, en nombre propio o ajeno, alguna operación de tráfico o giro, aun cuando el motivo de la quiebra no proceda de estos hechos.

Si sobreviniere la quiebra por haberse constituido el Agente garante de las operaciones en que intervino, se presumirá la quiebra fraudulenta, salvo prueba en contrario.

Artículo 893. Serán considerados cómplices de las quiebras fraudulentas:

1. Los que auxilien el alzamiento de bienes del quebrado.

2. Los que, habiéndose confabulado con el quebrado para suponer créditos contra él o aumentar el valor de los que efectivamente tengan contra sus valores o bienes, sostengan esta suposición en el juicio de examen y calificación de los créditos o en cualquiera Junta de acreedores de la quiebra.

3. Los que, para anteponerse en la graduación, en perjuicio de otros acreedores, y de acuerdo con el quebrado alteraren la naturaleza o fecha del crédito, aun cuando esto se verifique antes de hacerse la declaración de quiebra.

4. Los que deliberadamente y después que el quebrado cesó en sus pago, le auxiliaren para ocultar o sustraer alguna parte de sus bienes o créditos.

5. Los que siendo tenedores de alguna pertenencia del quebrado al tiempo de hacerse notoria la declaración de quiebra por el juez o Tribunal que de ello conozca, la entregaren a aquél, y no a los administradores legítimos de la masa, a menos que, siendo de nación o provincia diferente de la del domicilio del quebrado, prueben que en el pueblo de su residencia no se tenía noticia de la quiebra.

6. Los que negaren a los administradores de la quiebra los efectos que de la pertenencia del quebrado existieren en su poder.

7. Los que después de publicada la declaración de la quiebra admitieren endoso del quebrado.

8. Los acreedores legítimos que, en perjuicio y fraude de la masa hicieren con el quebrado convenios particulares y secretos.

9. Los Agentes mediadores que intervengan en operación de tráfico o giro que hiciere el comerciante declarado en quiebra.

VER NOTA AL ARTÍCULO 14.

Artículo 894. Los cómplices de los quebrados serán condenados, sin perjuicio de las penas en que incurran con arreglo a las leyes criminales:

1. A perder cualquier derecho que tengan a la masa de la quiebra en que sean declarados cómplices.

2. A reintegrar a la misma masa los bienes, derechos y acciones sobre cuya sustracción hubiere recaído, la declaración

de su complicidad, con intereses e indemnización de daños y perjuicios.

Artículo 895. La calificación de la quiebra, para exigir al deudor la responsabilidad criminal se hará siempre en ramo separado, que se substanciará con audiencia del Ministerio Fiscal de los síndicos y del mismo quebrado.

Los acreedores tendrán derecho a personarse en el expediente y perseguir al fallido pero lo harán a sus expensas, sin acción a ser reintegrados por la masa de los gastos del juicio ni de las costas, cualquiera que sea el resultado de sus gestiones.

Artículo 896. En ningún caso, ni a instancia de parte ni de oficio, se procederá por los delitos de quiebra culpable o fraudulenta, sin que antes el juez o Tribunal haya hecho la declaración de quiebra y la de haber méritos para proceder criminalmente.

VER NOTA ARTÍCULO 14.

Artículo 897. La calificación de quiebra fortuita por sentencia firme, no será obstáculo para el procedimiento criminal, cuando de los juicios pendientes sobre convenio, reconocimiento de créditos o cualquiera otra incidencia, resultaren indicios de hechos declarados punibles en el Código de Defensa Social, los que se someterán al conocimiento del juez o Tribunal competente. En estos casos deberá ser oído previamente el Ministerio público.

VER NOTA AL ARTÍCULO 14.

Sección cuarta. Del convenio de los quebrados con sus acreedores

Artículo 898. En cualquier estado del juicio, terminado el reconocimiento de créditos y hecha la calificación de la quiebra, el quebrado y sus acreedores podrán hacer los convenios que estimen oportunos.

No gozarán de este derecho los quebrados fraudulentos, ni los que se fugaren durante el juicio de quiebra.

Artículo 899. Los convenios entre los acreedores y el quebrado han de ser hechos en Junta de acreedores debidamente constituida.

Los pactos particulares entre el quebrado y cualquiera de sus acreedores, serán nulos; el acreedor que los hiciere perderá sus derechos en la quiebra, y el quebrado, por este solo hecho, será calificado de culpable, cuando no mereciese ser considerado como quebrado fraudulento.

Artículo 900. Los acreedores singularmente privilegiados, los privilegiados y los hipotecarios podrán abstenerse de tomar parte en la resolución de la Junta sobre el convenio; y, absteniéndose, éste no les parará perjuicio en sus respectivos derechos.

Si, por el contrario, prefiriesen tener voz y voto en el convenio propuesto, serán comprendidos en las esperas o quitas que la Junta acuerde, sin perjuicio del lugar y grado que corresponda al título de su crédito.

Artículo 901. La proposición de convenio se discutirá y pondrá a votación, formando resolución el voto de un número de acreedores que compongan la mitad y uno más de los concurrentes, siempre que su interés en la quiebra cubra las tres quintas partes del total pasivo, deducido el importe de los créditos de los acreedores comprendidos en el párrafo primero del Artículo anterior que hubieren usado del derecho consignado en dicho párrafo.

Artículo 902. Dentro de los ocho días siguientes a la celebración de la Junta en que se hubiere acordado el convenio, los acreedores disidentes y los que no hubieren concurrido a la Junta, podrán oponerse a la aprobación del mismo.

Artículo 903. Las únicas causas en que podrá fundarse la oposición al convenio serán:

1. Defectos en las formas prescritas para la convocación, celebración y deliberación de la Junta.

2. Falta de personalidad o representación en alguno de los votantes, siempre que su voto decida la mayoría en número o cantidad.

3. Inteligencia fraudulenta entre el deudor y uno o más acreedores, o de los acreedores entre sí para votar a favor del convenio.

4. Exageración fraudulenta de créditos para procurar la mayoría de cantidad.

5. Inexactitud Fraudulenta en el balance general de los negocios del fallido, o en los informes de los síndicos, para facilitar la admisión de las proposiciones del deudor.

Artículo 904. Aprobado el convenio y salvo lo dispuesto en el Artículo 900, será obligatorio para el fallido y para todos los acreedores cuyos créditos daten de época anterior a la declaración de quiebra, si hubieren sido citados en forma legal, o si habiéndoseles notificado la aprobación del convenio, no hubieren reclamado contra éste en los términos prevenidos en la Ley de Enjuiciamiento Civil, aun cuando no estén comprendidos en el balance ni hayan sido parte en el procedimiento.

Artículo 905. En virtud del convenio, no mediando pacto expreso en contrario, los créditos quedarán extinguidos en la parte de que se hubiere hecho remisión al quebrado, aun cuando le quedare algún sobrante de los bienes de la quiebra o posteriormente llegare a mejor fortuna.

Artículo 906. Si el deudor convenido faltare al cumplimiento de lo estipulado, cualquiera de sus acreedores podrá pedir la rescisión del convenio y la continuación de la quiebra ate el juez o Tribunal que hubiere conocido la misma.

VER NOTA AL ARTÍCULO 14.

Artículo 907. En el caso de no haber mediado el pacto expreso de que habla el Artículo 905, los acreedores que no sean satisfechos íntegramente con lo que perciban del haber de la quiebra hasta el término de la liquidación de ésta, conservarán acción, por lo que se les reste en deber, sobre los bienes que ulteriormente adquiera o pueda adquirir el quebrado.

Sección quinta. De los derechos de los acreedores en caso de quiebra y de su respectiva graduación

Artículo 908. Las mercaderías, efectos y cualquiera otra especie de bienes que existan en la masa de la quiebra, cuya propiedad no se hubiere transferido al quebrado por un título legal e irrevocable, se considerarán de dominio ajeno y se pondrán a disposición de sus legítimos dueños, previo el reconocimiento de su derecho en Junta de acreedores o en sentencia firme; reteniendo la masa los derechos que en dichos bienes pudieren corresponder al quebrado, en cuyo lugar quedará sustituida aquella, siempre que cumpliere las obligaciones anejas a los mismos.

Artículo 909. Se considerarán comprendidos en el precepto del Artículo anterior para los efectos señalados en él:

1. Los bienes dotales inestimados y los estimados que se conservaren en poder del marido, si constare su recibo por escritura pública inscripta con arreglo a los Artículos 21 y 27 de este Código.

2. Los bienes parafernales que la mujer hubiere adquirido por título de herencia legado o donación, bien se hayan conservado en la forma que los recibió, bien se hayan subrogado o invertido en otros, con tal que la inversión o subrogación

se haya inscripto en el Registro Mercantil, conforme a lo dispuesto en los artículos citados en el número anterior.

3. Los bienes y efectos que el quebrado tuviere en depósito, administración, arrendamiento, alquiler o usufructo.

4. Las mercaderías que el quebrado tuviere en su poder por comisión de compra, venta, tránsito o entrega.

5. Las letras de cambio o pagarés que, sin endoso o expresión que trasmitiere su propiedad, se hubieren remitido para su cobranza al quebrado, y las que hubiere adquirido por cuenta de otro, libradas o endosadas directamente en favor del comitente.

6. Los caudales remitidos fuera de cuenta corriente al quebrado, y que éste tuviere en su poder, para entregar a persona determinada en nombre y por cuenta del comitente, o para satisfacer obligaciones que hubieren de cumplirse en el domicilio de aquél.

7. Las cantidades que estuvieren debiendo al quebrado por ventas hechas de cuenta ajena, y las letras o pagarés de igual procedencia que obraren en su poder, aunque no estuvieren extendidas en favor del dueño de las mercaderías vendidas; siempre que se pruebe que la obligación procede de ellas y que existían en poder del quebrado por cuenta del propietario para hacerlas efectivas y remitirle los fondos a su tiempo, lo cual se presumirá de derecho, si la partida no estuviere pasada en cuenta corriente entre ambos.

8. Los géneros vendidos al quebrado a pagar al contado y no satisfechos en todo o en parte, interín subsistan embalados en los almacenes del quebrado, o en los términos en que se hizo la entrega, y en estado de distinguirse específicamente por las marcas o números de los fardos o bultos.

9. Las mercaderías que el quebrado hubiere comprado al fiado, mientras no se le hubiere hecho la entrega material de

ellas en sus almacenes o en paraje convenido para hacerla, y aquellas cuyos conocimientos o cartas de porte se le hubieren remitido, después de cargadas, de orden y por cuenta y riesgo del comprador.

En los casos de este número y del 8 los Síndicos podrán detener los géneros comprados o reclamarlos para la masa, pagando su precio al vendedor.

VER NOTA ARTÍCULO 10.

Artículo 910. Igualmente se considerará comprendido en el precepto del Artículo 908, para los efectos determinados en el mismo, el importe de los billetes en circulación de los Bancos de emisión, en las quiebras de estos establecimientos.

VER NOTA ARTÍCULO 117.

Artículo 911. Con el producto de los bienes de la quiebra, hechas las deducciones que prescriben los artículos anteriores se pagará a los acreedores, con arreglo a lo establecido en los artículos siguientes.

Artículo 912. La graduación de créditos se hará dividiéndolos en dos secciones, la primera comprenderá los créditos que hayan de ser satisfechos con el producto de los bienes muebles de la quiebra, y la segunda, los que hayan de pagarse con el producto de los inmuebles.

Artículo 913. La prelación de los acreedores de la primera sección se establecerá por el orden siguiente:

1. Los acreedores singularmente privilegiados por este orden:

A. Los acreedores por gastos de entierro, funeral y testamentaría.

B. Los acreedores alimenticios, o sean los que hubieren suministrado alimentos al quebrado o su familia.

C. Los acreedores por trabajo personal comprendiendo a los dependientes del comercio por los seis últimos meses anteriores a la quiebra.

2. Los privilegiados que tuvieren consignado un derecho preferente en este Código.

3. Los privilegiados por derecho común, y los hipotecarios legales en los casos en que, con arreglo al mismo derecho, le tuvieren de prelación sobre los bienes muebles.

4. Los acreedores escriturarios conjuntamente con los que lo fueren por títulos o contratos mercantiles en que hubiere intervenido Agente o Corredor.

5. Los acreedores comunes por operaciones mercantiles.

6. Los acreedores comunes por derecho civil.

VER NOTA ARTÍCULO 10.

Artículo 914. La prelación en el pago a los acreedores de la segunda sección se sujetará al orden siguiente:

1. Los acreedores con derecho real, en los términos y por el orden establecido en la Ley Hipotecaria.

2. Los acreedores singularmente privilegiados y demás enumerados en el Artículo anterior, por el orden establecido en el mismo.

Artículo 915. Las sumas que los acreedores hipotecarios legales percibiesen de los bienes muebles, realizados que sean, serán abonadas en cuenta de lo que hubieren de percibir por la venta de inmuebles, y si hubiesen percibido el total de su crédito, se tendrá por saldado y se pasará a pagar al que siga por orden de fechas.

Artículo 916. Los acreedores percibirán sus créditos sin distinción de fechas, a prorrata dentro de cada clase y con sujeción al orden señalado en los Artículos 913 y 914.

Exceptúanse:

1. Los acreedores hipotecarios, que cobrarán por el orden de fechas de la inscripción de sus títulos.

2. Los acreedores escriturarios y por títulos mercantiles intervenidos por Agentes o Corredores, que cobrarán también por el orden de fechas de sus títulos.

Quedan a salvo, no obstante las disposiciones anteriores, los privilegios establecidos en este Código sobre cosa determinada, en cuyo caso, si concurrieren varios acreedores de la misma clase, se observará la regla general.

VER NOTA ARTÍCULO 10.

Artículo 917. No se pasará a distribuir el producto de la venta entre los acreedores de un grado, letra o número de los fijados en los Artículos 913 y 914, sin que queden completamente saldados los créditos del grado, letra o número de los artículos referidos, según su orden de prelación.

Artículo 918. Los acreedores con prenda constituida por escritura pública o en póliza intervenida por Agente o Corredor, no tendrán obligación de traer a la masa los valores u objetos que recibieron en prenda, a menos que la representación de la quiebra los quisiere recobrar satisfaciendo íntegramente el crédito a que estuvieren afectos.

Si la masa no hiciere uso de este derecho, los acreedores con prenda cotizable en Bolsa, podrán venderla al vencimiento de la deuda, con arreglo a lo dispuesto en el Artículo 323 de este Código; y si las prendas fuesen de otra clase podrán enajenarlas con intervención de Corredor o Agente colegiado, si los hubiere, o, en otro caso, en almoneda pública ante Notario.

El sobrante que resultare después de extinguido el crédito, será entregado a la masa.

Si, por el contrario, aún resultase un saldo contra el quebrado, el acreedor será considerado como escriturario, en el lugar que le corresponda según la fecha del contrato.

Artículo 919. Los acreedores hipotecarios, ya voluntarios, ya legales, cuyos créditos no quedasen cubiertos con la venta de los inmuebles que les estuviesen hipotecados, serán considerados, en cuanto al resto, como acreedores escriturarios concurriendo con los demás de este grado, según las fechas de sus títulos.

VER NOTA ARTÍCULO 10.

Sección sexta. De la rehabilitación del quebrado

Artículo 920. Los quebrados fraudulentos no podrán ser rehabilitados.

Artículo 921. Los quebrados no comprendidos en el Artículo anterior podrán obtener su rehabilitación justificando el cumplimiento íntegro del convenio aprobado que hubiesen hecho con sus acreedores.

Si no hubiere mediado convenio estarán obligados a probar que, con el haber de la quiebra, o mediante entregas posteriores quedaron satisfechas todas las obligaciones reconocidas en el procedimiento de la quiebra.

Artículo 922. Con la rehabilitación del quebrado cesarán todas las interdicciones legales que produce la declaración de quiebra.

Sección séptima. Disposiciones generales relativas a la quiebra de las Sociedades mercantiles en general

Artículo 923. La quiebra de una Sociedad en nombre colectivo o en comandita lleva consigo la de los socios que tengan en ella responsabilidad solidaria, conforme a los Artículos 127 y 148 de este Código y producirá respecto de todos los dichos socios, los efectos inherentes a la declaración de la quiebra, pero manteniéndose siempre separadas las liquidaciones respectivas.

Artículo 924. La quiebra de uno o más socios no produce por sí sola la de la Sociedad.

Artículo 925. Si los socios comanditarios o de Compañías anónimas no hubieren entregado al tiempo de la declaración de la quiebra el total de las cantidades que se obligaron a poner en la sociedad, el administrador o administradores de la quiebra tendrán derecho para reclamarles los dividendos pasivos que sean necesarios dentro del límite de su respectiva responsabilidad.

Artículo 926. Los socios comanditarios, los de Sociedades anónimas y los de cuentas en participación que a la vez sean acreedores de la quiebra, no figurarán en el pasivo de la misma más que por la diferencia que resulte a su favor después de cubiertas las cantidades que estuvieren obligados a poner en el concepto de tales socios.

Artículo 927. En las Sociedades colectivas, los acreedores particulares de los socios cuyos créditos fueren anteriores a la constitución de la Sociedad, concurrirán con los acreedores de ésta, colocándose en el lugar y grado que les corresponda, según la naturaleza de sus respectivos créditos, conforme a lo dispuesto en los Artículos 913, 914 y 915 de este Código.

Los acreedores posteriores solo tendrán derecho a cobrar sus créditos del remanente, si lo hubiere, después de satisfechas las deudas sociales, salva siempre la preferencia otorgada por las leyes a los créditos privilegiados y a los hipotecarios.

VER NOTA AL ARTÍCULO 10.

Artículo 928. El convenio, en la quiebra de Sociedades anónimas que no se hallan en liquidación, podrá tener por objeto la continuación o el traspaso de la empresa con las condiciones que se fijen en el mismo convenio.

Artículo 929. Las Compañías estarán representadas durante la quiebra según hubieren previsto, para este caso los estatutos, y en su defecto, por el Consejo de Administración, y podrán, en cualquier estado de la misma, presentar a los acreedores las proposiciones de convenio que estimen oportunas, las cuales deberán resolverse con arreglo a lo que se dispone en la sección siguiente.

VER NOTA AL ARTÍCULO 184.

Sección octava. De la suspensión de pagos y de las quiebras de las compañías y empresas de ferrocarriles y demás obras públicas

LOS PRECEPTOS DE ESTA SECCIÓN NO ERAN APLICABLES A LAS COMPAÑÍAS DE FERROCARRILES, DE CARÁCTER PRIVADO. LAS CUALES SE REGÍAN POR LA ORDEN 34 DE 1902 CUYO CAPÍTULO IX ESTÁ DEDICADO A LOS PROCEDIMIENTOS PARA EL COBRO DE CRÉDITOS HIPOTECARIOS Y EL XV PARA EL COBRO DE DEUDAS COMUNES O NO GARANTIZADAS; DISPONIÉNDOSE EN EL ARTÍCULO VIII DE ESTE ÚLTIMO CITADO CAPÍTULO QUE NINGÚN OTRO PROCEDIMIENTO SOBRE SUSPENSIÓN DE PAGOS O DE QUIEBRAS SERÁ SUSTITUIDO POR O CONTRA LAS COMPAÑÍAS DE FERROCARRILES.

Artículo 930. Las compañías y empresas de ferrocarriles y demás obras de servicio público general, provincial o municipal, que se hallaren en la imposibilidad de saldar sus obligaciones podrán presentarse al juez o Tribunal en estado de suspensión de pagos.

También podrá hacerse la declaración de suspensión de pagos a instancia de uno o más acreedores legítimos, entendiéndose por tales para los efectos de este Artículo, los comprendidos en el 876.

VER NOTA ARTÍCULO 14.

Artículo 931. Por ninguna acción judicial ni administrativa podrá interrumpirse el servicio de explotación de los ferrocarriles ni de ninguna otra obra pública.

Artículo 932. La compañía o empresa que se presentare en estado de suspensión de pagos, solicitando convenio con sus acreedores, deberá acompañar a su solicitud el balance de su activo y pasivo.

Para los efectos relativos al convenio se dividirán los acreedores en tres grupos: el primero comprenderá los créditos de trabajo personal y los procedentes de expropiaciones, obras y material; el segundo, los de las obligaciones hipotecarias emitidas por el capital que las mismas representen, y por cupones y amortización vencidos y no pagados, computándose los cupones y amortización por su valor total, y las obligaciones según el tipo de emisión, dividiéndose este grupo en tantas secciones cuantas hubieren sido las emisiones de obligaciones hipotecarias; y el tercero, todos los demás créditos, cualquiera que sea su naturaleza y orden de prelación entre sí y con relación a los grupos anteriores.

VER NOTA ARTÍCULO 10 Y A LA SECCIÓN PRIMERA.

Artículo 933. Si la Compañía o Empresa no presentare el balance en la forma determinada en el Artículo anterior, o la declaración de suspensión de pagos hubiese sido solicitada por acreedores que justifiquen las condiciones exigidas en el párrafo segundo del Artículo 930, el juez o Tribunal mandará que se forme el balance en el término de quince días, pasados los cuales sin presentarlo, se hará de oficio en igual término y a costa de la compañía o Empresa deudora.

VER NOTA ARTÍCULO 14 Y A LA SECCIÓN PRIMERA.

Artículo 934. La declaración de suspensión de pagos hecha por el juez o Tribunal producirá los efectos siguientes:

1. Suspenderá los procedimientos ejecutivos y de apremio.

2. Obligará a las compañías y empresas a consignar en la Caja de Depósitos o en los Bancos autorizados al efecto los sobrantes, cubiertos que sean los gastos de administración, explotación y construcción.

3. Impondrá a las compañías y empresas el deber de presentar al juez o Tribunal, dentro del término de cuatro meses, una proposición de convenio para el pago de los acreedores, aprobada previamente en junta ordinaria o extraordinaria por los accionistas, si la compañía o empresa deudora estuviere constituida por acciones.

VER NOTA ARTÍCULO 14 Y A LA SECCIÓN PRIMERA.

Artículo 935. El convenio quedará aprobado por los acreedores si le aceptan los que representen tres quintas partes de cada uno de los grupos o secciones señalados en el Artículo 932.

Se entenderá igualmente aprobado por los acreedores si, no habiendo concurrido dentro del primer plazo señalado al efecto número bastante para formar la mayoría de que antes se trata, lo aceptaren en una segunda convocatoria acreedores que representaren los dos quintos del total de cada uno de los dos primeros grupos y de sus secciones, siempre que no hubiese oposición que exceda de otros dos quintos de cualquiera de dichos grupos o secciones, o del total pasivo.

Artículo 936. Dentro de los quince días siguientes a la publicación del cómputo de los votos, si éste hubiere sido favorable al convenio, los acreedores disidentes y los que no hubieren concurrido podrán hacer oposición al convenio por defecto en la convocación de los acreedores y en las adhesiones de éstos o por cualquiera de las causas determinadas en los números 2 al 5 del Artículo 903.

Artículo 937. Aprobado el convenio sin oposición, o desestimada ésta por sentencia firme, será obligatorio para la compañía o empresa deudora y para todos los acreedores cuyos créditos daten de época anterior a la suspensión de pagos, si hubieren sido citados en forma legal, o si habiéndoseles notificado el convenio, no hubieren reclamado contra él en los términos prevenidos en la Ley de Enjuiciamiento Civil.

VER NOTA A LA SECCIÓN SEGUNDA.

Artículo 938. Procederá la declaración de quiebra de las compañías o empresas, cuando ellas lo solicitaren, o a instancia de acreedor legítimo, siempre que en este caso se justificare alguna de las condiciones siguientes:

1. Si transcurrieran cuatro meses desde la declaración de suspensión de pagos sin presentar al juez o Tribunal la proposición de convenio.

2. Si el convenio fuere desaprobado por sentencia firme, o no se reuniesen suficientes adhesiones para su aprobación en los dos plazos a que se refiere el Artículo 935.

3. Si, aprobado el convenio, no se cumpliere por la compañía o empresa deudora, siempre que en este caso lo soliciten acreedores que representen, al menos, la vigésima parte del pasivo.

VER NOTA AL ARTÍCULO 14.

Artículo 939. Hecha la declaración de quiebra, si subsistiere la concesión, se pondrá en conocimiento del Gobierno o de la Corporación que la hubiere otorgado, y se constituirá un Consejo de incautación, compuesto de un presidente, nombrado por dicha autoridad, dos vocales designados por la compañía o empresa, uno por cada grupo o sección de acreedores, y tres a pluralidad de todos éstos.

Artículo 940. El Consejo de incautación organizará provisionalmente el servicio de la obra pública, la administrará y explotará, estando, además, obligado:

1. A consignar con carácter de depósito necesario los productos en la Caja General de Depósitos o en los Bancos autorizados al efecto, después de deducidos y pagados los gastos de administración y explotación.

2. A entregar en la misma Caja, y en el concepto también de depósito necesario, las existencias en metálico o valores que tuviere la compañía o empresa al tiempo de la incautación.

3. A exhibir los libros y papeles pertenecientes a la compañía o empresa cuando proceda y lo decrete el juez o Tribunal.

VER NOTA AL ARTÍCULO 14.

Artículo 941. En la graduación y pago de los acreedores, se observará lo dispuesto en la Sección Quinta de este Título.

Título II. De las prescripciones

Artículo 942. Los términos fijados en este Código para el ejercicio de las acciones procedentes de los contratos mercantiles serán fatales, sin que contra ellos se dé restitución.

Artículo 943. Las acciones que en virtud de este Código no tengan un plazo determinado para deducirse en juicio, se regirán por las disposiciones del derecho común.

Artículo 944. La prescripción se interrumpirá por la demanda u otro cualquier género de interpelación judicial hecha al deudor, por el reconocimiento de las obligaciones, o por la renovación del documento en que se funde el derecho del acreedor.

Se considera la prescripción como no interrumpida por la interpelación judicial si el actor desistiese de ella o caducara la instancia, o fuese desestimada su demanda.

Empezará a contarse nuevamente el término de la prescripción en caso de reconocimiento de las obligaciones, desde el día en que se haga, en el de su renovación, desde la fecha del nuevo título, y si en él se hubiere prorrogado el plazo del cumplimiento de la obligación, desde que éste hubiere vencido.

Artículo 945. La responsabilidad de los Agentes de Bolsa, Corredores de comercio o intérpretes de buques, en las obligaciones que intervengan por razón de su oficio prescribirá a los tres años.

VER NOTA AL Título VI DEL LIBRO PRIMERO.

Artículo 946. La acción real contra la fianza de los Agentes mediadores solo durará seis meses, contados desde la fecha del recibo de los efectos públicos, valores de comercio o fondos que se les hubieren entregado para las negociaciones, salvo los casos de interrupción o suspensión expresados en el Artículo 944.

VER NOTA AL Título VI DEL LIBRO PRIMERO.

Artículo 947. Las acciones que asisten al socio contra la Sociedad, o viceversa, prescribirán por tres años, contados, según los casos, desde la separación del socio, su exclusión o disolución de la Sociedad.

Será necesario para que este plazo corra, inscribir en el Registro Mercantil la separación del socio, su exclusión o la disolución de la Sociedad. Prescribirá asimismo por cinco años, contados desde el día señalado para comenzar su cobro, el derecho a percibir los dividendos o pagos que se acuerden por razón de utilidades o capital sobre la parte o acciones que a cada socio corresponda en el haber social.

Artículo 948. La prescripción en provecho de un asociado que se separó de la Sociedad o que fue excluido de ella, constando en la forma determinada en el Artículo anterior, no se interrumpirá por los procedimientos judiciales, seguidos contra la Sociedad o contra otro socio.

La prescripción en provecho del socio que formaba parte de la Sociedad en el momento de su disolución, no se interrumpirá por los procedimientos judiciales seguidos contra otro socio, pero sí por los seguidos contra los liquidadores.

Artículo 949. La acción contra los socios gerentes y administradores de las compañías o Sociedades terminará a los cuatro años, a contar desde que, por cualquier motivo, cesaren en el ejercicio de la administración.

Artículo 950. Las acciones procedentes de letras de cambio se extinguirán a los tres años de su vencimiento, háyanse o no protestado.

Igual regla se aplicará a las libranzas y pagarés de comercio, cheques, talones y demás documentos de giros o cambio, y a los dividendos cupones e importe de amortización de obligaciones emitidas conforme a este Código.

Artículo 951. Las acciones relativas al cobro de portes, fletes, gastos a ellos inherentes y de la contribución de averías comunes prescribirán a los seis meses de entregar los efectos que los adeudaron.

El derecho al cobro del pasaje prescribirá en igual término, a contar desde el día en que el viajero llegó a su destino o del en que deba pagarlo.

Artículo 952. Prescribirán al año:

1. Las acciones nacidas de servicios, obras, provisiones y suministros de efectos o dinero para construir, reparar pertrechar o avituallar los buques o mantener la tripulación, a contar desde la entrega de los efectos y dinero o de los plazos estipulados para su pago, y desde la prestación de los servicios o trabajos, si éstos no estuvieren contratados por tiempo o viajes determinados. Si lo estuviesen el tiempo de la prescripción comenzará a contarse desde el término del viaje o del contrato que les fuere referente, y si hubiere interrupción en éstos, desde la cesación definitiva del servicio.

2. Las acciones sobre entrega del cargamento en los transportes terrestres o marítimos o sobre indemnización por sus retrasos y daños sufridos en los objetos transportados, contado el plazo de la prescripción desde el día de la entrega del cargamento en el lugar de su destino, o del en que deba verificarse según las condiciones de su transporte.

Las acciones por daños o faltas no podrán ser ejercitadas si al tiempo de la entrega de las respectivas expediciones, o dentro de las veinticuatro horas siguientes, cuando se trate de daños que no apareciesen al exterior de los bultos recibidos, no se hubiesen formalizado las correspondientes protestas o reservas.

3. Las acciones por gastos de la venta judicial de los buques, cargamentos o efectos transportados por mar o tierra, así como las de su custodia, depósito y conservación, y los derechos de navegación y de puerto, pilotaje, socorros, auxilios y salvamentos, contándose el plazo desde que los gastos se hubieren hecho y prestado los auxilios, o desde la terminación del expediente, si se hubiere formalizado sobre el caso.

Artículo 953. Las acciones para reclamar indemnización por los abordajes prescribirán a los dos años del siniestro.

Estas acciones no serán admisibles si no se hubiere hecho la correspondiente protesta por el capitán del buque perjudicado, o quien le sustituyere en sus funciones, en el primer puerto donde arribaron, conforme a lo casos 8 y 15 del Artículo 612, cuando estos ocurrieren.

Artículo 954. Prescribirán por tres años, contados desde el término de los respectivos contratos o desde la fecha del siniestro que diere lugar a ellas, las acciones nacidas de los préstamos a la gruesa o de los seguros marítimos.

Título III. Disposición general

Artículo 955. En los casos de guerra, epidemia oficialmente declarada o revolución, el presidente de la República podrá, acordándolo el Consejo de ministros y dando cuenta al Congreso, suspender la acción de los plazos señalados por este Código para los efectos de las operaciones mercantiles, determinando los puntos o plazas donde estime conveniente la suspensión, cuando ésta no haya de ser general en toda la República.

VER LA PROCLAMA DE 5 DE ENERO DE 1959 QUE DECLARÓ DISUELTO EL CONGRESO DE LA REPÚBLICA CUYAS FUNCIONES ASUMIÓ EL CONSEJO DE MINISTROS. ASIMISMO DECLARÓ CESANTES A LOS GOBERNADORES, ALCALDES Y CONCEJALES.

Apéndice.
Derogaciones, decretos y leyes promulgadas después de 1959 que afectan al Código[5] de comercio

15 de febrero de 1944. **Decreto 775.** Se mantiene vigente en el Ministerio del comercio exterior el Registro nacional de comisionistas de comercio exterior y representantes de firmas extranjeras creado, pero la inscripción en él corresponde en el presente a la potestad discrecional del ministro de comercio exterior.

5 de enero de 1959. **Proclama presidencial**, que declaró disuelto el Congreso de la República, cuyas funciones asumió el Consejo de ministros. Asimismo declaró cesantes a los gobernadores, alcaldes y concejales, la **Ley 1250 de 23 de junio de 1973, Ley de organización del sistema judicial**, sustituyó los órganos unipersonales por tribunales colegiados.

10 de abril de 1959. **Ley 243**, en relación a las nuevas causales para la separación de registradores de la propiedad.

17 de mayo de 1959. **Ley de Reforma agraria. Artículo 29; artículos 30 a 35** de la **Ley de Reforma urbana** del 14 de octubre de 1960; y **Artículo 7** de la **Segunda Ley de Reforma agraria** de 3 de octubre de 1963. Las hipotecas sobre los bienes inmuebles urbanos y rurales fueron canceladas y su constitución futura ha sido prohibida.

14 de julio de 1959. **Ley 447**, deroga el **Artículo 35** de la **Ley 7** de 5 de abril de 1943 que disponía el uso obligatorio de la letra de cambio cuando la compra-venta mercantil excediese de 50 pesos.

5 En este apéndice hemos puesto por orden cronológico las leyes y artículos, posteriores a 1959, que suponen enmiendas al Código. Hemos tomado como fuente los comentarios a dicho Código de comercio publicados a fecha de 31 de diciembre de 2014 en la *Gaceta oficial de la República de Cuba*. A fin de facilitar la identificación de la leyes que amparan las enmiendas las hemos puesto en negritas. (N. del E.)

19 de agosto de 1959. **Ley 498. Disposición final quinta** (**Ley del mercado de valores**), dispuso que los títulos V y VI y demás disposiciones contenidas en el Código de comercio sobre bolsas y agentes mediadores no serán aplicables a los valores a que se refiere esa Ley. Creó con domicilio en La Habana un organismo autónomo de carácter técnico y permanente con personalidad jurídica (Comisión nacional de bolsas y valores). **Artículo 87:** «Las compañías anónimas solo podrán comprar su propias acciones para amortizarlas siempre que la compra se realice con cargo al superávit ganado que arroje el balance general practicado al finalizar el año económico anterior a aquel en que se compren, y que en dicho año anterior no haya habido pérdidas. Las juntas directivas informarán en la junta general ordinaria de accionistas sobre las amortizaciones de acciones que hubiesen realizado».

24 de marzo de 1960. **Ley 766**, dejó vigente el Título IV (reforma de la legislación) inciso b (del Código de comercio) de la **Ley 5** de 20 de diciembre de 1950.

13 de octubre de 1960. **Ley 890.** Ley orgánica del Ministerio de transporte.

13 de octubre de 1960. **Ley 891.** Ley de nacionalización de la banca, mediante la cual la función bancaria en lo sucesivo es privativa del estado cubano.

1 de agosto de 1961. **Ley 960.** En el transporte terrestre, hay que distinguir a los efectos de la legislación aplicable, que sea ferroviario o motorizado y dentro de este último que sea de pasajero o de carga estando sometidos unos y otros a la competencia del Ministerio de transporte.

7 de noviembre de 1961. **Ley 983**, creó el Instituto cubano de recursos minerales y reguló las compensaciones a los propietarios de los terrenos donde se realicen explotaciones mineras.

6 de febrero de 1962. **Ley 1006**, derogó toda la legislación anterior referente a las explotaciones de minerales. Las autorizaciones a todo

cubano o extranjero para explotar libremente los minerales del subsuelo quedaron tácitamente derogadas por el **Artículo 88** de la **Ley fundamental.**

6 de agosto de 1962. **Ley 1047**, creó las comisiones de arbitrajes.

31 de diciembre de 1962 y 9 de abril de 1963. Resoluciones **1401** y **416**, respectivamente del extinguido Ministerio de hacienda. Las operaciones del Seguro mercantil son realizadas en el ámbito interno por la empresa nacional de seguros (ENSEG) y en el ámbito internacional por la empresa internacional de seguros (ESICUBA), ambas estatales. Dichas empresas se hallan vinculadas al Banco nacional de Cuba, según lo dispuesto en la **Ley 1298** de 4 de octubre de 1975, **Artículo 28**, que elaborará propondrá y ejecutará la política y planes de seguros en el ámbito nacional.

1 de febrero de 1963. **Artículos 1** y **3** de la **Ley 1091**, crean la Cámara de comercio de la República de Cuba y la autorizan a realizar funciones de arbitraje a través de la Corte de arbitraje de comercio exterior y la Corte de arbitraje de transporte marítimo.

5 de febrero de 1963. Artículos 73 y 74, de la **Ley 1092**; fletes no satisfechos. Artículos 78 al 87 del **Decreto 3278**; consignatarios. Artículos 83 al 90 del **Decreto presidencial 3278**, reglamento de la **Ley de procedimiento aduanal.** El reglamento de la **Ley 1092** dispone los documentos que deberán solicitar los funcionarios cuando se realice la inspección de visita para despachar un buque recién llegado a puerto. Artículos 222 al 228 y los artículos 56 y 57 de la 1092 de 5 de febrero de 1963. Artículos procedentes de naufragios.

27 de marzo de 1963. **Ley 1100** (**Ley de seguridad social**), el Estado garantiza la seguridad social del trabajador y su familia protegiéndolo en los casos de maternidad, enfermedad y accidentes de origen común o profesional, incapacidad, vejez o muerte. Los seguros sobre la vida y para auxilio a la vejez pasaron al Ministerio del trabajo.

8 de octubre de 1963. **Resolución 3948** del Banco nacional de Cuba. (Gaceta oficial de la República de Cuba n.° 16 del día 10.) Valores emitidos por entidades hipotecarias, liquidación. Normas.

29 de noviembre de 1963. **Resolución 4186** del Banco nacional de Cuba. (Gaceta oficial de la República de Cuba n.° 233 de diciembre 2.) Dispuso la liquidación definitiva de la institución autónoma estatal denominada fomento de hipotecas aseguradas (F. H. A.)

21 de enero de 1964. **Ley 1142**, dispone que el Ministerio del comercio exterior es el único organismo del estado facultado para ejecutar la política de comercio exterior de la nación y a ese fin dicta y adopta cuantas medidas sean necesarias o convenientes al intercambio con el extranjero.

30 de enero de 1964. Leyes **1145** y **1162** de 18 de septiembre de 1964, relacionadas con los valores públicos nacionales.

14 de febrero de 1964. **Ley 1150**, extendió la responsabilidad civil de los terceros a los organismos públicos y a las empresas estatales.

23 de septiembre de 1964. **Ley 1166.** Ley de justicia laboral.

1 de junio de 1965. **Ley 1180**, otorgó facultades al ministro de justicia para reestructurar los registros de la propiedad, que se hizo extensivo a los registros mercantiles y de Sociedades anónimas. Por las resoluciones **141** de 22 de octubre de 1969 y **27** de 10 de febrero de 1970 del viceministro de justicia fueron traspasados los registros mercantiles y de sociedades anónimas de las provincias de La Habana, Matanzas y Camagüey al Archivo nacional de la Academia de ciencias. El Registro Mercantil subsiste con carácter puramente documental.

15 de septiembre de 1965. **Ley 1184** (Gaceta oficial de la República de Cuba de 21 de septiembre), dictó los estatutos de la Corte de arbitraje de comercio exterior cuya disposición adicional primera dice: «Hasta tanto se establezca la integración, funciones y atribuciones de la Corte de arbitraje de transporte marítimo a que se refiere el 10 de febrero de 1963. **Ley 1091, Artículo 10**, la Corte de arbitraje

de comercio exterior que por esta Ley se crea, podrá conocer de las controversias que se originen a virtud del transporte marítimo internacional».

10 de marzo de 1966. **Resolución 93 del Banco nacional de Cuba** (Gaceta oficial de la República de Cuba n.° 3 de 29 de abril), declaró disueltos y liquidados a todos los efectos legales pertinentes, todos los bancos de capitalización que operaban en Cuba en 23 de febrero de 1961.

25 de abril de 1966. **Ley 1189.** (Sobre nombramientos de notarios interinos.)

25 de abril de 1966. **Artículo 1** de la **Ley 1190**, suprimió el despacho consular de las naves y aeronaves que desde el extranjero se dirijan a Cuba.

11 de julio de 1966. **Ley 1192**, dispuso la liquidación de los contratos vigentes de seguro sobre la vida concertados por aseguradores privados con las compañías de seguros nacionalizadas o confiscadas.

11 de julio de 1966. **Ley 1193**, dispuso que las pensiones o rentas vitalicias o temporales derivadas de contratos de seguros sobre la vida fueran abonadas por la Dirección de seguridad social del Ministerio del trabajo.

15 de julio de 1966. **Artículo 1** de la **Ley 1196**, dispone que: «el Banco nacional de Cuba tendrá el control exclusivo sobre la importación, exportación, industrialización y comercialización del oro y será el único adquirente de ese metal con las excepciones que en esta Ley se establecen».

24 de febrero de 1967. **Reglas de arbitraje.**

27 de junio de 1967. **Ley 1213**, derogó el **Capítulo 6** «impuestos sobre documentos» de la **Ley 998** de 5 de enero de 1962 (artículos **46, 47** y **48**, inciso 1, acápites d, g y b) esta **Ley 998** a su vez había derogado la **Ley 447** de 14 de julio de 1959. (**Ley de reforma tributaria.**)

15 de agosto de 1970. **Resolución G-70-14** del Ministerio de transporte, centraliza en un registro único la sección de buques que pasó

a llamarse Registro central de buques que radicaba en la Dirección de regulaciones y normas técnicas del transporte marítimo del Ministerio de transporte.[6]

21 de agosto de 1970. **Ley 1229, Artículo 3**, inciso e), faculta al ministro de marina mercante y de puertos para designar, trasladar y separar al personal del Ministerio de acuerdo con la legislación vigente, creó el Ministerio de marina mercante y de puertos, y adscribió el registro de buques a ese organismo. La dirección y organización de los asuntos relacionados con el transporte por vía fluvial corresponde al Ministerio de marina mercante y de puertos.

29 de septiembre de 1971. **Ley 1236** Orgánica del Ministerio del comercio interior, este Ministerio es el órgano rector de las actividades correspondientes a la normación, regulación, distribución y circulación en el territorio nacional de los bienes de uso y consumo que se destinen a la población, así como de la prestación a ésta de los servicios.

21 de mayo de 1973. Leyes **1247** y **1275** de 13 de julio de 1974, autorizan al ministro de marina mercante y de puertos y al director del Instituto nacional de la pesca respectivamente a la venta de los buques pertenecientes a esas flotas, **Ley 1229** de 21 de agosto de 1970, creadora del Ministerio de marina mercante y de puertos.

23 de junio de 1973. **Artículo 560-6-a** del Código de defensa social con las modificaciones introducidas por la **Ley 1249.**

6 Se modifica al:
Título II. Del Registro Mercantil
Artículo 16. Se abrirá en todas las capitales de provincia un Registro Mercantil compuesto de dos libros independientes en los que se inscribirán:
1. Los comerciantes particulares.
2. Las sociedades.
En las provincias litorales y en las interiores donde se considere conveniente por haber un servicio de navegación, el Registro comprenderá un tercer libro destinado a inscripción de los buques.

4 de enero de 1974. **Ley 1261. Ley de procedimiento civil y administrativo**, derogó expresamente la Ley de 24 de junio de 1911 reguladora de la suspensión de pagos. La Ley de procedimiento civil y administrativo derogadora de la Ley de enjuiciamiento civil, no contempla en sus preceptos procedimiento para regular la institución de la quiebra.

15 de julio de 1974. **Decreto 3777**, creó, con carácter provisional, la Comisión nacional para la rehabilitación del sistema nacional de ferrocarriles del servicio público, dependiente del comité ejecutivo del Consejo de ministros, comisión integrada por los titulares de varios organismos, direcciones y empresas.

3 de febrero de 1975. **Proclama presidencial**, por la cual Cuba acordó adherirse a la convención sobre reconocimiento y ejecución de las sentencias arbitrales extranjeras, adoptada el 10 de junio de 1958.

26 de abril de 1975. **Ley 1292**, sobre mar territorial y **1291** de 13 de marzo de 1975, **Artículo 4**, inciso c.

7 de junio de 1975. **Ley 1209**, creó el Ministerio de la minería y la metalurgia, hoy Ministerio de la minería y geología a virtud de la modificación introducida por la **Ley 1285** de 26 de diciembre de 1974. A este Ministerio se adscribió la exclusividad de la dirección y control de todas las actividades relativas a la explotación, extracción y procesamiento de los recursos minerales del país.

4 de octubre de 1975. **Ley 1298**, el otorgamiento de créditos y la emisión de billetes es función exclusiva del Banco nacional de Cuba, según lo dispuesto en la Ley orgánica del Banco nacional de Cuba. Artículos **18** y **21**. El Banco nacional de Cuba tiene el doble carácter de Banco central y único organismo financiero del país. Desempeña sus actividades tanto en el orden interno como en el internacional.

4 de octubre de 1975. Leyes **128** y **1188** de 25 de abril de 1966 y las resoluciones **416** y **1401** de 9 de abril y 31 de diciembre de 1963 respectivamente del extinguido Ministerio de hacienda. El seguro mercantil ha quedado a cargo de la Empresa de seguros interna-

cionales de Cuba (ESICUBA) y la Empresa nacional de seguros (ENSEG) vinculada al Banco nacional de Cuba.

4 de octubre de 1975. **Ley 1298.** Las funciones bancarias y las de las sociedades agrícolas son realizadas con carácter exclusivo por el Banco nacional de Cuba y el departamento de créditos del Instituto nacional de Reforma agraria.

15 de febrero de 1982. **Decreto-Ley 50** sobre la Empresa Mixta.

1992. **Resolución 112/1992.**. Reglamento para la solicitud, aprobación y constitución de las sociedades mercantiles cubanas de carácter privado.

12 de julio de 1992. **Ley de la Reforma constitucional.** Publicada en la Gaceta oficial de la República de Cuba, edición ordinaria n.° 7, de 1 de agosto de 1992.

1993. **Decreto-Ley 141/1993** sobre el ejercicio del trabajo por cuenta propia.

25 de noviembre de 1994. **Acuerdo 2818** del Comité ejecutivo del Consejo de ministros.

5 de septiembre de 1995. **Ley 77**, Ley de la inversión extranjera. Publicada en la Gaceta oficial de la República de Cuba, edición extraordinaria n.° 3, del 6 de septiembre de 1995.

1996. **Decreto-Ley 174/1996** sobre las contravenciones personales de las regulaciones del trabajo por cuenta propia.

1997. **Decreto-Ley 171/1997** sobre arrendamiento de viviendas, habitaciones y espacios.

1997. **Instrucción 1/1997** Ministerio de finanzas y precios; Ministerio de trabajo y seguridad social.

1998. **Instrucción 1/1998** Ministerio de finanzas y precios; Ministerio de trabajo y seguridad social.

18 de agosto de 1998. **Decreto-Ley 187.** Aprueba las Bases generales del perfeccionamiento empresarial. Publicado en la Gaceta oficial de la República de Cuba, edición ordinaria, n.° 45, del 25 de agosto de 1998.

1999. **Resolución 260/1999** del Ministerio de Comercio Exterior que regula la solicitud y aprobación para la constitución de Sociedades mercantiles cubanas de carácter privado.

1999. **Ley 7/77** Ley de Procedimiento civil, administrativo y laboral, Ministerio de justicia, La Habana.

1999. **Resolución 260/1999.** Reglamento para la solicitud, aprobación y constitución de las sociedades mercantiles cubanas de carácter privado.

Ley 118 de la Inversión Extranjera. Gaceta oficial de la República de Cuba, 16 de abril de 2014.

Libros a la carta

A la carta es un servicio especializado para
empresas,
librerías,
bibliotecas,
editoriales
y centros de enseñanza;

y permite confeccionar libros que, por su formato y concepción, sirven a los propósitos más específicos de estas instituciones.

Las empresas nos encargan ediciones personalizadas para marketing editorial o para regalos institucionales. Y los interesados solicitan, a título personal, ediciones antiguas, o no disponibles en el mercado; y las acompañan con notas y comentarios críticos.

Las ediciones tienen como apoyo un libro de estilo con todo tipo de referencias sobre los criterios de tratamiento tipográfico aplicados a nuestros libros que puede ser consultado en Linkgua-ediciones.com.

Linkgua edita por encargo diferentes versiones de una misma obra con distintos tratamientos ortotipográficos (actualizaciones de carácter divulgativo de un clásico, o versiones estrictamente fieles a la edición original de referencia).

Este servicio de ediciones a la carta le permitirá, si usted se dedica a la enseñanza, tener una forma de hacer pública su interpretación de un texto y, sobre una versión digitalizada «base», usted podrá introducir interpretaciones del texto fuente. Es un tópico que los profesores denuncien en clase los desmanes de una edición, o vayan comentando errores de interpretación de un texto y esta es una solución útil a esa necesidad del mundo académico.

Asimismo publicamos de manera sistemática, en un mismo catálogo, tesis doctorales y actas de congresos académicos, que son distribuidas a través de nuestra Web.

El servicio de «Libros a la carta» funciona de dos formas.

1. Tenemos un fondo de libros digitalizados que usted puede personalizar en tiradas de al menos cinco ejemplares. Estas personalizaciones pueden ser de todo tipo: añadir notas de clase para uso de un grupo de estudiantes, introducir logos corporativos para uso con fines de marketing empresarial, etc. etc.

2. Buscamos libros descatalogados de otras editoriales y los reeditamos en tiradas cortas a petición de un cliente.

www.ingramcontent.com/pod-product-compliance
Lightning Source LLC
LaVergne TN
LVHW100137051026
849525LV00004B/1423
* 9 7 8 8 4 1 1 2 6 4 9 9 0 *